誘惑のデザイン

都市空間と商業環境の未来を構想する

彦坂 裕
Yutaka HIKOSAKA

Design of Allurement

Conception for urban/commercial space-time continum in the future

Yutaka HIKOSAKA

はじめに

本書は、平成28年1月18日から5月9日まで、36回にわたって繊研新聞に不定期に連載された「誘惑のデザイン――商業的都市空間／都市的商業空間の未来」を基本とする第Ⅰ部、連載と内容的に関係する4本の論考を集めた第Ⅱ部によって構成されている。

第Ⅰ部には連載時に掲載されていないヴィジュアルを主体とするいくつかの補注を施し、また第Ⅱ部最後には論考全体の補注ともなる「言説化された都市」を付加した。なお、第Ⅱ部を構成する論考の初出は左記の通りであるが、幾分古いものもあり――しかしその基本認識や趣旨は全く変わっていない！――今回全面的に手を入れてある。

「誘惑のデザインの地平」（"SD"誌１９９２年10月号）

「破局境界線上の都市」（"hiroba"誌１９９６年1月号）

「街のブランディング」（"SC Japan Today"誌２０１２年6月号）

――原題「まちをブランド化する要諦とはなにか？」

「都市とＳＣのサバイバル」（"SC Japan Today"誌２０１３年７・８月合併号）

――原題「再び、ＳＣと都市の関係性を考える」

また最後の引用群からなるアフォリズムは、「CITY contra CITY：複数の都市・複数の都市構想・複数の都市論」（〝幕張アーバニスト〟誌1994年10月創刊号）の一部を土台に、今回若干の増補を行ったものである。

商業と都市は太古の昔より浅からぬ関係にある。商業的見地から都市を考え、都市的見地から商業のあり方を問うことは、この両者の関係性のみならずそれぞれの将来を見通す上でも不可避であるという認識に立ち本書は記されている。とくに空間、さらには時間の問題が随所に散見されるのは、著者の専門領域に近いこともあるが、これらの問題を考察するときには基本的な概念かつイメージとなっているためである。

商業と都市のクロスポイントともなる施設環境が、SC（ショッピングセンター）でありテーマパークでありパサージュであるが、これまでSCに関してはエベネザー・ハワードやヴィクター・グルーエンなどの目覚ましい理論構築はあるものの、文化論的あるいは文明史的な視点は希薄であった。それは商業的環境一般についても言えることで、流行とか社会現象、さらに経営論としてはフィーチャーされるものの、その思想性は言うに及ばず、空間理念もデザインも歴史＝文化的様相展開も、さらに言えば都市との本質的な関係についても、ほとんどと言っていいほど体系化されていない。

本書で試みているのは、それらの体系的な認識方法の再創造であり復興である。そして都市や商業環境への視界の多角化、考え方の多様化も意図したいと考える。都市以外のこと、商業以外のことにも数多く言及しているのは、この多角化や多様化を促進し、視界と考え方の自由度を獲得したいがためである。それは必ず未来につながる。「誘惑」ないし「誘惑のデザイン」はそのための媒体となるキーワードとして狂言廻し的役割を演じている。

私は商業者でもなければディベロッパーでもない。マーケッターやマーチャンダイザーですらない。しかしそうであるからこそ無数に認識できるものがあると感じている。本書は大いなる過不足を承知の上での著述である。実務的なノウハウ本ではなく、その前提であるフィージブル・フィロソフィー本たり得ることを目指している。とりわけ商業関係スペシャリストの方々からの本質的かつ大局的なご批判・ご叱責は甘受したい。

またさらにここでの記述内容には、拙著『空間のグランド・デザイン』(作品社)、『二子玉川アーバニズム――玉川高島屋ＳＣ界隈の創造と実験』(鹿島出版会)、そして『夢みるスケール――スケール・寸法・サイズの博物誌』(彰国社)でも別の視角から言及しているものもあるため、そちらも合わせてご参考にしていただければ幸いである。

本書制作にあたってはさまざまな方々との知見交流が基盤ともなった。とくに一般社団法人日本ショッピングセンター協会の大甕聡顧問をはじめ、私の仲間でもあるSCアカデミー（SC協会主催・運営）の指導教授諸氏や現在最前線で活躍している卒業生の方々、さらに公私を共にし日常的にディベートもする間柄である私の友人や家族に感謝の意を表したい。また図版資料編集整理をお願いした私の事務所の平川由美子氏、初出雑誌の編集者諸氏、そして最後になってしまったが、企画段階から連載時ならびに本書制作時に大変お世話になった繊研新聞社編集局長の高沢徹氏、業務局の古旗達夫氏、小木野恵子氏、出版局の山里泰氏、さらにエディトリアルデザイナーの金子英夫氏にも同様の謝意を表したいと思う。

平成二十八年　晩春

彦坂　裕

目次

目次

目次

目次

第 I 部

商業的都市空間／都市的商業空間
その未来に向けた36の断章

Supplementary Note

都市的商業装飾の典範（アールデコ）
都市芸術からVMDへ
虫の視界 vs 鳥の視界
ノルマンディー号の複合世界
シンガポール・チャンギ第二旅客ターミナル
ヴィジュアライゼーション
パサージュ
ホスピタリティデザインの原理
環境万博での実験
未来都市の相貌
日本型なるものの国際比較

01

ミラノ万博は都市的商業空間のショーケース通りで貫かれた

ミラノ万博

２０１５年10月31日、ミラノ国際博覧会（通称ミラノ万博）は入場予想の２０００万人を大きく上回って成功裡に閉幕した。参加した国や国際機関は１４０。場所は市内の西北西、マルペンサ空港へ行く途上で、中心市街から電車でも車でも20分前後の距離である。会場は駅にほぼ隣接し、線路反対側にはミラノサローネなども催される巨大な展示施設群がある。

イタリアは未完に終わった１９４２年ローマ万博ＥＵＲ（Esposizione Universale di Romaの略、Ｅ42とも呼ばれる巨大なムッソリーニ政権20周年を記念する常設万博）以来、小規模な万博をこれまでローマ、ナポリ、トリノ、ジェノヴァで開催してきた。国内でもきわめて展示会や展覧催事が多い国でもある。

ＢＩＥ（在パリの国際博覧会事務局）の大規模な登録博覧会は５年ごと、会期も半年にわたり開かれる。今世紀に入ってからは、05年の愛知、10年の上海に続く万博となり、東京オリンピックの開催が予定されている20年はドバイが舞台だ。

日本館は「共存する多様性」を主題として出展した。

万博の現在

万国博覧会は１８５１年ロンドンを第1回としているが、およそ１６５年にも続くその歴史の中で、食をめぐるテーマは本博が初めてとなる。前世紀の国威発揚型、国家の演出と科学技術のプレゼンテーションの万博と異なり、今世紀の万博は人類共通の課題に対する解決の道を探る方向性が顕著だ。食は単に美食だけにとどまらず、飢餓や飽食、食料廃棄、生産の持続性などが問われていく。マスメディアやＳＮＳ（交流サイト）が

ミラノ万博のマスコットキャラクター
ジュゼッペ・アルチンボルドを彷彿とさせる
食材集積デザインによってつくられた

社会に浸透し、情報が世界中を交通する現代では、とくに生身の人間がその場所に臨場する意味も強く求められている。

閉幕1カ月近く前から、会場は異様な混雑を見せた。会期終了近くは常にそうだが、テーマが身近であることや欧州観光の要衝であるミラノで開催されたことなども要因に加担しているのだろう。とくに会場がコンパクトで公共空間も限定されていることが大きい。実質的な広さは、愛知の半分強、上海の四分の一くらいの95ヘクタール前後(公式には110ヘクタールとあるが、周囲が堀に囲まれているためそのくらいになる)、つまり新宿西口副都心規模だ。

特異な会場計画

会場の構成もユニークだ。これまでの万博会場はお

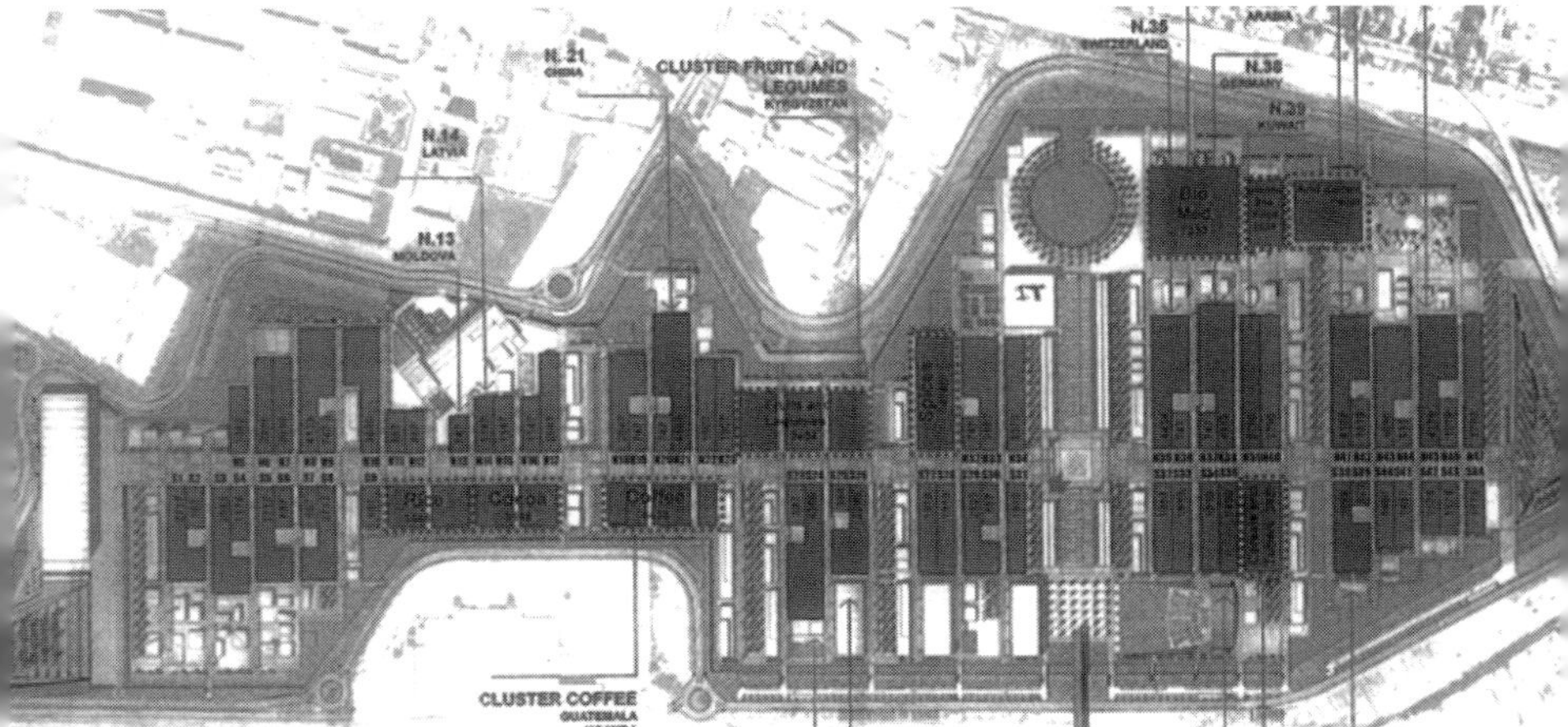

ミラノ万博の会場プラン

おおむね回遊動線とシンボル街路の組み合わせだが、ここでは敷地の東西と南北に十字形に基幹街路をつくり端部にゲートを設けるという万博史上でも先例を見ないものになっている。

　東西の長い街路は「デクマヌス」（デクマヌス・マクシムス）、それに直行する南北の短い街路は「カルド」（カルド・マクシムス）という名だが、この敷地デザインは古代ローマの軍営地や都市をつくる作法と全く同じである。今でもクロアチアの旧市街ポレチェやチボリのハドリアヌス帝の別邸、ヨルダンのゲラサ、モロッコのベルビリスの遺跡などに見いだすことができる。

　二つの軸の交差点には「フォーラム」が形成される。カルドは第一の街路で、この周囲に主要施設が配置され商店も軒を並べる。万博でいえばイタリア館をはじめ主催国の施設やメインゲートが集結するエリアだ。一方デクマヌスは第二のメインストリートで、かつてはポーティコ（回廊）を従え下水道を埋設した街の骨格である。今回はテント膜の列柱が建ち、その両サイドに外国館のパビリオンが列状に配置された。

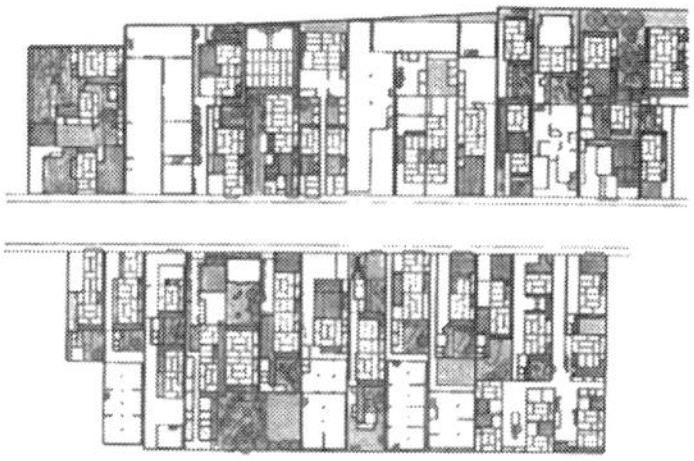

京都の町屋

2015年ミラノ国際博覧会

テーマ
「地球に食料を、生命にエネルギーを」

サブテーマ
1「食料の安全、保全、品質のための科学技術」
2「農業と生物多様性のための科学技術」
3「農業食物サプライチェーンの革新」
4「食育」
5「より良い生活様式のための食」
6「食と文化」
7「食の協力と開発」

つまり古代のアーバンデザインの手法が現代空間に援用されたわけだ。

SCモールのようなショーケース通り

万博では建築パビリオン、工作物、展示空間、飲食・物販施設などが複合的な消費体験環境を形成する。その意味では広義の体験型商業環境だ。これは娯楽体験を売るテーマパークやアミューズメントランドも同じである。これまでの回遊型の会場では空間的には独立したそれらを公園回遊のように巡らなければ体験できなかったが、ミラノ万博では町家状に稠密《ちゅうみつ》に並べられたパビリオン群によって都市的な連続的体験が可能となった。まるでショッピングセンターのモールのようなショーケース通りである。

その舞台が幅員40メートル、長さ1マイルのデクマヌスである。この長さはミネアポリスのニコレットモール、ワシントン

ミラノ万博の会場風景

D.C.のスミソニアンモール、それに上海のバンド（外灘）のスケールとほぼ同じで、半日以上の体験なら往復も苦ではない。この街路に万国が趣向を凝らしたヴィジュアル・マーチャンダイジングを施し競演する。街路は同時にさまざまな催事やパフォーマンス、そして交流の拠点ともなる。

各パビリオン用地はデクマヌスに対し20メートルのフロント接道長さをもつ。アクセスはデクマヌスから直交して入る路地からだが、路地にはパビリオンゲートや壁面装飾はあるものの素っ気ない雰囲気だ。旧来の町家型の構成では道に面する部分に「みせ」（「見世」は「店」の由来）を設けて背後の私的な空間と分ける一方、「通り庭」によってつなぐ定式がある。ミラノ万博の町家は日本の伝統的なそれより1桁前後スケールが大きいが、路地も「通り庭」的感覚に近い。

最前線・最先端の考え方や技術を競う祭典空間にも、歴史的なソフト資産が活用されているのを見ることができるとも言えるのだろう。

02

誘惑性と煽動性が露出の祭典に混淆する

エクスポーズ

もともとエクスポーズ＝exposeとは「（ものを）外に置く」から転じて「露出する」という意味だが、万博（ＥＸＰＯ）は露出の祭典をこれまで現実化してきた。ユニバーサルに流通する「商品」という概念も一般化させた。物々交換を除き、それまで閉架式で一部の人々の間でしか交換が行われなかった商業形態は、商材を露出陳列して自由に観覧し購入するという開架式の形態へと近代期に大きくシフトした。しかし物産展やメッセ、あるいは単なるバザールと異なり、万博は時代の価値や可能性、さらに芸術と科学そして技術との結びつき、未来のヴィジョンなども提言する文化的な商業展開をする。

この露出するという行為は、他者の目に触れさせ誘惑するという行為と並行的なものである。誘惑は欲望を基盤とする。露出し誘惑し欲望に点火する、商業という交換の営みの前にそんなプロセスを介在させるわけである。これは現代に至るまで不易の図式だ。ネットショッピングにしてもしかり、そのために気の遠くなるような数と種類のデザインやコピー、プロモーションも生まれる。

訴求の二つの形

誘惑は他者を魅了し、その魅力に手が届きそうになる瞬間に身をかわし、さらなる誘惑を仕掛けていく。その過程で他者を虜《とりこ》にする。このプロセスは商品開発、商業的持続性にとってはきわめて親和的なものである。

しかし一方、訴求には別の際立った形がある。煽動という形態だ。アジテーション、プロパガンダ、マニフェスト、さまざまに展開される。それは他者の欲望に点火する――広義ではそうなることもあるが――というより、他者を覚醒させることに本義がある。前衛運動や党派運動の基本でもある。

誘惑と煽動、この二つの訴求のあり方は、世界的にも歴史的にもあらゆる場面で見いだすことができるものだ。別の見方をするなら、煽動はあらゆる戦略を駆使して「客をつくる」が、誘惑は「客の潜在的・顕在的欲求を充たす」ためにマーケティングをする。

煽動のスペクタクル

1937年パリ万博では、エッフェル塔を中心にして、ゲート状にヒトラーのドイツ館とスターリンのソ連館が対峙《たいじ》した。シュペーア設計のドイツ館は疑似新古典主義的なタワー頂部から八ーケンクロイツと鷲《わし》が睥睨《へいげい》し、イオファン設計のソ連館は量塊的な建物にのせられたヴェラ・ムキーナの彫刻「労働者とコルホージナ」が前進的な身ぶりで迫る。夜景では両館の間で花火が散開しているが、花火がもともと軍事技術由来であることからすれば、きわめて象徴的場面が創造されたと言ってもいい。この後、ドイツとソ連は戦争状況に突入する。それは政治的なスペクタクルであり、煽動性が衝突する目覚しいドキュメントでもあった。

穏やかな煽動性の例としては、1927年シュトゥットガルトの郊外につくられたヴァイゼンホフ・ジートルングが適切だろう。これは近代建築の巨匠ミース・ファン・デル・ローエによってプロデュースされた住宅博覧会であり、幾度かのリニューアルを経て現在でも残っている。近代的な生活様式とハウジングを訴求するこのイベントには、ベーレンス、ル・コルビュジエ&P・ジャンヌレ、タウト、グロピウ

1937年パリ万博（左がドイツ館、右はソ連館）

ス、シャローン、シュタム、J・J・P・オウトほか多数のモダニスト建築家が参画し、白や直角、開放性にあふれたまさしくモダニズムタウンが形成された。

煽動のデザインは前衛芸術運動では不可欠だが、多くの有益なヴィジョンや価値を生む。しかし往々にして政治に裏切られたり大衆社会と離反することも歴史が証明する事実だ。

誘惑性と煽動性の交番劇

二つの訴求の形は、そこに時間や場所の要素が介入することで交番することもある。

一般的には「煽動性」が先行し(それゆえに前衛的とも呼ばれるわけだが)、「誘惑性」が消費環境の場でその煽動性をのみこむという構図になる。

イデオロギッシュであったはずの前衛的なデザインが、後にハードエッジでシャープなデザインとして転身する。また旧ソ

ヴァイゼンホフ・ジートルング(住宅博覧会)
ハンス・シャローン設計による住宅

ドイツ工作連盟のポスター

連でのロシアアヴァンギャルドの芸術成果が、アメリカに渡ると大衆消費の記号となってしまう例など数多い。社会土壌が異なる場所では、そちらの煽動はこちらの誘惑へと転化する。その意味では煽動的な前衛デザインは誘惑性を創造するための豊かな参照宝庫でもあるのだ。時として消費的な誘惑性に満ちたデザインが、文脈設定によって先端的な煽動性に変わることすらある。

常設博覧会場であるかのような現代都市、特に商業界隈《かいわい》ではこうした交番が恒常化している。

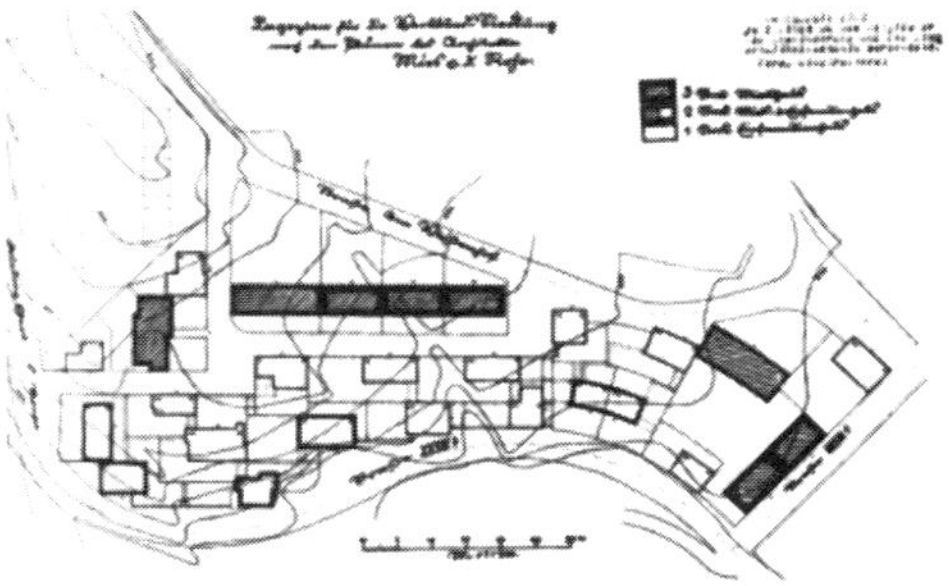

ヴァイゼンホフ・ジートルングの敷地計画

03

時代の夢は商業的欲望となって可視化される

時代の夢

夢は多様だ。またそれは個人的に多様なものだ。

しかし個人を超えた夢というものもある。集団的な夢、社会的な夢、そして時代が見る夢である。これらは個人の夢とは独立したものでありながら、その時代のテクノロジーによって大きく影響を受け、その時代を生きる万人に影響を与える。

政策的志向性も、経済動向も、文化や教育の動機も、この時代の夢と順行しなければ失速するか破綻《はたん》する。とくに商業領域ではそうだ。時代の夢を時代の風と言い換えてもいい。それはコマーシャル・メガトレンドの上位に君臨するものである。

時代の夢は当然ながら時代とともに推移する。もちろん前の時代の夢を幾分か下敷きにし、かつ並走しながら、今の時代の夢が展開する。こんな事態が生起したのは近代社会に入ってからだ。つまり世界がある種、情報によって結びつけられ始めてからなのである。

世界を一望の下に見る

十九世紀を見てみよう。この世紀は「正確さと普遍性」を求めた世紀として語られるが、とくに世紀後半すなわち産業革命の所産が社会適用された時期に、特有な時代の夢が生まれた。

「世界を一望の下に見る」という夢だ。これを俯瞰《ふかん》の夢、博覧性の夢と呼んでもいい。

鉄道による世界の延伸、地図の作製、十進法やメートル法による普遍尺度の創造、

コニーアイランドの飛行船塔（19世紀末）

写真技術の発明などで世界を手元に集約・編集する情熱が時代を席巻した。百科全書や図鑑の流行はその典型的なものであろう。同時にオルタナティブ社会である産業ユートピア構想も多数提言され、万物が対象化される時代でもあった。

渉猟し集めるということとコインの表裏関係にあるのが、世界巡りである。トーマス・クックやアメリカン・エキスプレスのみならずツーリズム産業の台頭はこの夢の現実化の一端を担う。同時にホテルという或る意味人間博覧的な都市施設も整備された。新種の博覧型施設の誕生は枚挙に暇がない。博物館、水族館、動物園、植物園、パノラマ館、蝋《ろう》人形館。各地に俯瞰欲望を惹起《じゃっき》する展望台がつくられ、観覧車が登場し、万国博覧会という制度も新設される。

商業もその夢を形にする。1850年代より商品を博覧的にブラウジングできる百貨店が登場し、街のそこかしこに博覧逍《しょう》遙《よう》体験を誘うパサージュが生まれた。見本市的な勧工場《かんこば》などとともに、時代の夢を可視化したのだ。

未来をデザインする

二十世紀に入るや、自動車や航空機の社会化、電気動力などのテクノロジー革新が生起し、世界を一望の下に見る夢は別種の夢にその場をゆずる。

「未来をデザインする」という夢だ。

二十世紀前半、とくに10年代に萌芽し、20年代・30年代ほど「未来」というキーワードが語られた時代は今日までない。芸術運動であった「未来派」、そして多種多様な未来都市構想、未来映画、未来生活ショールームにスポーツカー、未来をモチベーションにした諸活動が時代を牽引《けんいん》する。フリッツ・ラングの映画「メトロポリス」(1926年)はひとつのメルクマールである。

商業的な欲望はどうだったのか? このとき起こったのは装飾的な商業シンボルの形成であり、ファッションという概念の

W.C.メンジースの未来映画セット(1930年代)

商業化だった。流線形もアールデコもモデルヌも消費の記号であり消費の様式を暗示する。グラフィックからプロダクトさらにインテリアまで多くのデザイン規範領域が商業的活動と融合しながら展開した。多くの百貨店やホテルはこの記号、アールデコをまとう建物として整備され、それは現在でも近代文化遺産的な表情をたたえている。博覧文化の聖地でもあったイギリスやフランスに代わり、未来を開拓するアメリカに国家的覇権が移行、モータリゼーションとともに商業的繁栄を謳歌する。

熟度を所有する

未来をデザインする夢は、しかし大戦によって減衰した。テクノロジーに対する盲目的な信頼も希薄なものとなっていく。前世紀後半そして現代においても、博覧性や未来志向は確かにある。だが欲求するものは未来だけではなく、時間的蓄積と遠近法をもつ文化を獲得するという不可能なことがらだ。数十年の熟成を経るワインを1日で熟成したい。

登場するのは、「熟度を所有する」という夢である。

生命科学や医学、情報工学、そして環境解明の諸活動、これらによって解像度を上げる世界では莫大なこれまでの人間資産という情報量をもつ過去と向き合う。拡充絶え間ないメディアは、その機会を無辺際に広げていこうとする。建設に500年かかる伽藍《がらん》や街並みを数年でつくる技術はある。しかしそれでは本物性や物語性、文化度は入手できない。

テーマパーク、過去との共存をテーマにするショッピングセンター、田園都市、旧市街復興、レトロカフェ、そして世界文化遺産都市なども熟度の夢を可視化しつつもさらなる熟成を追い求めて止まない。なぜなら、時間の厚みが万人を惹きつけるからである。

広さ(俯瞰)から新しさ(未来)、そして深さ(熟度)へ、さらに未知の欲望を得ようとする夢へとたすきが渡されていくのだ。

ディズニーワールド旧市街舞台(1980年代)

アールデコ博ポスター

アールデコ博会場オルセー門

Supplementary Note 01

都市型商業装飾の典範（アールデコ）

1890年代から1930年代にかけて欧州社会では装飾をめぐる議論、協会・連盟の設立、展示会が時代の追い風にのったように氾濫した。十九世紀末、クリムトも創設者であったウィーンの「ゼセッション」(1920年代日本の「分離派」にも影響を与えた)は周知のものであろう。史上最も壮麗に催されたといわれる1900年パリ万博では、植物形象や波状模様をモチーフとする「アールヌーボー」(ドイツでは「ユーゲントシュティル」、イタリアでは「スティーレリバティ」、イギリスでは「モダンスタイル」と呼ばれた)が会場を席巻し、いわゆる「ベルエポック」なることばも流布した。1901年には装飾芸術家協会が立ち上がり、07年にはムテジウ

ルネ・ラリックの「フランスの水源」

“La Douce France” のレリーフ

スエ＆マルのフランス芸術社館内の執務机

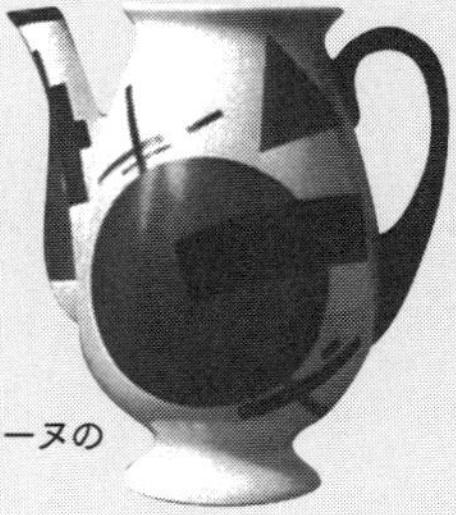

ニコラス・スエティーヌの
磁器水差し

スが率いるドイツ工作連盟も設立される。前衛芸術の牙城でもあったサロン・ドートンヌもその舞台を幾度となく提供した。

　しかしまた装飾に対する批判も提起される。その代表はウィーンの建築家アドルフ・ロースによる「装飾罪悪論」であろう。近代社会の機能性とは相容れぬ余剰的かつデカダンチックな装飾の排撃——だが、とはいえロースも別種の装飾を自身の作品に採り入れてはいた——は、詩人ポール・デルメや画家オザンファンと共に国際的な芸術機関誌「レスプリ・ヌーボー（新精神）」（20年創刊）に連載し後に『今日の装飾芸術』に纏めたル・コルビュジエにも影響を与えることになる。今日の「装飾芸術」は装飾をもたない、とは彼の言明であった。

工業や即物的な近代プロダクト、機械時代のもつべき芸術表現は、その一方で喫緊に要請されていた。貴族に代わる産業資本家たちの象徴となる図像である。1906~07年に着想、1915年に挙行される予定であったが戦争の影響での度重なる延期を経て、1925年4月28日パリで「現代装飾芸術・産業美術国際博覧会」("l'Exposition Internationale des Arts Décoratifs et Industriels Modernes")が半年の会期で開催される運びとなる。いわゆる「アールデコ博」である。場所はパリ中心部、グランパレ、プチパレのあるセーヌ右岸一帯で、ここは第1回ロンドン、第2回ニューヨークに続くパリで最初となる第3回万国博覧会(1855年)——このとき産業成果品志向だった万博に初めて「芸術」がもちこまれた——が開かれた地区だ。

参加国はフランス及び同国植民地を除くと21カ国、オーストラリア、北南米、それに政治的・経済的理由でドイツは参加していない。アジアでは日本、中国、トルコが出展した。会場は万国装飾デザインの折衷的様相を呈したとも言われる。開催年に因みアールデコスタイルを「1925年様式」と呼ぶことも多い。前述したル・コルビュジエもこの機械時代の装飾展には前向きで、自身「レスプリ・ヌーボー館」を設計・出展したが、博覧会協会の志向性とは異なったためか当局によって塀で隠される事態も発生した。モダニズムとアールデコの温度差は、この「レスプリ・ヌーボー館」のみならず、博覧会でのメルニコフの「ソ連館」、カイ・フィスカーの「デンマーク館」、それにマレ=ステファンの小ぶりな「観光タワー」などについても言えることを批評家のジュリア・ヴェロネーゼは指摘している。

アールデコは都市的な近代芸術、しかも大胆なグラフィズムや硬質感、機械のもつ抽象性をデザイン化し量産にも対応し得る装飾として、この時期社会に受け入れられることになる。と同時に繁栄や消費の象徴的な記号としてとりわけメトロポリスの巨大建築物や摩天楼、さらには豪華客船にも採

ジャン・デュランのフランス大使館内の喫煙室

J.ランベール、G.サアケ、P.ベイリによるダイアモンド館

ル・コルビュジエによるレスプリ・ヌーボー館

コンスタンチン・メルニコフによるソ連館

ソニア・ドローネー＆ジャック・ハイムの
ブティック

ソニア・ドローネーのファッション
（ロベール・マレ＝ステファンの庭で）

クライスラービル頂部（ニューヨーク）

トロピカルデコ（マイアミ）

用された。典型的なものがニューヨークのクライスラービルやエンパイヤステートビル、ロックフェラーセンター(とくに下部の広場・ロビー周り)及びラジオシティ劇場、上海のサッスーンハウス、フランスの大西洋航路客船「ノルマンディー号」、それにニュージーランド北島ネーピアの街並みなどであろう。後にアールデコを南国テイストで展開した「トロピカルデコ」は、とくにラスベガスやマイアミの独特なタウンスケープを形づくり、テレビドラマのアメリカ的舞台ともなった。ギマール設計のメトロ駅キャノピーといった都市アイキャッチャーの貴族オーダーメイド的なアールヌーボーとはスケールの異なる世界で汎用されたとも言える。日本では、旧朝香宮邸(現東京都庭園美術館)、日本橋三越本館、新宿伊勢丹、山の上ホテル、銀座和光、学士会館、横浜ニューグランドホテル、大阪瓦斯ビル、大丸心斎橋店、さらに氷川丸やオールド・ノリタケの食器などが知られている。また、ライトによる旧帝国ホテルなども同じ範疇として見ることもできる。

アールデコ博にはアールヌーボー装飾をこなしていた作家も多数参加した。とりわけ著名なものは会場のシンボル的な装飾でもあったルネ・ラリックによる高さ15mの「フランスの水源」という噴水であろう。アールデコ博では工芸品のみならず、家具、食器、壁紙、室内装飾、建築、オブジェ、ファッション、ロゴタイプなど幅広いジャンルが展示され、モダンデザインに多大なる影響を与えたとともに、とりわけ映画の美術セットや新大陸の商業世界に浸透した。しかしその大いなる援用を行っていたアメリカの経済失速と大戦によって、その世界的流行は衰退する。

なお1965年、アールデコも含めた広い視野での「25年代展」がパリ装飾美術館においてリバイバル的に開催された。モダニズム批判、ポストモダニズム勃興とも軌を一にしたとも言われているが、現代でもそのデザインはモダン懐古趣味も含め随所で応用・再演されている。

04 カフェは街の公共的質感を醸成する

カフェは街の下地だ

新しい街を訪れたとき、その街のカフェと市場の雰囲気を見るといい。市場ではそこに暮らす人々のリアルな生活感を体感することができる一方、カフェにはその街の質感、とくに公共的な質感を垣間見ることができる。バーに入店したとき、そこのカウンターのしつらえでそのバーの格や質感を体験できるのと似ている。

カフェは16世紀中葉、イスタンブールで珈琲を提供した店が端緒であると言われている。我が国では上野の「可否茶館《かっひいちゃかん》」(1888年)が最初だ。

カフェといいながら本格的なブラッスリーになっている店も

多い。しかし、カフェはもともと飲食をする場所というよりもコミュニケーションの場所なのだ。オープンカフェはここ数十年来日本でも見かけることが多くなったが、もともとカフェを生んだ西欧ではその形態が基本である。カフェテラスは街路で繰り広げられる出来事の観覧席であり、街路の延長でもある。歩道を浸食するように張り出すカフェは随所で見かける。

そこでは観覧、喝采、思索、批評、邂逅《かいこう》、交渉、討論、創作、恋愛、諍《いさか》い、披露、密談、休息、そしてもちろん喫茶や会食、およそ人間が公共的な場で行う行為の大半が生起する。カフェにいる老若男女も街路から眺めれば演劇や映画の一コマであり都市風景となる。

カフェのある都市風景

その街のカフェはその街のコミュニケーションの日常を「見える化」する、いわば街の下地のような存在なのである。

会食のもつソーシャル性

カフェのみならずオランジェリ（もともとは庭園温室の意味だが、貴族社会ではそこで会合・会食を行った）やサロンも極めつけのコミュニケーション空間であった。飲食を中心に、そして媒介にした集団的な場は、ギリシャ時代のストアの回廊やローマの公衆浴場など、その出自は古い。

なぜ多くの映画が会食場面をとり入れるのか？　コミュニケーションのあり方を最も身近に、最も鮮明に描き出すからだ。コミュニケーションのあり方こそ、万人が興味を膨らませる素材なのである。

サロンやオランジェリなどでの会食、そしてカフェ、そんな環境でソーシャルな近代公共性の概念が生まれたことを、ユル

ヴェネチアのカフェ

ゲン・ハーバーマスは『公共性の構造変換』の中で見事に著述した。時代的には十七世紀後半から十八世紀である。

市民革命を経たその後、それが市民公共性となり、カフェはあらゆる権力的機構から自由な「自発的に形成される強制や排除のない言説の空間」の舞台、ジャーナリズムや情報ディスクロージャー理念を萌芽させ、知識人や芸術家たちの交流基地となる。それゆえにカフェはマニフェストのメディアセンターとも実験芸術ギャラリーとも化した。おそらく理想的には、ルソーが言う「意識の公共性」も醸成される場としてあったのだろう。ルソーの場合には他者というより、他者の視線を見ること、感じること、すなわち劇場性のなかでそれが実現される。

だからカフェはオープンであることが重要なのだ。

自由を形象化するカフェ

ヴァルター・ベンヤミンは自身の著作『遊民』の中で書いている。

「……家のなかにとどまっていなければならない男の視線は、いかに当惑げに群衆を眺めていることであろう。そして(ボードレールによって描かれた)珈琲店の窓ガラス越しにみつめている男の視線は、いかに生き生きとしていることであろう。この観察位置の相違のなかに、ベルリンとロンドンの相違が潜んでいる。」

カフェは公共性の背後にある自由の形象でもあるのだろう。自由の形は国により都市により異なる、つまりカフェのあり方も異なっていく。この意味でも街の質感を映し出す。いささか排他的側面をもつサロンやオランジェリとの峻別《しゅんべつ》点だ。

この観点からすれば、我が国の旧来のカフェいわゆる喫茶店は、中国の茶廊と似て隠れ家的な構えが特徴的だった。それは「公共性」という概念に対するなじみのうすさ、「勝ちとるべき自由」「守るべき自由」という

ロイヤル・ポインシアナホテルのヴェランダカフェ

市民意識の差異が裏返しにある。コミュニケーションより美食ならぬ美飲とパーソナル対応に比重をおくサードウェーブカフェは、逆に相性がいいとも言えるかもしれない。

カフェの現在

カフェの上質さは、その地区の、その街の上質さとほぼ比例する。相似的関係は、変身の場であるリゾートでのフローリスト(花屋)や美容院、知性が蠢《うごめ》く都会のリブレリー(書籍店)にも見いだせる。言うまでもなく「カフェの上質さ」とは高級であるということではなく、そこが漂わせる開放度と自由度すなわち公共的な質感の関数にほかならない。それもウェブ上の情報的公共性ではなく、身体的なそれだ。

だが世界の現状を眺めてみれば、カフェは単なるワンストップの利便空間と化し、こうした文化は過去の遺物のように衰退しつつあるかのように見える。

05 街路という舞台は人間の偉大な発明である

都市の発生は道の交差点

都市の公共空間の代名詞は街路と広場である。どちらが本質的でより重要かと問われれば、私は迷うことなく街路だと答えるだろう。もちろん両者とも重要なのだが、都市空間の肝《きも》は街路である。

古来より、道が十字に交差した絵は都市のシンボルとして描かれてきた。その交差点から都市が孵化《ふか》するし、交差点が都市そのものだ。そして道は街路となる。

街路と広場

ある意味、広場は街路が積分されたかのように広がったものとして考えることができる。広小路などもそうだ。多くはモニュメンタルな場に仕立て上げられていくが、都市が成長する過程で、いくつかの建物群や街区が撤去され広場化するものもある。だいたい不整形をしている。そこに街路が通じることで広場に生命が与えられる。通じなければ単なる閉鎖的な空地だ。

街路には呼び名にしても、ウェイ、ロード、アベニュー、ブールバール、ストリート、レーン、アレー、プロムナード、エスプラナード、ストリップ、パス、ペデ、ウォーク、さらに被覆されてもパサージュ、ポーティコ、モール、アーケード、ガレリア、ロッジアなど多数ある。日本でも街《がい》、筋、通り、小路、辻、路地、通路、歩廊、回廊、横道、猫道、小径、それに街路の範疇とは言い難いが街道や参道などいろいろ思い浮かぶ。

一方広場は、プレイス、プラザを中心に後は形状を表現するサーカス、スクエア、クレッセント、被覆の場合にはアトリウム、中庭的なパティオ、それに大小の規模用語やロイヤル（王室)などが接頭辞に付くくらいだ。言語量の多さはその概念やイメージの多さ、つまり文化度の高さにもつながる。

この両者を計画要素とする都市デザインは、モニュメントや大規模都市施設、公園の配置、ショーファサード(見せることを主体にした建物正面)のデザインなどとともに、民事芸術(シビックアート=Civic Art)とも呼ばれる。

舞台となる街路

近世西欧の演劇では舞台定型が創造された。有名なものがセルリオによる悲劇、喜劇、サテュロス劇(森の劇)の三つで、前二者は都市の街路が舞台である。今でも多くの演劇は街路を舞台とする。人間的な様相、関係、事件が可視化されるからだ。マルセル・カルネ監督の映画「天井桟敷の人々」も第一

セルリオによる喜劇の舞台セット

幕は「犯罪大通り」で軽妙なブールバール劇(見世物演劇)の雰囲気を漂わせる。芸人も大道芸人が基本だ。

街路文化を賛美するバーナード・ルドフスキーの名著『人間のための街路』——この書物はアメリカ人に対する都市空間のアメリカナイゼーション批評として書かれた——の表紙は、ソール・スタインベルグが描くミラノのガレリアの人間模様だ。随所にヘンリー・ジェームスが語る「街路を散歩する以上に人生を良く理解できる方法はない」事例が散りばめられている。

街路はクルマが疾走する道路ではなく、物資の移動はあるものの基本は人が遊歩、逍遥、滞留できる線状の舞台であり、背景は多様に連続する都市施設か路面店になる。加えて言うなら両側面に建つ建物の高さと道の幅員の比(H/W)も概して大きい。

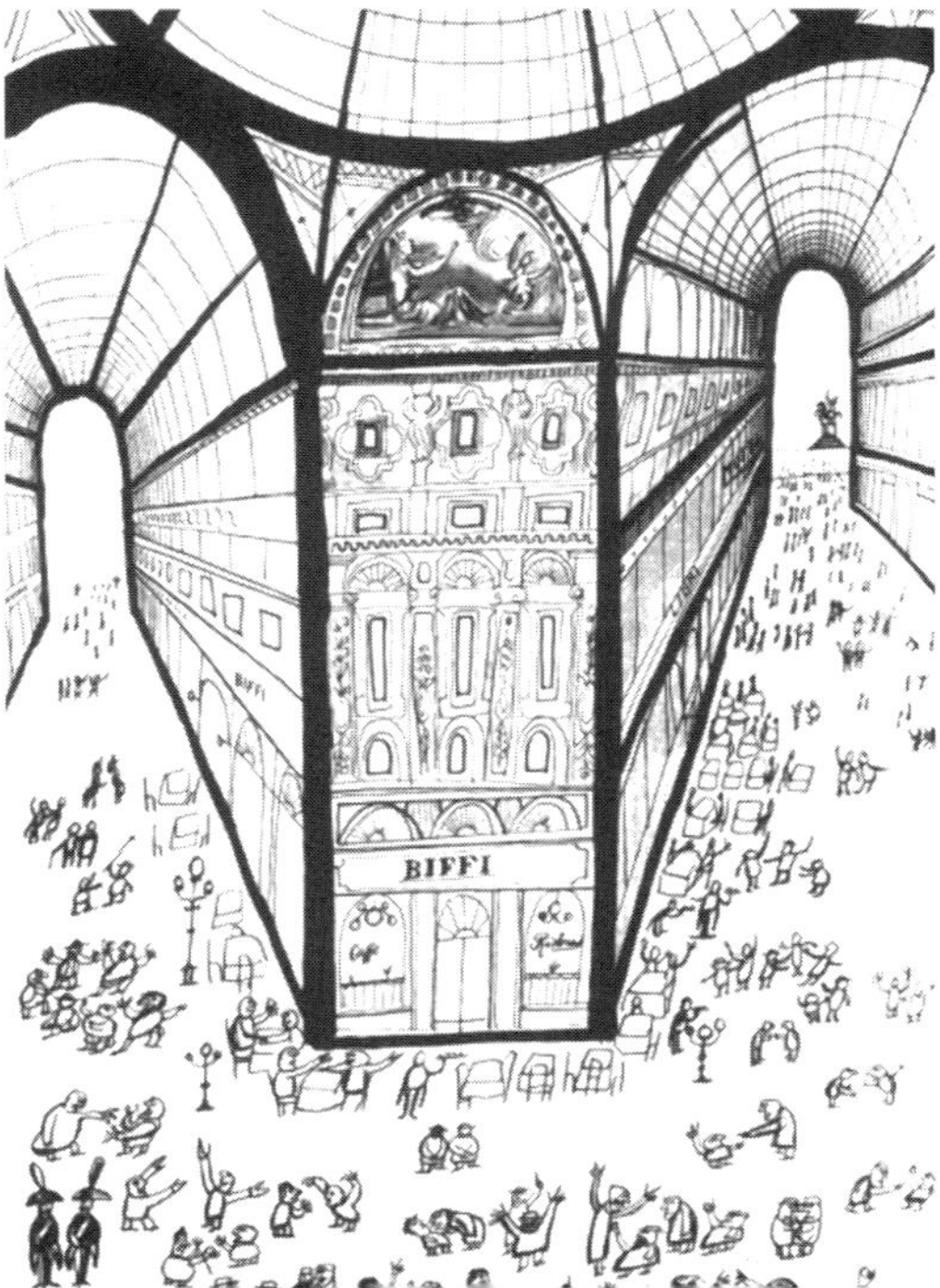

スタインベルグが描く
ミラノのガレリア

街路は人間の偉大な発明空間である。人生のための舞台であり、都市を整序する循環器官であり、ツーリズム上の観覧動線環境でもある。街路樹も街灯も街景も、街路芸術も、そして街娼もかけがえのない都市文化なのだ。

目抜き通りと裏通り

かつて道は生活の外界でもあった。その意味で道空間は未知空間である。近代以降、交通の基盤となり機能化され街の構造要素として現代に至っている。この過程で、首都整備や都市美化・名所化の志向と並行して都市の目抜き通りが形成される。

ロンドンのリージェント・ストリート、ベルリンのウンター・デン・リンデン、パリのシャンゼ

江戸の下町小路(現在の中央通り)

リゼ・アベニュー、ニューヨークの五番街、バルセロナのランブラス通り、香港の広東大路、東京の銀座通りや表参道、大阪の御堂筋などを想像してもらえればいい。これらはフォーマルなショーケース通りで第一級の商店街、主要な都市観光地でもある。しかし目抜き通りはそれを補完し互いに対比的な都市組織を組み上げる「裏通り」の存在が必須だ。リヴォリ街に対するフォーブール・サントノレ通りや表参道に対するキャットストリートなどもそうで、街の遠近法を豊かにし奥行きをつくる。その様相は都市の街路パターンによってさまざまである。

裏通りの素晴らしさは、「未知空間」の特性が部分的に温存されていることだ。そして生活に近い。身体的な空間の豊穣さがある。動物も顔をのぞかせる。名所にも悪所にもなり得る。魅力的な街には必ず魅力的な裏通りがある。

これは賭けてもいい、街路の品質が都市の品質を決定するのだ。

06

界隈は公共空間として考えよ

商業界隈とは言うが

「界隈《かいわい》」は英語のvicinityにあたる。もともとラテン語の近所を意味するvicinusがその語源になる。要は何かの近所、近傍ということで、駅界隈などは大変わかりやすい。では商業界隈というのは何か？「商業」自体は施設ではない。したがってどこかの近傍というよりも、むしろにぎわいをもつ商業集積の面的な広がりのイメージを想起する。境界もあいまいだ。

しかしまた、同時に何がしかの色に染まった都市空間も同時に想起させる場合も少なくない。東京でいえば歌舞伎町とか合羽橋、京都の河原町や祇園新橋、大阪の難波、金沢の主計《かぞえ》町、札幌のすすきの、それに全国にある中華街などだ。商業地区が自生的ではなく計画的な場合には、そのゾーンが商業界隈であることを誰しもが直感的に認識する。メキシコシティにソナロサ(Zona Rosa)という商業集積エリアがあるが、これなどは典型的なものであろう。

そして不特定多数がその地区を訪れ歓楽消費をする。

ノッリのローマ市街図

ジョヴァンニ・バティスタ・ノッリの描くローマの都市図というものがある。これはゲシュタルト的な図と地のパターンの地図として有名なものだ。近世ローマ市街全体が網羅され場所もほぼ正確に落とされている。

この都市図で面白いのは黒い部分が住居や私

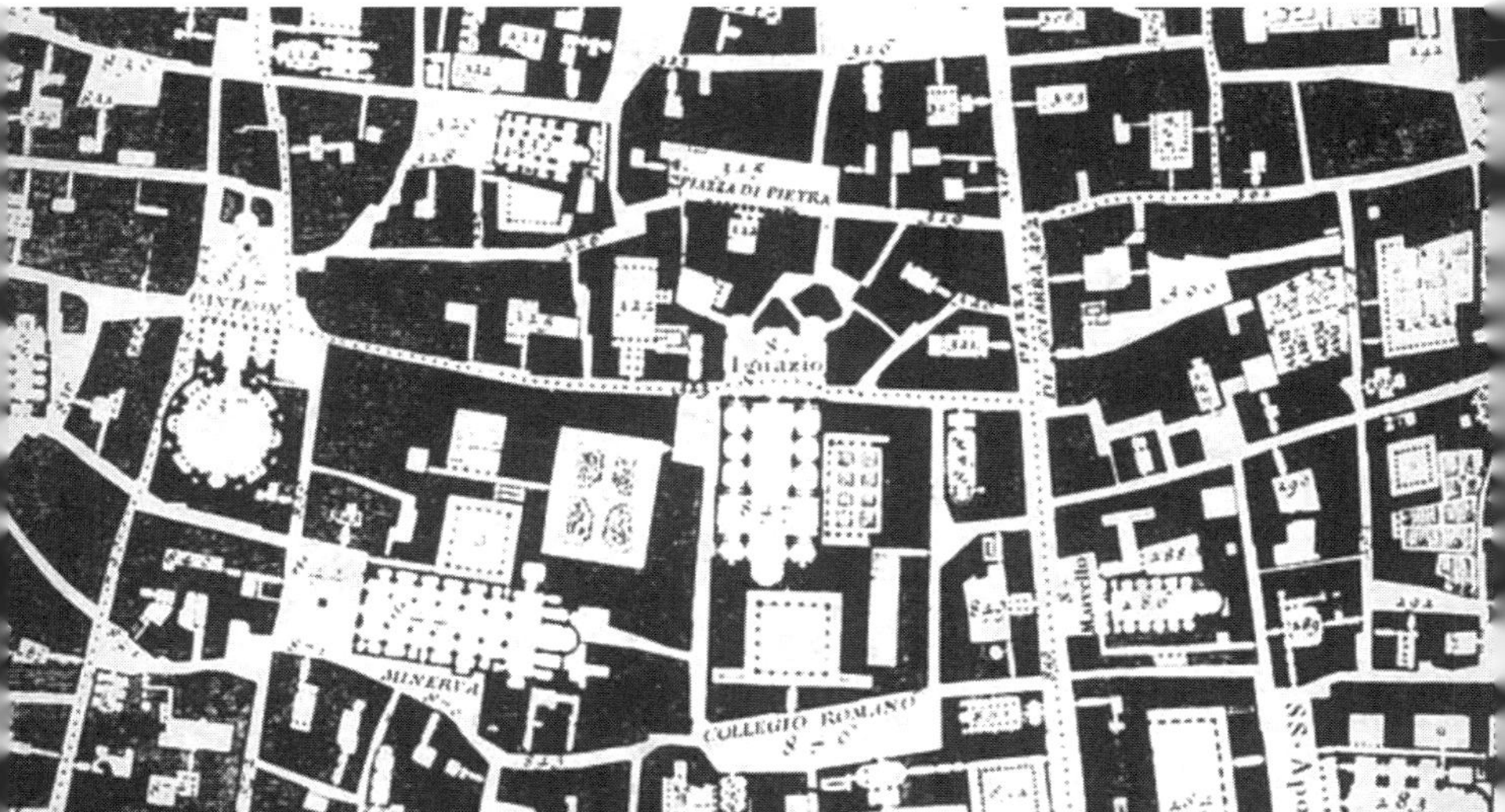

ノッリのローマ市街図(部分)

的な施設で、白い部分が街路や広場などの公共空間になっていることだ。だがよく見ると教会や礼拝堂の内部空間やバザール、ほかにも判別しにくいが公衆浴場といったものも白い領域に属している。外部空間だけでなく、不特定多数が足を踏み入れることのできる半戸外、屋内の空間も「公共的」なものとして扱われているのだ。

イタリア、とくにローマは近世・近代期に公共土木事業を頻繁に実施した。これをグラントラボーというが、そこには土木構造技術に長《た》けていた古代ローマの残影の気配すら感じることができる。欧州各地のローマンタウンにも、きわめて巧みな公共空間が築かれていた歴史がある。ノッリの白地あるいは白図部分は、公共空間の網目状の連続性も示している。図柄パターンの美しさは街の魅力を訴求する。

重要なことは、不特定多数に対しオープンな都市空間が公共空間であるということだ。商業施設も商業界隈もそれに準じるのである。

複合空間内の公共領域

現代の再開発や新規プロジェクトで登場する大型複合施設では、その用途プログラムによる空間の区分けがよく行われる。ヴォリューム的にも機能的にも、ある意味一つの街空間が立体的に集積された感じになる。業務空間、居住空間、文化空間、商業空間、そして全体共用空間、さらに駐車場や機械室などが加わる。通例全体共用空間を他と切り分けて区分するが、不特定多数に対しオープンであることを公共の場とするなら、商業空間と全体共用空間は、計画論上も運営論上も本来公共空間としてひとかたまりに考えるべきものだろう。文化空間に関してはその性格によって公共的資質が異なるため、特殊な対応にならざるを得ない。

低層かつ街並み的に展開する接地性の高い複合環境にしてもしかりだ。全体共用空間が広場や路地あるいは道路に置換される。そして施設所有関係とは無関係に公共空間は侵入する。そ

ヴェネチアのカナルカフェ

ハバナ中華街

れが連続し豊かなものであればあるほど、都市的な魅力をたたえ始める。

万人の参加

公共とは「公」(おおやけ)=「官」を指さない。「民」でも「三セク」(第3セクター)でも「NPO」(非営利組織)でもない。それらから独立した概念である。語感からすれば「共」に近い。だが公共施設というと官設あるいは官営施設として捉えられているのが実態だ。

ボストンに近代造園家にして社会改革者のオルムステッドがつくったボストンコモンという都市公園があるが、そこが市民に愛され共有地的・共同活用的意識を高めているようなセンスが公共的なるものに近い。その空間も他の緑道と接続され都市域をつなぐ。オフィシャルでもフォーマルでもなく、しかしアンオフィシャルやインフォーマルであるとも限らない――それがパブリック=Publicだ。パブ(パブリックハウス)はカ

F.L.オルムステッドのパークシステム(ボストン)

フェと同じく、商業施設でありながら客はいかなる制約を受けることもなく自由に共同消費をし、街路ともシームレスに接続されている。

公共性とは都市的な概念である。

誰が所有し、誰が管理し、誰が経営しているのかは実際関係がない。万人が参加でき、万人が利用でき、万人がそれとともに生き、万人の記憶に残る開かれた場が公共空間であり、いかなる権利であろうと強行に行使されるべき場ではない。だからそこにはルールとモラルが不可欠なのだ。

自然や街の景観は公共的なものである。それには著作権はかけられない。

I.V.アレクシフのキオスクデザイン
（モスクワ、1918）

N.ティルサの革命1周年バナー
（ペトログラード、1918）

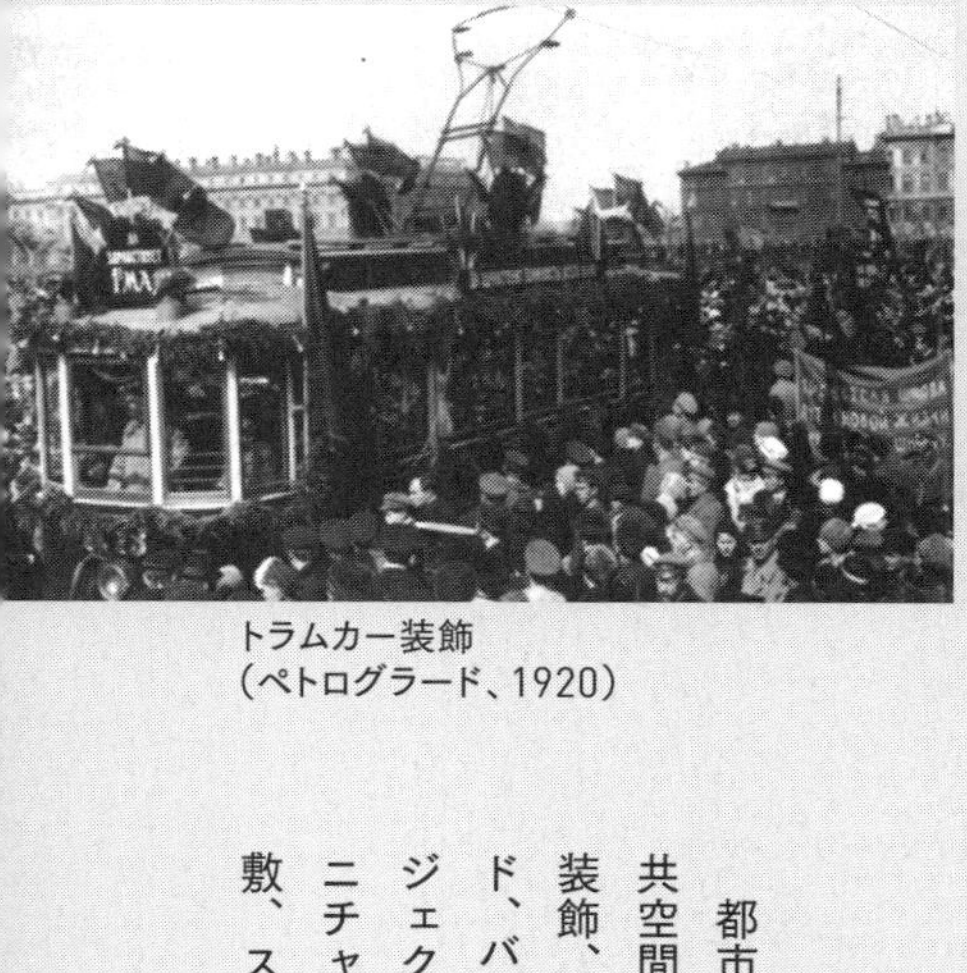

トラムカー装飾
（ペトログラード、1920）

メーデー装飾インスタレーション
（モスクワ、1921）

Supplementary Note 02

都市芸術からVMDへ

都市芸術は街路や広場などの公共空間を主たる舞台とする。建物装飾、ヴィークル装飾、ファサード、バナー、フラッグ、サイトオブジェクト、可動ストリートファーニチャー、ビルボード、演壇、桟敷、スーパーグラフィズム、イル

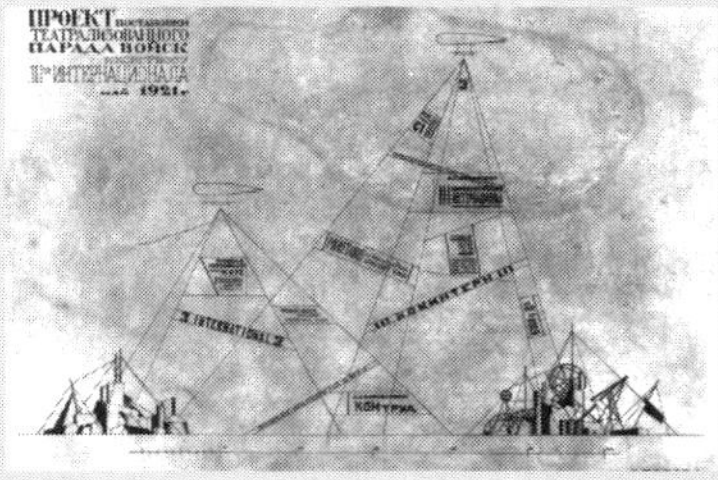

ポポーヴァとヴェスニンによる第3インターナショナル 新旧都市パレード（ペトログラード、1921）

革命7周年の山車
（レニングラード、1924）

V.シシュコの25年博ソビエト館計画案（1924）

メーデーの山車
（レニングラード、1925）

ヴェスニン兄弟による
プラウダビル（モスクワ、1924）

ミネーション、さらに仮面劇から工業音発生（いわゆるサウンドスケープのはしりである）まで多岐にわたるが、爆発的に開発されたのは革命期ロシアであった。ロシア構成主義建築自体もそのような性格を分有している。「アギト・プロップ」（煽動的宣伝活動）とも呼ばれる。

これらはロシア未来派のみならず、民衆芸術、イコンなどが動員される宗教的典礼、汎欧州的な労働者組織の出版活動などさまざまに複合した出自をもっている。ある意味では、集会や行進を社会行

アレクサンドル・ニコルスキーの労働者クラブ（レニングラード、1925-26）

革命10周年デュプリツキによる10月祭壇（レニングラード、1927）

V.エルショフのモスクワターミナル（1927）

革命10周年のステンベルグによるイルミネーション（モスクワ、1927）

コフロバグループの「資本主義フランスと下劣な同盟国」オブジェ（モスクワ、1929）

動化したフランス革命を祖とする示唆行為と芸術の融合であるとも言える。

　ロシアでは、国家イデオロギーと未来社会ヴィジョンが都市空間を仮設的に占拠した。大衆訴求のスペクタクルとでも呼べるそれらは、今日的には都市空間を祭典化する手法かつメッセージ型ＶＭＤ（ヴィジュアル・マーチャンダイジング）デザインの祖型であり、また現代アートのイメージ源泉のひとつにもなっている。芸術と非芸術のまさに境界線上の試みでもあった。

　主としたイベントは10月革命周年祭やメーデー祝典であり、１９１０年代後半から１９３３年前後にわたる期間に展開された。強いて言うなら、革命期の商

革命14周年冬の宮殿インスタレーション（モスクワ、1931）

ゴーリキー公園の風刺オブジェ（モスクワ、1931）

トゥロシン、ロディオノフ、ムサトフによる地下鉄賛美の装飾（モスクワ、1932）

メーデーの装飾——ボリショイ劇場前の塊鉄工場のモデル（モスクワ、1933）

品とはイデオロギーそのものであり、これらは煽動的デザインによって旧体制によって構築された都市空間をコラージュ的に装飾し、またその意味を変換したのである。

後に趣旨は異なるが、ナチス占領下の街での公共空間のヴィジュアル的支配——多くはハーケンクロイツの描かれた深紅の巨大バナーという簡易で仮設的なもの——も体制浸透の効果的な道具として使用された。

こうした純粋な実験は商業を含めた他ジャンルの文脈で延命したとも言える。祭りの近代的な都市装飾は言うに及ばず、脱イデオロギー的な「パブリックアート」なども、広義ではそのようなもののひとつだと言えるだろう。

07 人間の根源欲求は三つの要素で構成される

経験値と情報圏の拡充

人間の根源欲求とは、動物における学習成長とテリトリー確立にも似た経験値と情報圏の獲得に基盤をおく。動物と若干異なるところは、人間は高度なテクノロジーと言語をもつために、それらの獲得と持続的維持のみならず拡充していこうとする点である。近年の個体数すなわち人口の異常拡大はそれを助長し、それゆえに理不尽な浪費や非自然的な営みが地球規模の環境生態系へ影響を与え、自ら生きる環境を危ういものにしてきた。質は量に転化しないが、量は質に転化する。

混沌とした衝動を固有な適応様式で発現させることが「本能」であるなら、人間の根源欲求とは本能に近いものだと言える。

それは国家、民族、宗教、イデオロギー、そして文化的背景によらない。

「移動」「学習」「変身」――この三つによって根源欲求は構成される。これらの欲求は摂理であり、ある種明証的なことがらである。したがって、なぜ人間は移動するのか、なぜ人間は学習するのか、そしてなぜ人間は変身するのかは問えない。逆に、あなたはなぜ移動しないのか、なぜ学習しないのか、なぜ変身しないのかという問題は立てることができる。

移動欲求

ホモ・モーベンスとも言われるように、人間は移動する社会的生き物である。魚の回遊や鳥の渡りなどと同じく、環境を移動しながら生きる。なぜなら環境の多様性が「生」を活性化させるためである。

「なぜ山に登るのか、そこに山があるからだ」という有名な文言があるが、昔私がＮＡＳＡ（米航空宇宙局）でインタビューを行ったとき、飛行士や技術者、システムデザイナーたちは皆口をそろえて同じことを語っている。「宇宙がそこにある。なぜそこに行こうとしないのか」。彼らはかつてアメリカ史を著述したピューリッツァー賞作家ダニエル・ブーアスティンの『発見者たち』(The Discoverers)を座右の書としていた。

人間は集団的あるいは個人的営為として「脱出《エクソダス》」や「移住」「旅」という概念を孵化させ発展させてきた。日常的には「引っ越し」もその一端を担うのだろう。移動によって経験値は高まり情報の広がりを体得できる。世界のブラウジングである。異種邂逅の機会も増える。つながる欲望もここが端緒だ。

確かに狩猟民族ではない農耕民族は特定の場所での生産に基盤をおくが、それでも彼らは地霊の空間を季節ごとに往復し、祭りで想像力上の旅、ヴァーチャルな移動を経験する。

学習欲求

経験や情報は広がりもさることながら、それらの有機的関連性や深さによって著しく拡張することは言うまでもない。学習による脳内ソフトウエアの蓄積、システムソフトの複数化は、認識と思考の自由度を無辺際に押し広げて能力開発を行い、人間を解放していく。

私はこの適切な媒体は書物と地図であると考える。社会的制度としては教育であり、職業的には習得であり、社交的にはしつけやマナーを含む文明化(Civilization)である。インターネットは活用方法で化ける道具立てだ。

「認識は力である」とアンドレ・ブルトンは語ったが、外的に世界を巡るのではなく、内的に世界を巡る、世界を認識によって変革する最短で最良の方法が学習でもあるのだ。この意味で真の知識人は学習欲求の体現者として万人を救済する。

学習はさらなる学習を誘う。それは知の品揃えに対する止めどもない増進欲望である。学問は最高の娯楽であり癒やしですらある。

人間は知がなければ社会的に生きられない。自由も入手できない。そして豊かに生きるためには知の拡充が不可欠だ。

変身欲求

別の自分になりたい、別人格を所有することで社会と自分の関係を変え人生の意味を変えたいという日常的欲望や、憑依《ひょうい》という営為の儀典化による社会運営は人類史では限りない。それは化粧の世界からリゾート、祝祭・祭祀まで、社会のすみずみまで及ぶ。近代の無差別化した貨幣社会では、仮面をつけて生きることが内的な旅を促し、個人的救済の中でサバイバルできる方法だと喝破した思想家もいた。

変身は動物の変態と異なり、きわめて社会的な行為の側面を見せる。つまり妙な言い方だが、社会的本能に近い。

実際、社会は変わらないこと動かないことが日常なのではなく、変わること動くことが日常である。主体的に自ら「変わる」「変える」行為をそこに重ねる。この欲求はすなわち優位に生きること、主体的にサバイバルすることを意味するのだ。

欲求の相乗

移動と学習の相乗によって「発見・発掘の拡充」が、学習と変身の相乗によって「変革要素の滋養」が、変身と移動の相乗によって「機会（チャンス）の増進」が獲得される。すべては経験値と情報圏の拡充獲得に寄与する。現代のような高速で変容する情報社会であればなおさらそうである。

私は、詩人としてこれら根源欲求を生きたシャルル・ボードレールのことばが、それに共振していくのを感じざるを得ない。

「揺籃の中で妖精から仮装と仮面への趣味、定住への憎悪、旅への情熱を吹き込まれた者のみが、人類の力を借りて、生活力の陶酔にふけることができる」

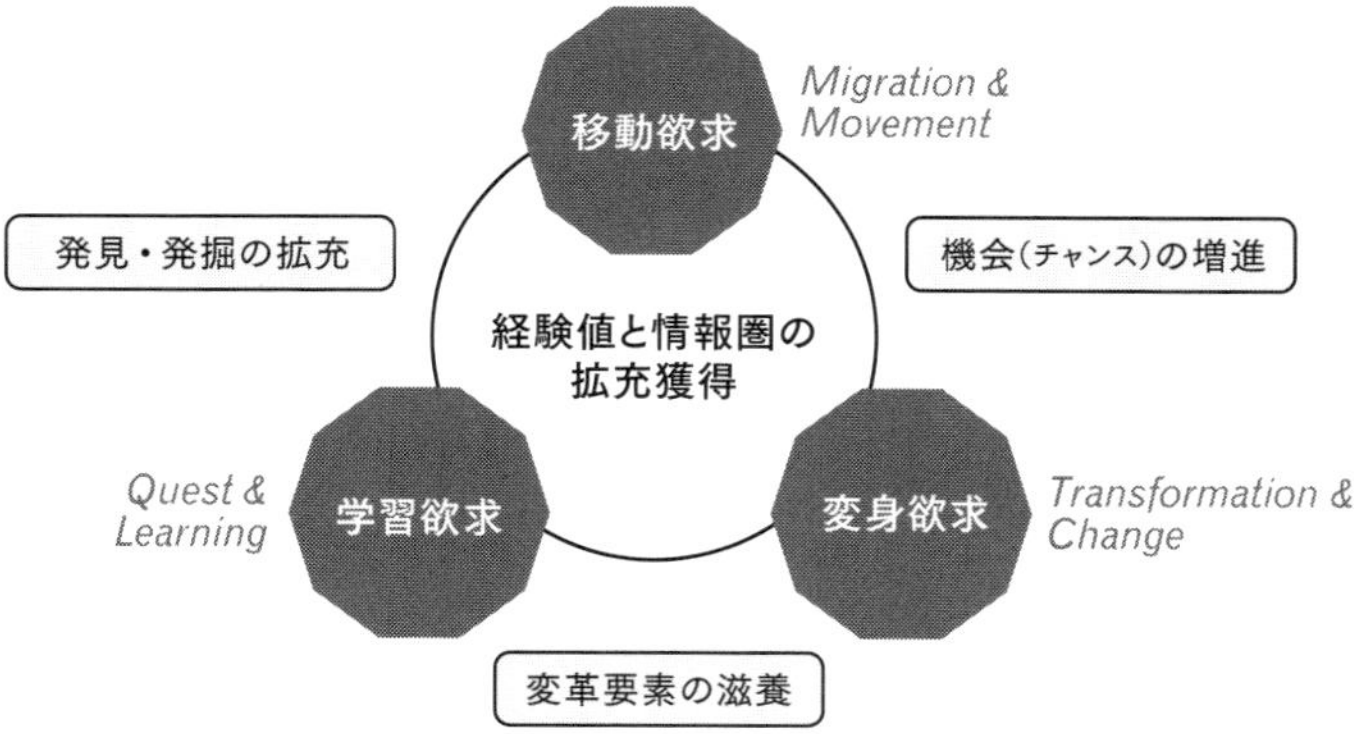

人間の根源欲求の構成

08 集客と滞留の原則から空間創造を考える

集客と滞留の原則は根源欲求から導かれる

移動、学習、変身という人間の根源欲求は、商業的あるいは文化的な施設や環境、さらには都市の集客・滞留の基盤であり、また集客・滞留という行動はそれらの直接的・間接的な発現形態となる。

人が集まる、人がとどまるという動機づけは基本的に五つあり、私はこれを集客と滞留の五大原則と呼びたい。順不同に注釈を施そう。

時代への臨場性

人間は参加・所属意識そして誰もがそのことを認知している

という状況にある種の快感を覚える。マズローの「欲求段階説」にちなむなら、それは「自己実現欲求」の下位に位置付く「社会的欲求」(所属したい、仲間がほしい)と「承認欲求」(尊敬されたい、評価されたい)の二階層に当たるものだろう。

社会参加も基本的にはその社会に所属している証しでありロイヤルティを生む。しかし参加性の中で最も強いものが「時代への参加」だ。自分がその時代と共犯関係を結ぶこと、時代と添い寝をすること、とくに最前線の現場に臨場しその活動にインボルブされる実感は、生きるアイデンティティに近いものがあると考えてもいい。

時代の先端的な場(あるいはそう思われている場)に人は集まりとどまる。そんな企業に就職したい、そんな商品を購入したい、そんな空間を舞台としたい。なぜならそれが時代へ臨場することであり、そこが時代に最も近いところだと考えるからだ。ネットワークによって世界とつながるなら、そのイメージはますます高まる。「新しい」ものや流行への憧憬や妄執も、実は時代へ

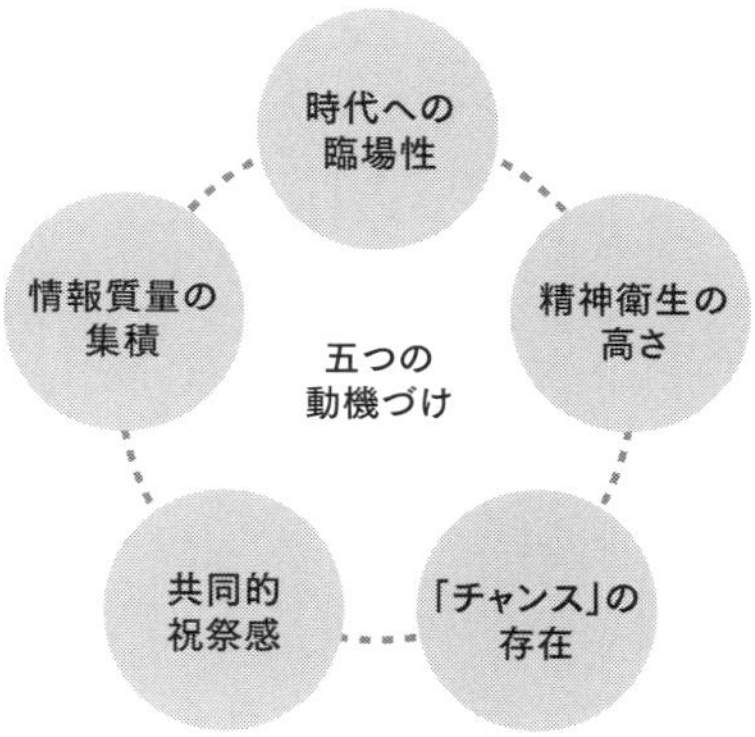

集客と滞留の五大原則

の臨場を求める願望から生まれるのだ。

情報質量の集積

次に、情報の質量が大きいことが集客・滞留拠点の資質になる。情報量が多いとはどういうことか？　たとえば「動く」こと。動画はコンピュータでもデータが極端に重くなる。情報量が多いからだ。そして子供とくに幼児は動くものにしか興味を示さない。情報質量の大きいものが興味を惹起《じゃっき》する。

人は情報質量が活性化して交通する場に集まる。情報質量が集積する場にとどまりたいと思う。情報の生産される場を希求する。それが二次情報ではなく、生《なま》であればあるほど情報の質は高まる。学習欲求が遠隔的に働くのだ。

最も情報質量の大きい場とは、ほかならぬ、自然である。自然は情報質量の宝庫だ。自然を語る言語の少なさに対し、語られるべき実体や現象の何と多いことか。人は気持ちがいいとか神秘的だとか表現するが、それは未知の情報質量の磁力がなせることなのだ。自然環境は最強の集客・滞留の装置である。

共同的祝祭感

「個人が個別のことを体験する」と「集団が同じ体験をする」は次元がちがう。前者は自由とか選択とか趣味などに親和的であり、後者は激昂《げきこう》や狂騒や非日常などの状態が似つかわしい。共同的祝祭の最大の利点は個人的思惑、個人的感情を越境し超越すること、すなわちエクスタシー――Ex-Stasis＝状態を超越する――と束の間の透明なコミュニケーションが獲得できることである。それゆえに共同的祝祭はエロス的相貌《そうぼう》を見せる。

かつては公共広場が祝典、公開イベント（それはバザールから処刑まで至る）などの共同的祝祭のインフラであった。これは古典的な集客と滞留の器官であり社会の狂言廻しの舞台にほかならない。現代のような個人化・アトム化した時代における共同的祝祭感の創造は、その点でもきわめて重要なことがらとなる。

「チャンス」の存在

チャンスがあることは変身欲求の直截《ちょくせつ》的な形態だ。「化けれるかもしれない」(と思わせる)場に人は集まりとどまる。

ハリウッドにルーズベルトホテルというかつてアカデミー賞の授賞式を行ったホテルがある。ここのカフェの従業員は無給でも就業にウエイティングができる。なぜか? このカフェは著名な俳優や映画監督、脚本家がよく使う場所で、ここでスカウトされ俳優になった人間が少なからずいる。接客は演劇でもあり、自己プレゼンテーションだ。そしていつか自分もチャンスをつかむ、そんな場は集客と滞留の要になる。表参道ヒルズの前を日がな一日往復し「ドクモ」(読者モデル)としてスカウトされるのを狙う若い女性が集まるのと似た現象である。メディアの存在が背後に見え隠れする。

近代都市パリは都市規模の集客と滞留の拠点だった。無名の芸術家はそこに来て花を咲かす。ピカソもシャガールもショパンもそうだった。

チャンスの存在は可能性の存在だ。人は誰でもそれに魅せられる。

精神衛生の高さ

最後に精神衛生の高さを挙げておこう。居心地のよさ、リビングルーム感覚だ。

都市学者ジェーン・ジェイコブスが語る精神衛生の高い都市空間の条件はすべてあてはまる。路地が曲がり狭い、古い建物がある、複合的な機能に充たされている、そして活気がある——それは活性化した多様性の空間であり、「雑」概念をもつ場だ。規格化され清潔過ぎる都市空間よりはるかに居心地がいい。人は巣のような感覚をそこに見いだす。そして集まり滞留し、雑居感がさらなる雑居感を生んでいく。

精神衛生の高さは幸福度の高さに相似的だ。人間は間違いなくその高さを求めるのである。

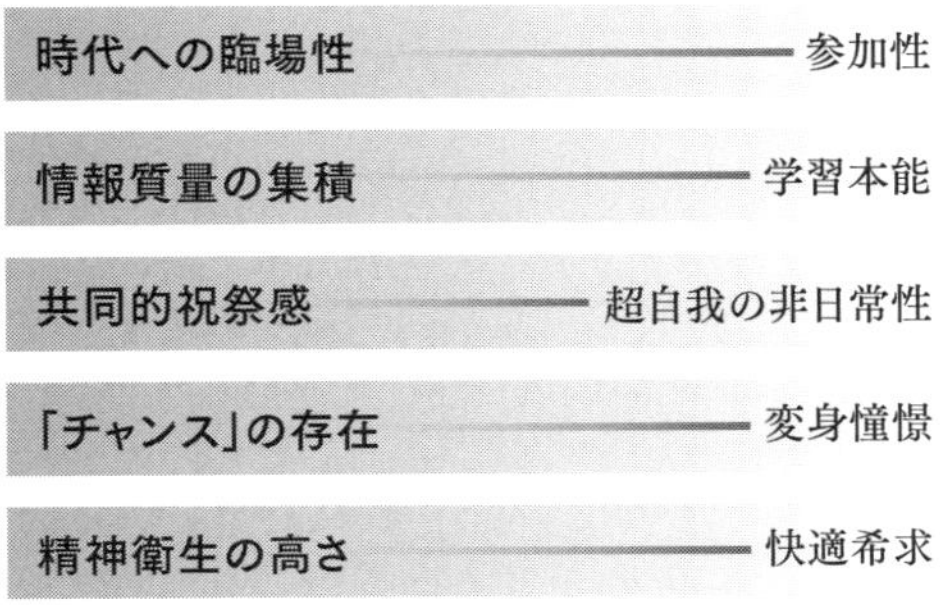

時代への臨場性	参加性
情報質量の集積	学習本能
共同的祝祭感	超自我の非日常性
「チャンス」の存在	変身憧憬
精神衛生の高さ	快適希求

09

視点や眼差しを複数所有し複眼で都市を見る

都市現象を目撃・観察する

都市の見者に徹する眼差しをもつこと、都市の動態進行現象を総合的に感得するにはそれしかない。現象として都市を見る、媒体としては写真が相応しいとも言える。

しかしそこで可視化された現象は、「今、ここにある」(now-here)都市は「どこにもない」(nowhere)都市であると言われるように、動態進行の瞬間が仮設的に示されただけにすぎない。われわれがそこに見るものは、「時間を生きる都市」という事実のドキュメン

[目撃]戦災後の銀座と復興後の銀座

テーションであり、混在や融合、変異や変節、そして破局すら合理化してしまう「都市を生きる時間」の存在である。

ドキュメンテーションは事実をして語らしめる。しかし、すでに起こった／これから起こる都市をめぐる何ものかの予兆がその現象には潜在する。だから目撃・観察された都市は想像力の孵化器として機能するのだ。

都市風景を継起的かつ体験的に観覧する

アイレベルでの都市風景や街景図は、身体的に自分が都市空間にインボルブされた状態で内から見ることだ。虫の眼がもつ視界とも言われている。

都市のイメージ、ヒューマニティ、シークエンスの豊かさ、逍遙や回遊の快楽、体感、そして都市認知——これらは都市を人間の体験媒体として捉える際に効力を発揮する。人間尺度の延長上にあり、どちらかといえば非体系的な領域を形成し、

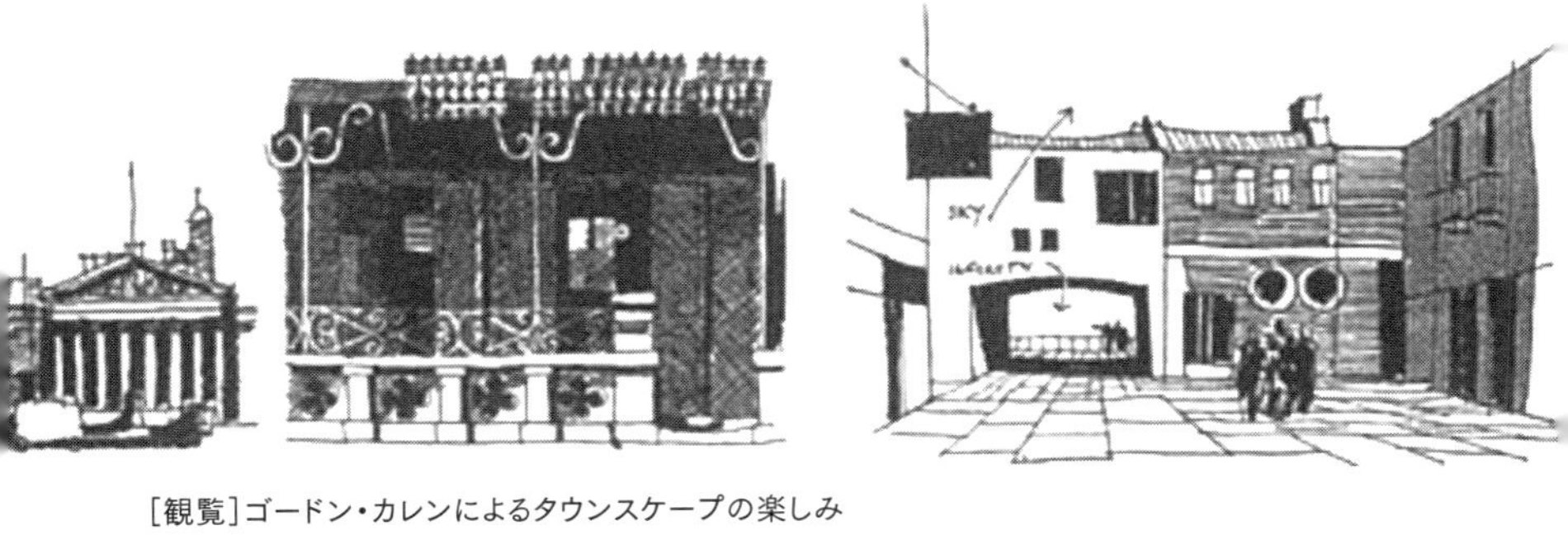

［観覧］ゴードン・カレンによるタウンスケープの楽しみ

都市生活者や都市消費者にとってなじみやすいマン・シティ・インターフェースだ。物語性も寓意性もそこに安住の地を見いだす。

そんな具体的に可視化された距離感の近い都市ヴィジョンに、メディアによる情報創造が重ね合わされる。体験媒体としての都市では、インボルブされるという絶対化と記憶の中での都市の相対化が同時生起し都市のイメージを拡張するのである。

都市の深層を透視する

図式やプログラムとして表現された都市は、都市生産者、都市創造者(ユルバニスト)といったプロの眼差しで捉えた像に近い。表層には見えない都市の深層の形態、都市を支え構造化するソフトウエアが露出する。時代の知のモデルとそれが相関性をもつ場合、都市はすぐれて思想的なものとなる。

都市デザインのコンセプト図やパターンダイヤグラムといわ

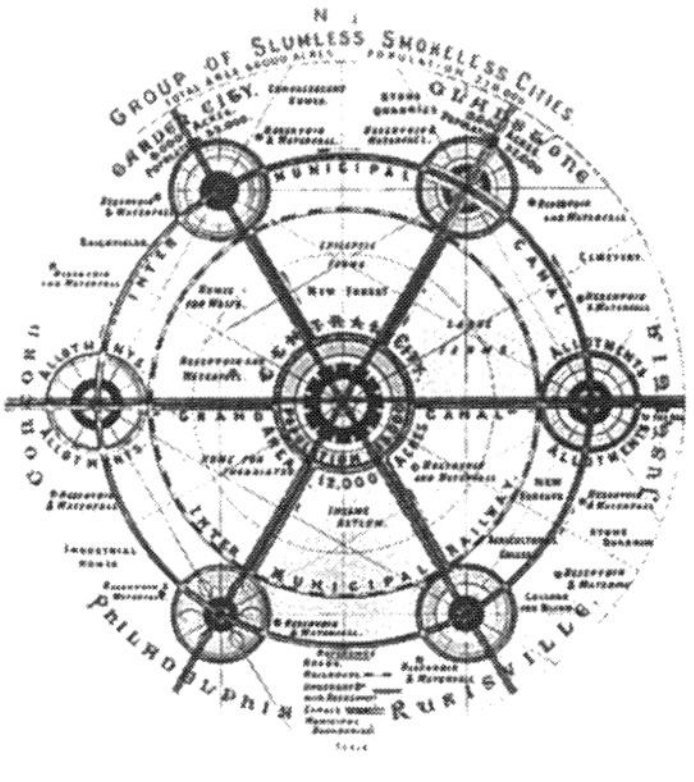

[透視]エベネザー・ハワードによる田園都市のダイヤグラム

れているものはおよそのような範疇《はんちゅう》に属す。日常的に不可視の深層には、まるで表層とは無縁に見える都市が創られた企図、都市の本質的な構想理念が宿っている。表層と深層の奇妙なポリフォニー(輻輳性《ふくそうせい》)も都市の魅力のひとつだ。

都市を空中から俯瞰する

都市を俯瞰《ふかん》しようとする欲望は、人間のもつ不易の情熱=受難《パッション》である。つまり自らの視界の中に都市の全体像をおさめようとする情熱であり、鳥の眼差しあるいは神の眼を所有しようとする受難だ。テクノロジーはこの俯瞰欲望を刺激し続ける。

俯瞰イメージはそのまま都市全体のイメージとして語られる。都市を境界化し構造付ける物理的な構成が、都市が包括的にも

[俯瞰]イワン・レオニドフによるマグニトゴルスク計画

つランドスケープが、あらゆる細部の関係が、そして象徴的なるものの所在がそこに示されるからだ。そして俯瞰ヴィジョンの視点が無限遠になったとき、それは地図に変容するのである。

都市の関数を見分《けんぶん》する

見えない都市にパラメータを投入し可視化する。商圏から駅勢圏、人口動態、地価分布、交通流、時間距離――統計学的な都市データは都市のもつアクティビティをライブかつ分析的に見るためのものだ。都市は生きている《アクティブ》からである。トポロジカルな都市は多様な関数の投入によってその相貌を変えていく。それらは空間を基盤とする可視性とは異なった都市認識を見る者に与える。記号化された都市だ。

もちろん定量分析とは対極の定性分析も都市認識を深めていく。都市社会学や都市哲学、つまり思考の機械の性能関数として都市像を浮かび上がらせることだ。都市批評、都市論、都市

［見分］ロンドンの鉄道圏域
ロンドンを中心とした交通網による都市域の形状

小説はその言説の舞台である。

どのように見るかで見えるものが異なる

読解と創造は表裏一体である。見る方法が読解や分析を枠組み、創造への想像力を稼働させる。眼差しのあり方が解釈を誘導する。

こと都市に関しては、一元的・一義的な見方すなわち単眼的に見ることは思わぬ陥穽《かんせい》にはまる可能性をもっている。都市はきわめて多様で複雑かつ多元的な対象であるからだ。視座によっては別物として立ち現れる。視点や眼差しを複数所有すること、つまり複眼的に眺めその視界を身体化することがその像に最速かつ有効に接近する手立てなのである。

虫の視界

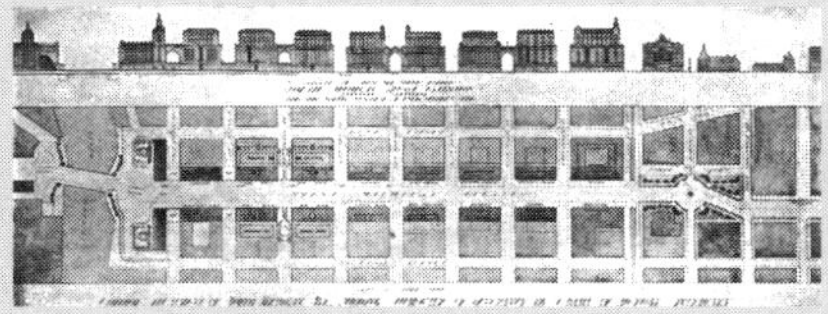

ノース・ミシガン・アベニューの都市美形成（シカゴ）

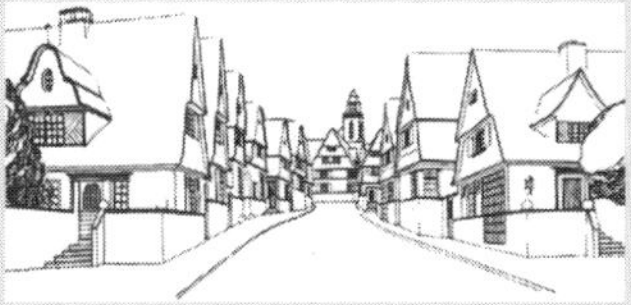

マルガレッテンホフの街景観（エッセン）

ジョン・ラスキンによる
アーケード素描

高架下の回廊的景観
（ベルリン）

住民擁護の立場からの都市
（“Advocacy Planning”より）

ル・コルビュジエによる現代都市

車の視点（ラスベガス）

Supplementary Note 03

虫の視界 vs 鳥の視界

虫の視界と鳥の視界はよく対比的にも言及される。複眼で見る五つの眼差し（目撃、観覧、透視、俯瞰、見分）からすれば、「都市風景を継起的かつ体験的に観覧する」が前者に近く、「都市を空中から俯瞰する」は後者に近い。

虫の視界とは「接近」し「詳細」に

鳥の視界

サポロジェによる都市居住エリア鳥瞰

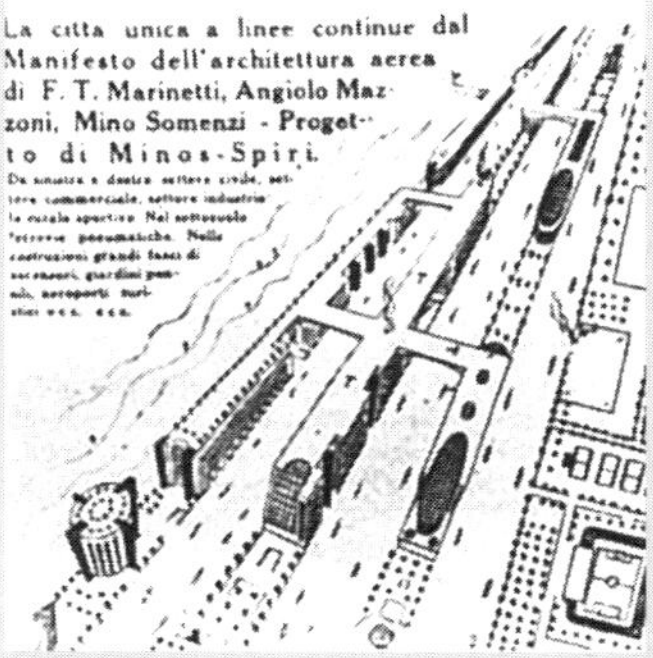

マリネッティの空中線状都市構想

ニューヨーク五番街鳥瞰

1946年のモスクワのヴィジョン

カールスルーエ（18世紀）

ヒュー・フェリスの描く明日のメトロポリス鳥瞰

帝政期ローマ市街の鳥瞰（模型）

「部分」を感得することであるのに対して、鳥のそれは「ひいた位置」から「概括的・包括的」に「全体」を感得することだとも言える。したがって、いわゆる「遠望」は鳥の視界に入るが、「体感視・没入視」は虫の視界の領域だ。

風景として表向きに描かれた都市は、この二種類の視界において枠取りされることが大半を占める。

10 積層と複合で世界がつくれるか？

ホモとヘテロ

ギリシャ語でホモは「同じ」、ヘテロは「異なる」を意味する接頭辞である。ホモジニアスとは同質的・均質的なことを表し、ヘテロジニアスは異質であることを表す。

『言葉と物』の序文でミシェル・フーコーはボルヘスの「シナの百科辞典」を引用しつつ、そこに集められた言語や概念の荒唐無稽な異質性が氾濫《はんらん》する世界をヘテロトピア（エテロトピー）＝混在郷と語った。西欧文化を支える認識論的地盤との差異に言及するためである。

予定調和的なユートピアとは対極のヘテロトピアは、予測不能でピクチャレスクな「都市」あるいは「世界」イメージに近い。

日常的にわれわれも、均質な場所、空間、宇宙より、異質なものが混在するいわば雑居的、折衷的なそれらを好み志向する傾向がある。活力とか文化は異質交配によって生起することが多いからだ。

隣接を可能にするテクノロジー

均質な空間はそれが過激にまで徹底されれば面白さや新しい価値を生むかもしれないが、通常は異質なものが蝟集《いしゅう》している空間の方が魅力的である。

本来異質性の共存には、それを可能にする「仕切り」が必要だ。これを建物で考えた場合、物理的には壁が平面的な、床が垂直的な仕切りとなる。機能が異なる空間――商業とオフィス、商業と住宅、商業でも異なる店舗間など――は当然だがこれらの存在で隣接が可能となる。その形態、堅牢さ、可動性、遮音性など仕切り自体の性能はテクノロジーに依存する。

だが同時に、仕切る＝分離するだけでなくつなげることもアクティビティ上必要なものであることは論を俟《ま》たない。街路や廊下がこの機能を担う。そして床が積層された場合には階段、エスカレータ、エレベータが登場する。エレベータが垂直化された街路といわれる所以でもある。さらに異質性を共通に支える現実的仕組みも求められる。建築群であれば地盤、電気、上下水、空調といった世界創生の四元素である土、火、水、空気を平俗活用した支持供給処理基盤であり、都市であればインフラだ。

これらはすべてテクノロジーの所産であり、それゆえにテクノロジー革新によってさまざまな様態の隣接、蝟集、野合を可能にし新たな地平が広がる。

もちろん異質性の共存を可能にするのはテクノロジーだけではない。かつての折衷庭園や折衷建築のように、観念連合《アソシエーション》や固有なイマジネーションといったソフトウエアがその合理化の役割を担うことも多い。

摩天楼からオーシャンライナーまで

プログラムの異なる空間の立体的な積層化は、基本的には複合化の概念を包含していると言っていい。エレベータの開発以降——1853年ニューヨーク万博でE・G・オーティスが初めて実用版を披露した——積層による複合化は中高層ビル、そして超高層へと舞台を移していく。

摩天楼(スカイスクレーパー)は大量の積層床によるヴォリュームと建つ敷地がひとつの街区を形成することから、「世界を構築する」という情熱で創られた。この場合の媒体もエレベータとブロック街路だ。それまであり得なかった多様な施設要素群がひとつのパッケージの中に封印されたわけだ。これは摩天楼跋《ばっ》扈《こ》の前世紀前半から今日の複合超高層まで継承されるライトモチーフである。

垂直性の強い積層に対して水平展開する積層複合にも同類の夢が託される。ビルディングタイプとしては百貨店とホテルだ。

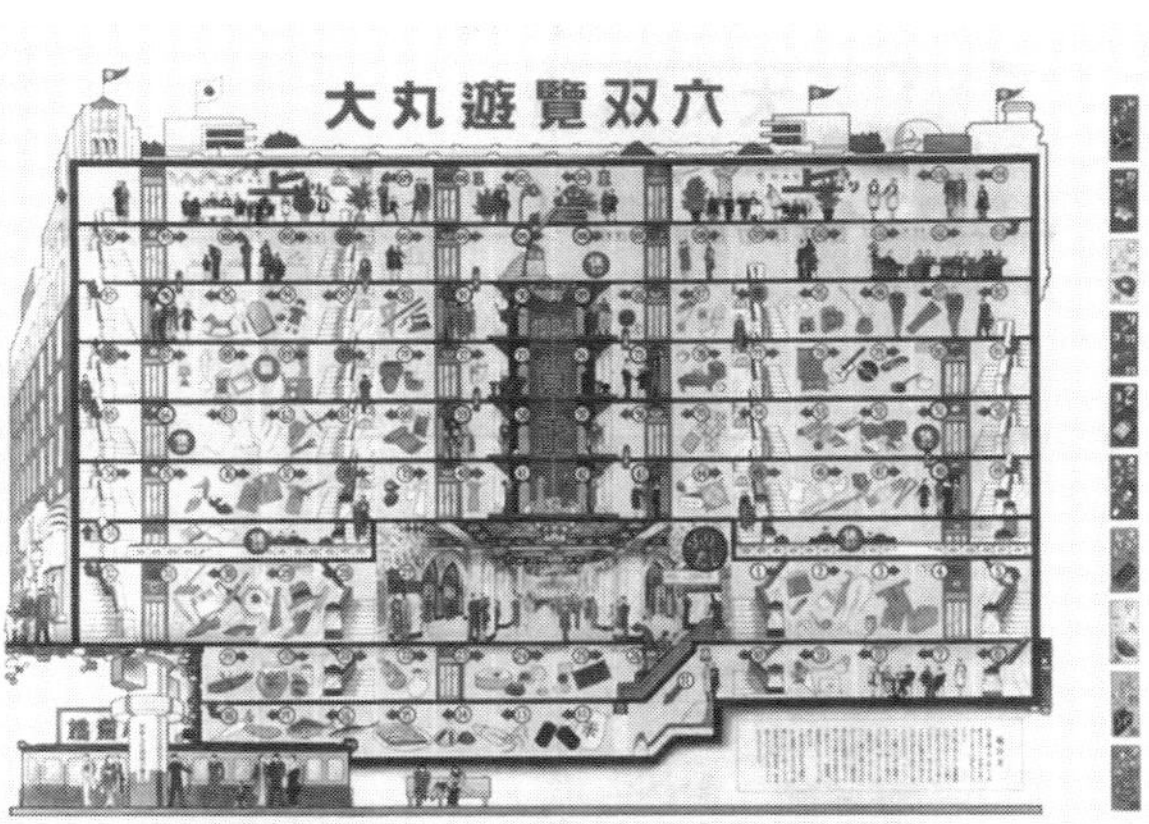

大丸百貨店
店舗や娯楽場が積層された建物の中で小世界を形づくる

消費文脈で「世界を構築する」百貨店は単なる商業施設ではなく都市施設だった。それゆえに美術画廊やサロンを内部に抱え、屋上には遊園地もつくられた。遊園地はないもののグランドホテルも似たようなものだ。百貨店はモノの、グランドホテルは人のコレクション(収容)とトラフィック(交流)という行為が積層の中で具現化されたのである。

ホテルの延伸形態でもあるオーシャンライナー(豪華客船)はまさに「夢の帝国都市」と呼ばれ消費の桃源郷にまで昇華された。客船ではデッキ数がその豪華さと格を表すが、これは積層ゾーニングの数であり複合度だ。複合環境における「層状構成システム」プランニングはここから由来する。原型は三層のノアの方舟かもしれない。

キュナール社(仏)の客船の断面

横断線をどうデザインするのか？

「分離しつなぐ」ことによって生まれる積層と複合、それは世界構築の理念と親和的である。しかし「世界」とは調和や統御を超えるものでもある。

分離し同時につなぐ媒体は異質性が蝟集する空間を横断し、その断面を露出することで世界を暗喩《あんゆ》的に体験させる。パサージュやモールなどを折りたたまれた旅の空間のように、あるいは世界のパノラマのように仕立て上げようとする情熱は、そんな動機にもとづいている。

今や異質共存は、かつてのコラージュ的な異化作用も常態化し、施設や環境構築では日常になった。だが世界像自体は流動的であり、その不確実性も予測不能性も人工環境である以上先験的にとりこめない。横断線の新しい価値が求められているのだ。

ジュベールドックのノルマンディー号

J.オーヴィニュの描く
ノルマンディー号

Supplementary Note 04

ノルマンディー号の複合世界

「ノルマンディー号」はまさしく豪華客船の代名詞であり動く帝国都市であった。

1928年フランスの海運会社CGT（La Campagnie Générale Transatlantique）により構想され、1932年10月29日に進水した。

P.イリブによるウィンターガーデンイメージ

ル・アーヴルのノルマンディー号

ノルマンディー号の縦断面図

ル・アーヴル―ニューヨーク間航路就航は1935年5月29日である。7年後ニューヨーク港で焼失するまで10万人以上の客を輸送した。

全長313・75m、全幅36・40m、総重量7万9280トン、16万馬力、30ノット前後の航行速度をもつ巨大船だ。船内に12の積層デッキをもち、乗客収容能力は3326人（ファーストクラス旅客848人、ツーリストクラス旅客665人、サードクラス旅客458人、乗務員1335人）。

「アールデコの館」「浮かぶミュージアム」とも呼ばれた「ノルマンディー号」は、フランスの先進テクノロジーと近代芸術が結晶化した神話と言われている。

ノルマンディー号の施設

最上階サンデッキ
・オフィサー、技術修習生のための屋外遊歩道
・犬舎及び犬の散歩道

サンデッキ
・デラックススイート付属のプライベートテラス、バルコニー
・最上級スイートルーム
・中央通信室
・換気装置
・電気主任技師室
・技師副官室
・技師長用スイート
・テニス、ゲーム用デッキ
・子供遊戯室
・花の倉庫
・ファーストクラス旅客船首階段
・船長室
・艦橋通信室
・ゲームルーム（艦橋）
・船行センター及び操作室
・艦橋

乗船デッキ
・ファーストクラス遊歩道
・カフェグリル（ダンス場付）
・プライベートカフェグリル
・ファーストクラス用エレベータ
・オフィサー事務室
・オフィサー士官室
・投光器
・右舷灯
・船首小遊歩道

プロムナードデッキ
・ツーリストクラス用屋外デッキ
・ツーリストクラス用屋内デッキ
・ツーリストクラス用喫煙室
・ツーリストクラス用エレベータ、階段
・ツーリストクラス用デッキサービス
・テラス、ベランダキャビン
・ファーストクラス用遊歩デッキ
・喫煙大階段
・ファーストクラス用喫煙室
・ファーストクラスグランドラウンジ
・ギャラリーラウンジ
・上のホール、エレベータ
・劇場
・舞台
・演者用楽屋
・映写室
・読書室
・温室
・電導クレーン、カーゴハッチ
・クルー用梯子
・「亀甲甲板」

メインデッキ
・ツーリストクラス用プール
・ツーリストクラス用屋内遊歩道
・ツーリストクラス用体育室
・フリースペース
・ツーリストクラス用客室
・デッキサービス
・客室メイド室
・メッセージルーム
・用具室
・ファーストクラス浴室
・中央電話交換室
・ラジオ＝電話事務室
・ラジオ＝電話ブース
・金庫
・ファーストクラスインフォメーションセンター
・下のホール
・フローリスト、店舗
・ヘアドレス、マニキュアサロン
・デラックススイートルーム
・プレイルーム
・中央印刷室
・消防士宿舎・予備消防室
・ツーリストクラス付オフィサー室
・大工のワークショップ

Aデッキ
・サードクラス用屋外デッキ
・サードクラス用屋内デッキ
・サードクラス用喫煙室
・サードクラス用階段
・サードクラス用バー
・サードクラス用従業員室
・ツーリストクラスインフォメーションセンター
・ツーリストクラスヘアドレッシングサロン
・ツーリストクラス客室
・ファーストクラス浴室
・サービス室
・ファーストクラス用船尾階段
・中央保安室
・従事長室・従事長オフィス
・医師オフィス
・ファーストクラス用船首階段、エレベータ
・サービス階段
・楽士官室
・楽士官長室
・給仕宿舎・洗面所
・デッキ機械（キャプスタン、ウィンチ、ロープ他）

Bデッキ
・クルー用屋内遊歩道
・係船アンカーデッキ装備
・サードクラスラウンジ
・ファーストクラス客室
・サードクラス用階段
・ツーリストクラス浴室
・ファーストクラス用船首階段
・ファーストクラス専属医務室
・病院・病室
・待合室
・手術室
・デッキ装備操作室

Cデッキ
・ツーリストクラス楽士室
・ツーリストクラス客室
・ツーリストクラス用食堂
・病院
・副医務室
・バンケットホール
・ファーストクラス用食堂
・クローク
・礼拝堂
・写真スタジオ
・ドライクリーニング室
・回転儀室
・郵便局・分配室
・監視室
・給仕宿舎

Dデッキ
・サードクラス客室
・サードクラス用乗船ホール及びエレベータ
・食料受理室
・クルー用乗船場
・ケーキ専用厨房
・製パン所
・アイスクリームパントリー
・肉屋
・魚庫
・鶏肉部屋
・冷蔵庫
・サービス
・コーヒー沸かし及びサービス
・サービス食堂
・育児室
・子供食堂
・エクササイズルーム
・プール付属バー
・プール
・スチュワード配膳室
・クルー用厨房
・自動車乗船場及びエレベータ
・中央倉庫
・給仕会食室・洗面室
・サードクラス浴室

Eデッキ
・サードクラス用食堂
・副技師室
・中央用具室
・ヴィンテージワインセラー及びミネラルウォーター貯蔵室
・暖房、換気装置
・技師用トイレ
・ボイラー室
・ボイラー、バゲージクルー用宿舎、洗面室

Fデッキ
・未処理洗濯物倉庫
・乾燥室
・メインランドリー
・冷蔵庫（魚、豚肉、ソーセージ、鶏肉、牛肉）
・荷物庫
・ガレージ
・倉庫
・鎖収納用吹き抜け

Gデッキ
・ガレージ

Hデッキ
・カーゴ船庫

船底
・プロペラシャフト
・4機モーター室
・推進制御艦橋
・タービン交流機及び補助室
・ボイラー
・二重船体

客室

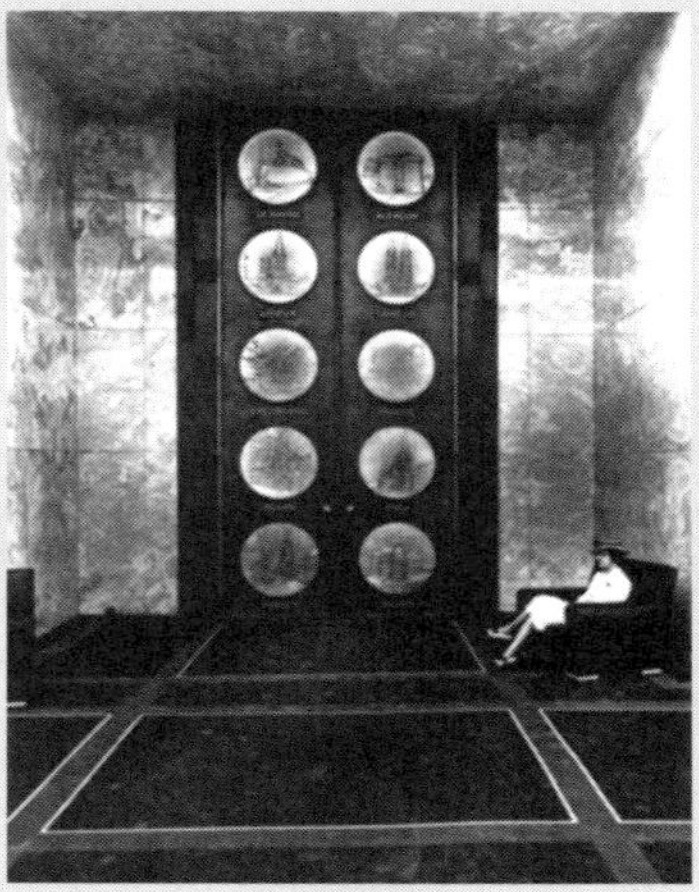

ダイニングルームのブロンズドア

遊泳プール

船内マルテル兄弟によるレリーフ

ツーリストクラスのプロムナードデッキ

船内装飾「アフロディーテの誕生」

DINER

MENU

du

Samedi 26 Décembre 1936

Menu Suggestion

Fruit Cocktail

Filets de Halibut à l'Angevine

Le Caneton à l'Orange

Petits Pois à la Française

Salade de Saison

Corbeille de Fruits

S. S. "NORMANDIE"

ディナーメニュー

ランチビュッフェ

遊泳プールバー

プロムナードデッキ上の日光浴

ガーラディナー(1935年6月5日)

ウィキールによるポスター

ニューヨークに寄港するノルマンディー号

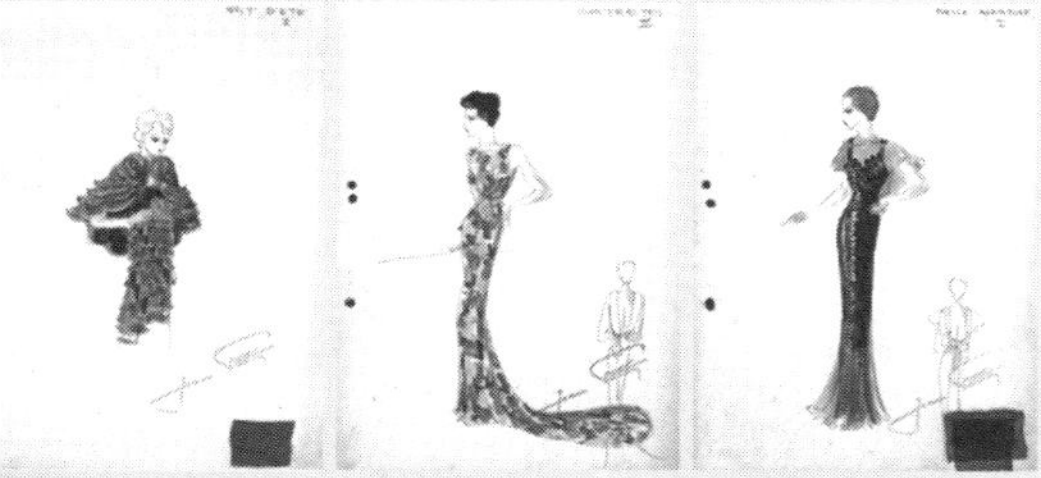

船内ファッションショーのパトゥーによるドレスデザイン

パジェによるデッキ描写

転覆したノルマンディー号（1942年2月10日）

11 速度は都市に何をもたらしたか?

速度を意識する

速度という概念は現代社会と不可欠である。現代ばかりか、古代より人間社会を把握する上でもそうだ。いや社会に限らず、人間活動圏、生物圏すべてにとってクリティカルな概念だと言っていい。

速度は平たく言えば、空間(長さ)を時間で除した値であり、空間が拡張し時間が短縮すれば速度は速くなる。近現代社会では単純に考えても高速化は生産に寄与する。逆にわれわれは減速する自由をもたないとも言える。

速度は非物質的な力である。目に見えない。しかし速度を所有することは、経済的優位、政治的覇権を手中にすることに等しい。とくに速度の媒体ともなる通信と輸送＝移動すなわちコミュニケーションテクノロジーが登場展開してからは決定的だ。

ヴィリリオの速度学

フランスの都市計画家ポール・ヴィリリオの秀逸な速度学および速度にフォーカスして光学や映画さらに戦争や技術専制問題を展開する文明論は邦訳も数多い。パリ建築大学で教鞭《きょうべん》をとりながら、かつて郊外のカルチエ財団アートセンターで「速度展」も開き、湾岸戦争時よりジャーナリスト的論評を日刊「リベラシオン」ほか多数のメディアでスリリングに展開していた活動も、すでにドキュメントの域を超え記憶となってしまった。

古代ギリシャの「ドロモス」(走る人＝速度をもつ若者の意味。もと

イタリア未来派
即時美学と飛行幻想をもつ速度芸術

もとは「競争」に由来する）にちなむドロモロジー（速度学）を彼は主唱する。その広大な概念射程と戦略性は難解であることも含め、とても紹介しきれるものではないが、「速度の歴史は技術進歩の歴史であるだけでなく、生命体、生きている者の進化の歴史」であり、基本的には速度が権力をめぐる問題の本質をなし、現代の光速度技術は人間活動の諸相に決定的な変換を引き起こしているという問題提起だ。

速度がなければ富も権力もない。動物と同じく速度の所有者がサバイバルする。騎馬像は「速度に乗る」象徴であり、古代ギリシャのマラソン神話は速度体制社会のモニュメントとして捉えられる。オリンピックは速度を通じた社会の構成化に寄与した。そして速度が戦争の本質をなす。

輸送のもつ相対速度と情報のもつ絶対速度、その手段の発見と革新が文明の形態を決定する。そして絶対速度、リアルタイム性に支配される現代社会の事象——知覚の革新、テクノロジーの専制、戦争形態の変容、民主化の危機、空間・時間を含む諸

マルクス・アウレリウスの騎馬像
カンピドリオ広場（ローマ）

価値の汚染問題などが批評的に展開される。

都市と速度

情報革命は速度革命であったとヴィリリオは語っている。テレコミュニケーションによる遠隔参加とリアルタイムは古典的な時空間の遠近法をもつ都市概念を解体した。

都市は運動の支配する空間であり、速度の制御装置として存在する。多種類の相対速度が同居しその速度差の変換器でもあった都市は、今や絶対速度＝情報の専制下にあるわけだ。

テーマパークは都市の模造《シミュラークル》であるが、たとえばディズニーランドでは高速の未来世界、中速のパイオニアの世界、低速の童

ユニバーサルスタジオ

話世界などが共存し、この速度多様性が消費快楽を生む。だが同時にそれらは絶対速度による制御で可能になった現象だ。絶対速度が相対速度の加減自由度を許容する事態だ。ユニバーサルスタジオにおいてはすでに光の芸術である映画に、現実世界の緩慢な速度が合わせられるような成立形態をとる。無論、これらテーマパーク内部のアトラクションもリアルタイム技術で現実空間と接続される。

遠隔即時性、遍在と瞬間は行程やプロセスをもつ代替不能な時空間を均質化し、そこからあらゆる「厚み」を消去するのである。電子商取引（EC）が牽引《けんいん》するものと似た現象だ。ここでは商品のもつ厚み、購買行為の厚みが希薄なものとなり、身体的には惰性状態を惹起《じゃっき》していく。その動力は利便性ではない。速度なのである。

都市はあらゆる他都市と、あらゆる時間と即時的につながり、情報ネットワークを漂う。それはこれまでの人間と親密さを保つ都市リアリティが、場所性（トピック）が、遠隔的な概念（テレトピック）に浸食されていることと同義だ。

速度からの解放はあるのか？

われわれは、しかし、速度社会から逃れることはできない。社会は速度関与的なテクノロジーを基盤とし、またそれに支配されている。スマホやＴＶ中継や衛星通信、そして高速輸送機関は世界を拡張していくようにも見えるが、明らかなことは世界、場所、時間、そしてモノの深度は浅く均質化する。速度は知覚世界像すら大きく変形してしまう。もちろん豊かさの概念もだ。

再度ヴィリリオを引用するなら「速度を遅くする機械を発明する自由をもたない限り、速度は運命にほかならない」、そして現実的には「事故だけがわれわれの速度を遅くし得る。われわれが反撃手段を見つけるまでは」。

モンパルナス列車事故
（1895年10月22日）

12 地域の解体はテクノロジーが生んだ現実である

地域の解体と疲弊

地域の惨状が語られる。人口減、高齢化や都市活力の減退、シャッター通り、廃校と空き家から限界集落まで、その症状もさまざまである。地域おこしの度重なる失敗と無効性露出も際限がない。結果は疲弊していく。

疲弊の前に、あるいは同時的に地域の解体が深耕している。地域の解体と地域の疲弊はイコールではないが、前者が後者の大きな動機づけになっていることは間違いがない。

地域の解体は政策的巧拙を超え、テクノロジー、中でもコミュニケーションテクノロジーが生み亢進《こうしん》する現実なのである。「速度」との関係で模式的に見てみよう。

相対速度の進行

非速度化社会、すなわちコミュニケーションテクノロジーが未発達で初原的段階の時期では、地域共同体社会がまだ存在していた。これは第一次産業のように地域の場所を生産母体とする場合には明快だが、そうでなくても地域共同性はある。いわば牧歌的かつ自生的なコンパクト地域が外界と必要最低限で接続され、自足性を確保している状況だ。速度の問題はまだ社会的・民生的には未分化である。「地域」を「都市」と代換しても意味はさほど変わらない。

ここにマストラ（公共輸送機関）が敷設される。地域内より上位の相対速度をもつ移動コミュニケーションラインができ、他地域と接続される。これによって覇権の階層ができ、衛星地域が

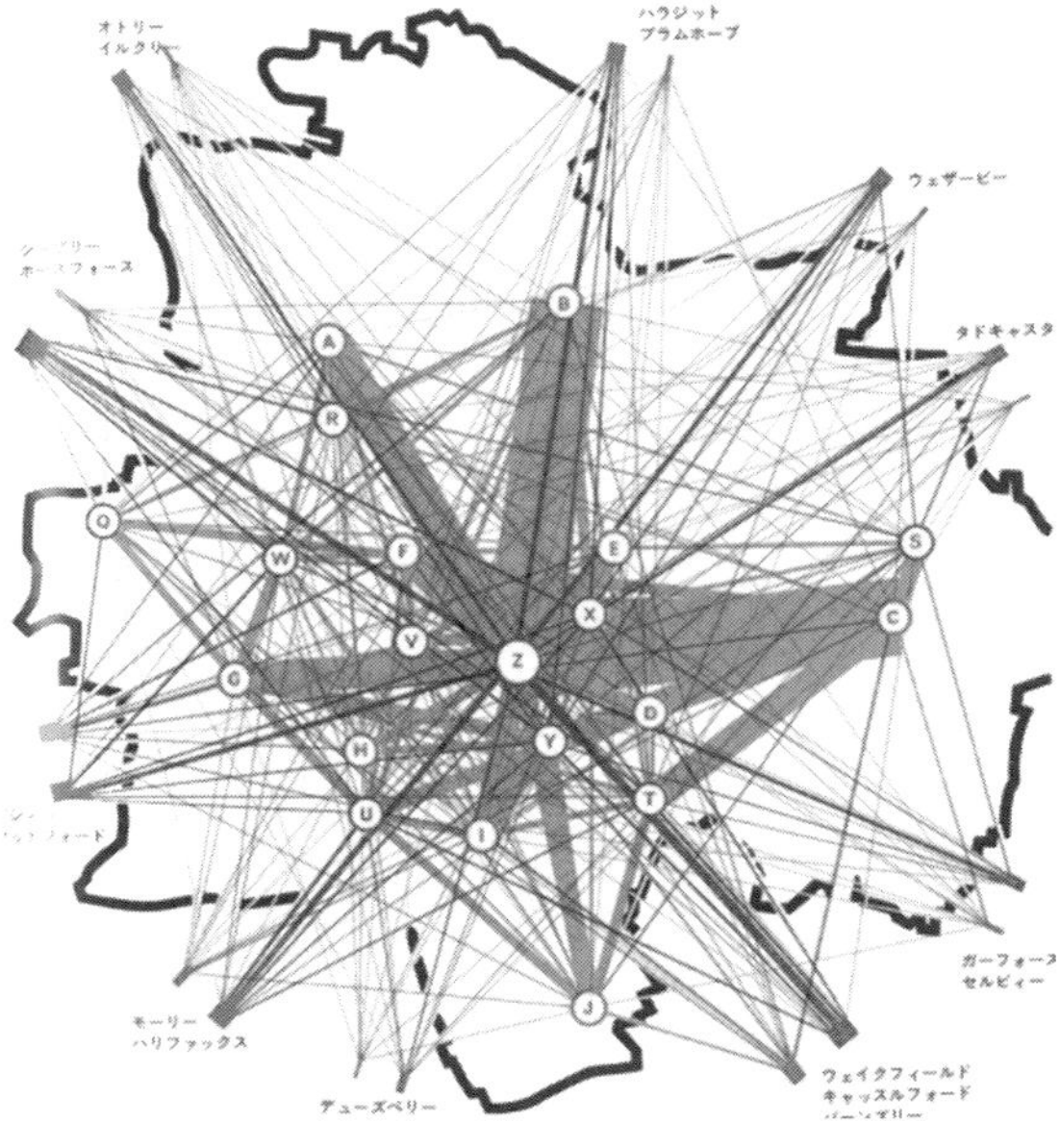

1962年段階での2010年リーズの交通予測
拠点空間の関係性が空間的連続性を解体する

出現する。生産・流通・消費体系から人口移動まで、力動的な周辺地域エリアが成立するとともに、「沿線」という新しい規範が成立していく。

さらに高速大容量のマストラ、ブロードバンドマストラ（ＢＢＭＴ）が設定されることにより、当初の地域はＢＢＭＴライン上の遠隔地域との競合を余儀なくされ、国土レベルのシステムに編入される。これらの過程では当該地域の経済的・文化的競争力の強弱によって顕在的あるいは不可視の淘汰《とうた》が現実化する。いわゆる地域間競争だ。

往々にして大都市圏――ＢＢＭＴは基本的に大都市間を結ぶ――と接続された場合、地域にかなり強い競争力があったとしても、時間距離によってより上位の大都市のシステムに組み込まれるか植民地化する。近年、東京と新幹線で結ばれた金沢は北陸の自立的な都であったが、早晩、東京の奥座敷ないし東京の価値創造を担う観光的異郷、属州に変貌《へんぼう》するだろう。

絶対速度の進行

ナローキャスティングならぬブロードキャスティング（全国放送）はカバーするエリアを情報的あるいは文化的に啓蒙化・植民地化する。報道に特化するＣＮＮとは異なり、ＮＨＫや大手民放、新華社通信、さらには全国紙などのマスメディアが全国規模での均質化や世論統制・誘導を増進していることは今さら言うまでもないだろう。地域同士は個性なく平準化し、地域内は個人をベースとする小単位の自由な（と見える）情報アクセス性や趣向性で基本的に断片に分割される。地域は全国的視界の中で再措定《そてい》される事態を招くのだ。

双方向の情報受発信や地球規模のブラウジング、生産行為のネットワークマネジメントなどを含む情報革命のさらなる深耕は、この傾向を極端に促進し、地域の非場所化が現実化する。すでに地域内の結びつきより外界との個別な結びつきが優位に立ち始めるわけだ。

ブロードキャスティングの制御室
場所に無関係に情報断片の拡散を促進

絶対速度による地域の解体も並行的に地域間競争を拡大する。地域の個性化、観光化、さらには定住促進のための諸施策をめぐる競争などだ。そこで登場するのが情報創造であり、情報の世界規模での伝達戦略となる。地域解像度を上げることにも貢献するが、一方、情報価値の過当競争を招来することになるのである。

トランジットとしての地域

ＢＢＭＴと情報革命所産による地域間・都市間での時間距離の変革、搬送交通の肥大化、遍在性、リアルタイム、非局所化は、かつての地域共同体社会像とはかけ離れた地域像を生む。

それが現代の状況だ。

地域創生の試行はもちろん貴重だ。だが、疲弊しているか否かにかかわらず地域は解体し、この解体状況はあらゆる地域の現実となる。そこでは速度レベルでの地域間の優劣はない。極端な言い方をすれば「地域」なるものが消失する地平である。人の固有の営みはある。それ以外はといえば換骨奪胎した行政区分けと均質化・没個性化した居住・活動圏ということになる。どこから来てどこへ行くのかも不明な、地域はトランジット空間と化す運命を背負わされているると言えるかもしれない。

しかしこれはテクノロジー的現実であり、希望の問題とは独立したことがらである。

速度による地域の変容

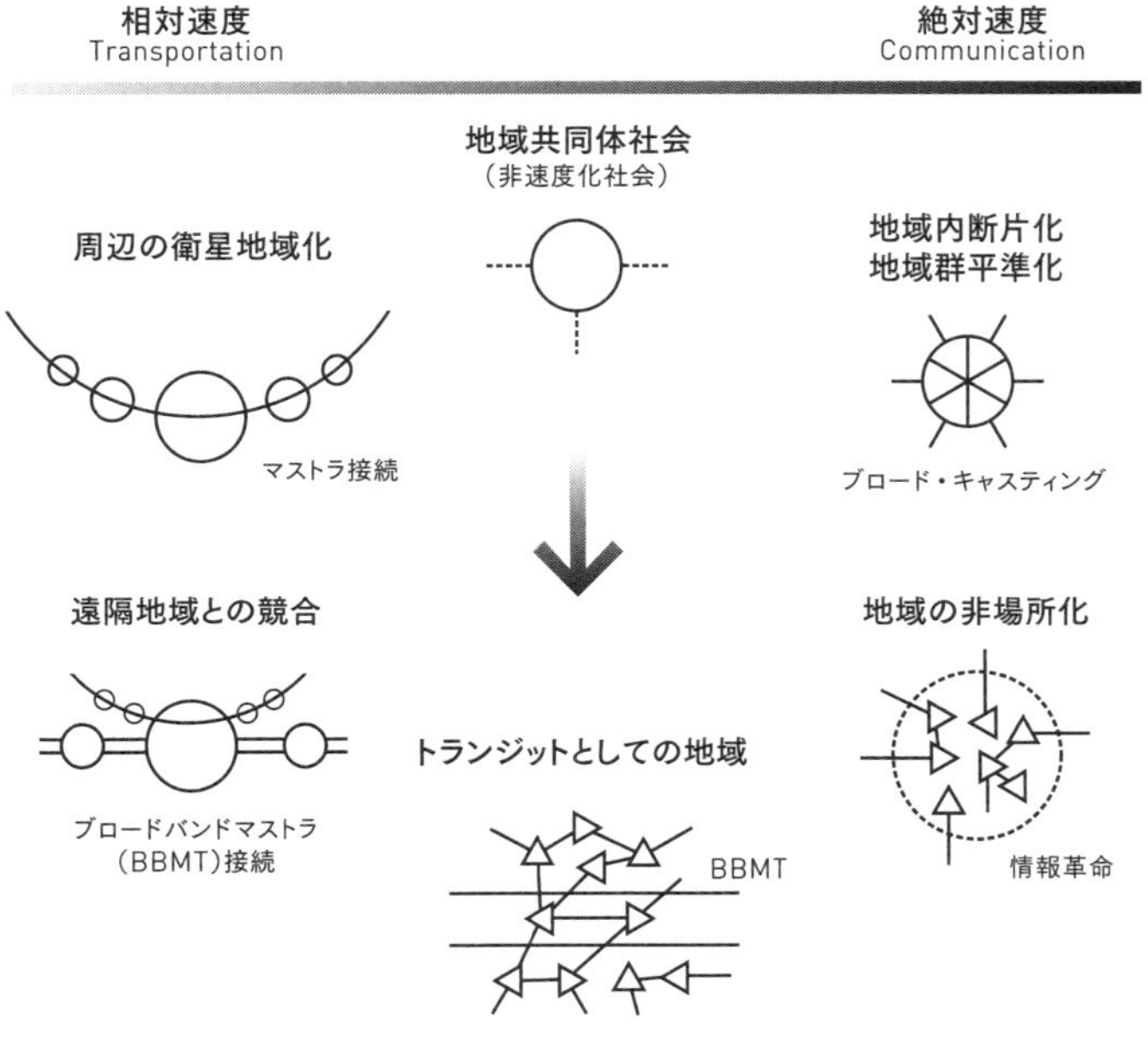

13 臨床的眼差しで界隈やSCを眺めてみる

有機体と機械

　現代では有機体と機械は対極のものとして捉えられることが多いが、かつて——といってもほんの百年前後前——は有機体＝機械として概念的に捉えていた。端緒は啓蒙期の医師ド・ラ・メトリの『人間機械論』あたりからだろう。

　機械時代では聖化された存在として機械を見ていたため、人間もある種「不完全な機械」として考えられた。機械は有機体と同じく生産母体のモデルなのだ。

　メカノモルフィズムということばがあるが、これは機械的な機能配置やシステムをもつ「見え掛かり」と形態形成方法で、近代期の芸術では数多く見受けられるものである。自動車のボンネットを開けたときの光景などが典型的だ。建築ではそれ以前にはこうした形態学にアンソロポモルフィズム、すなわち人体形象を規範にする考え方があった。たとえば神殿の柱でいえば、柱頭は頭に、柱は胴体に、柱脚は足に、あるいはファサードが顔に対応するようなものである。帝冠様式というのがあるが、大屋根を頭にかぶる冠《かんむり》にたとえる状況もその延長だと言ってい い。言わば、人間身体的な隠喩《いんゆ》による構成である。

付記するなら、近年の流行ともいえるバイオモルフィズムも、生命体的「見え掛かり」と生命体的メカニズムの援用によって語られている。

生物学と機械学は十九世紀に大きく花開いたが、万象を見るときそれら規範領域の見方や対比、対照、比喩、用語系で認識されることが少なくなかった。とくにこの時代に対象化され、かつテーマともなった「都市」がそうだ。

都市の器官と身体

都市自体は有機体ではない。しかし有機体的なものとして見ると大変わかりやすい。

身体が都市全域だとすれば、頭脳は大学や官公庁、胃袋は市場、肝臓や腎臓は処理工場、肺臓は公園、気道は並木道、心臓は発電プラントなどの動力源、一般細胞は住居や施設、そして血管は道路や運河、神経系は情報通信系に対応するという荒っぽい見立てだ。そしてそれらが正常に、健康的に機能していることが、都市を持続的に維持発展させることなのである。

当然のことながら、都市は不活性化したり衰退したりする。ダメージも受ける。臨床的眼差しで見るなら、それは病理であり、治療すべきものとして考える。

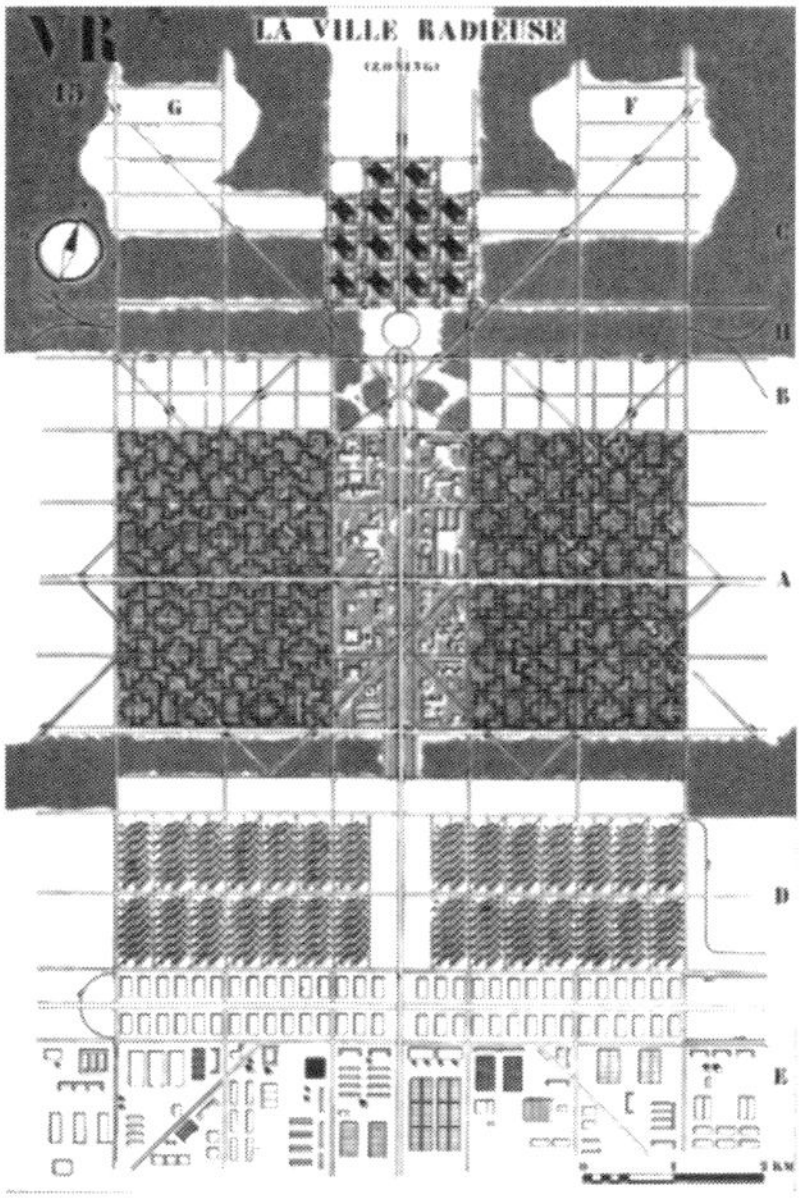

ル・コルビュジエによる輝く都市

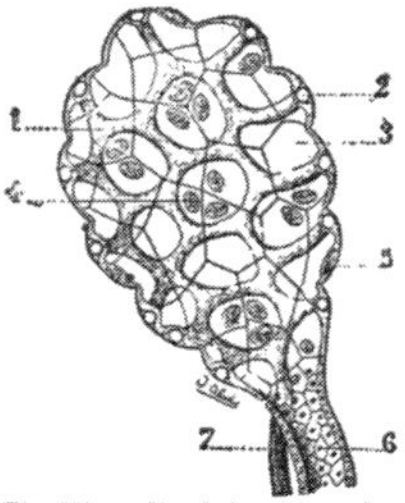

Fig. 253. — Circulation à la surface d'un lobule pulmonaire.

1 et 2. réseau capillaire; 3. paroi de l'alvéole; 4 et 5. noyaux des cellules épithéliales. 6. bronchiole. 7. vaisseau sanguin afferent.

ル・コルビュジエの著作『輝く都市』の中で引用された肺小葉の表層循環

「レギュラリゼーション」は医学では正常化・正則化だが、都市では整序化だ。単器官が機能不全の場合には臓器移植的な施設変換や再開発になるのだろうが、循環系器官の閉塞となると全体的な循環整序化が必要になる。それは都市に施される外科手術であり、セルダのバルセロナ改造計画やオースマンのパリ改造計画などに見られる道路系を含むインフラの近代的刷新がそれに当たる。

その意味では多くの近代化された都市は、病理克服のみならず新しい時代に対応する身体性能をもつために、何らかの外科治療を受けたとも言える。

都市への施術

しかし都市を時代に即した能力をもった健康状態にする方策は、大掛かりな外科手術という

オースマンのパリ改造計画（部分）

手法だけではない。政策的な実行をともなうなら、外科手術は都市の大半が公有地であることが基本的な前提になる。この手の改造が欧州や中国などで可能になる理由だ。物理的な権利関係や権力行使問題という医学とはあまり関係の薄い要因が介在する。

これに対しいわば内科的な施術がある。都市でいえば規制やさまざまなインセンティブによる誘導、施設レベルでの改善などだ。さらに健康的に見える表面施術、いわゆる見てくれの整形やメーキャップというものもある。都市美化である。

しかしいずれの場合にも、都市の容態を明らかにする臨床的な診断が不可欠だ。都市や地区の諸問題を浮かび上がらせることである。これはいわゆる「都市カルテ」「地区カルテ」の作成と呼ばれる。医学的隠喩がそこにもある。

界隈やSCの再生

界隈《かいわい》やSCをそんな臨床的な眼差しで眺めることは、「健康

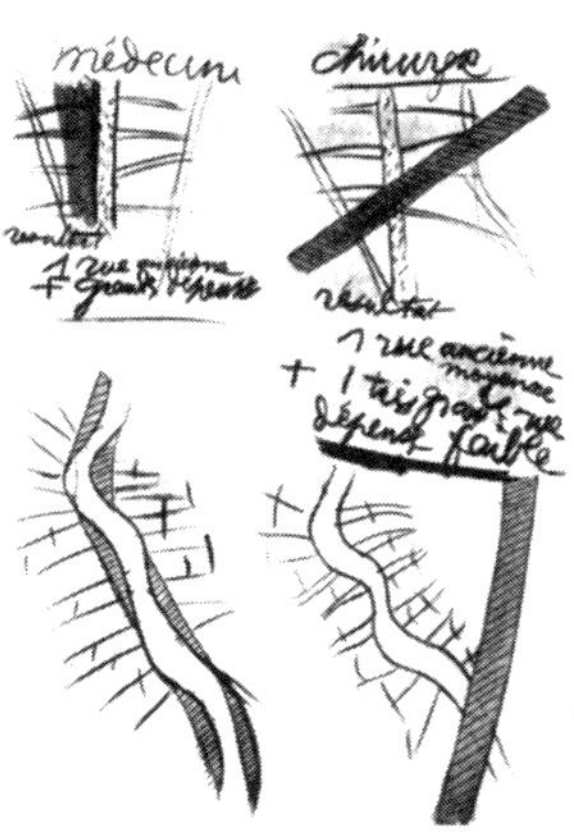

ル・コルビュジエの描く
ヴァワザン計画への素描（パリ）

さ・健全さ」を診断し病理から再生させる方法の一助になる。

もちろん不全器官の改善はあるだろう。施設や店舗、テナントの入れ替えだ。しかしケースが多いのは循環系、つまり動線環境の問題だ。循環が機能しなければ血流が回らず組織は壊死する。動線構造は身体である界隈やSCでは決定的な意味をもつ。外科手術といっても都市ほど大掛かりではない。不整動線にはバイパスや拡幅、新しい径路の付加もできる。梗塞《こうそく》を起こす動線上の異物の除去も検討に値する。

さらに鍼《しん》治療《ちりょう》のように経絡やツボへの刺激によって活性化する場合もある。ひとつの施設、ひとつの店舗、ひとつのテナントの名所突出化で界隈やSCのイメージががらりと変貌し、人の流れも変わり再生する状態だ。これにはそれがどのピンポイントかを判断する目利きの才覚もいる。

回復、維持、増進といった概念は医療に限ったことではない。

14

タウンマネジメントは街を救済するのか？

開発から運営へ

街には開発の時代と運営の時代がある。子どもをつくる時期と育てる時期にも似ている。地球の人口爆発状況からすればまだまだ開発は続くだろう。しかし前世紀よりの都市開発ラッシュ——それは一部現在進行形である——もあり、現代はどちらかといえば運営、すなわちマネジメントの時代だといっても過言ではない。一方、非物質的なネットワークに関しては、まだ開発の時代の渦中にある。

街のライフサイクルをどう考えるのか、というのは永遠の課題だ。見果てぬ千年王国の夢は英雄や独裁者には似つかわしいが、現実には街は生まれ、成長し、成熟し、そして衰退する。

その過程で変身したり、変節したり、過熟のデカダンスに陥ったり、他に転生したりもする。「成長・成熟」は一般的には好ましい状況として認識されているが、その段階が未来永劫《えいごう》続くわけではない。

しかし不可抗力で仮に衰退、消滅していくとしても、それが必ずしも否定的なことであるとは誰も言えないのだ。もちろんここで言っているのは状況論であって価値論ではない。

タウンマネジメント

タウンマネジメントは官的な言い方でいえば「街の良好な環境や地域の価値を維持・向上させるための住民・事業主・地権者等による主体的な取り組み」となるが、民的には「街の価値とロイヤルティを高める自助的な試み」となるだろう。エリアマネジメントも基本的には同じだと考えていい。本来はアメリカ建国期の自治単位全住民の総会でもあった「タウンミーティング」

オリンピック時の
ウエストエンド地区（ロンドン）

がその理想的母体イメージに近い――タウンは最小の自治単位だった――が、ここではステークホルダーのパートナーシップが基本になる。

タウンマネジメントに必要な第一の要件は、夢を感じさせる現実的なヴィジョンである。現実性に軸足をおくため、その対象領域は歩行圏でヒューマンスケールを逸しないコンパクトな方がいい。ヴィジョンにしたがって現実化するためのルールもつくる。

第二は当該領域の共有資産の整備と管理・活用だ。これには公共施設、公園、河川、道路、広場、駐車場、それに塀や生垣からCATVなども含まれるだろう。

第三が環境の上質化である。空き家縮減やゴミの管理・清掃、駐車・駐輪規制、そしてITV(監視カメラ)設置による治安といったマイナス要素の抑止、快適さやわかりやすさ(ディレクトリ、サイン再整備なども含む)、美観、街の広報・PR、そして新産業や新業態の展開、名所・名物創生やイベント開催による観光化などの経済活性化、さらには地球環境コンシャスな営為をプラスの要素として付加する。

第四に街のソフト拡充だ。緊急医療、福祉、子育て支援、コミュニティ形成、クラブの設置、コミュニティバスやシェアリングなどが続く。

最後が最も重要なタウンマネージャーの意志と統率力、調整力、パートナーとの連携力である。

自律都市の論理、すなわち政治的自治、経済的自立、軍事的自衛は、より上位の枠組みで考えていくわけだ。そして言うまでもなく、タウンマネジメント領域の臨床的な定量・定性診断や分析の深度が、投資も含めたマネジメントのリアリティを高めるのである。

マネジメントの肝《きも》

ステークホルダーによるヴィジョンと現実化手立ての合意は

マネジメントの最重要部となる。往々にしてここに時間がかかり趣旨も変質しマネジメント実施に至る前に分解するケースが多い。もうひとつの肝は空間の所有と活用・利用の分離である。これにはまちづくり会社に利用権を集約させたり証券化の枠組みを導入する方法など多岐にわたる。無論その場合にもマネジメントをする意味や需要、さらに投資主体は不可欠であり、それもすべてヴィジョンと合意形成にかかっている。

ユニークな高松丸亀町商店街や低迷から再生したリバプール中心部などにわれわれはそんな好例を見いだすことも可能だ。

付記するなら、その地域や近傍に国際的なイベント——オリンピックや万博、それにサミットなど——が予定され得るなら、それをチャンスとして生かすことであろう。

小康状態の街

タウンマネジメントによりその地域がブランド化す

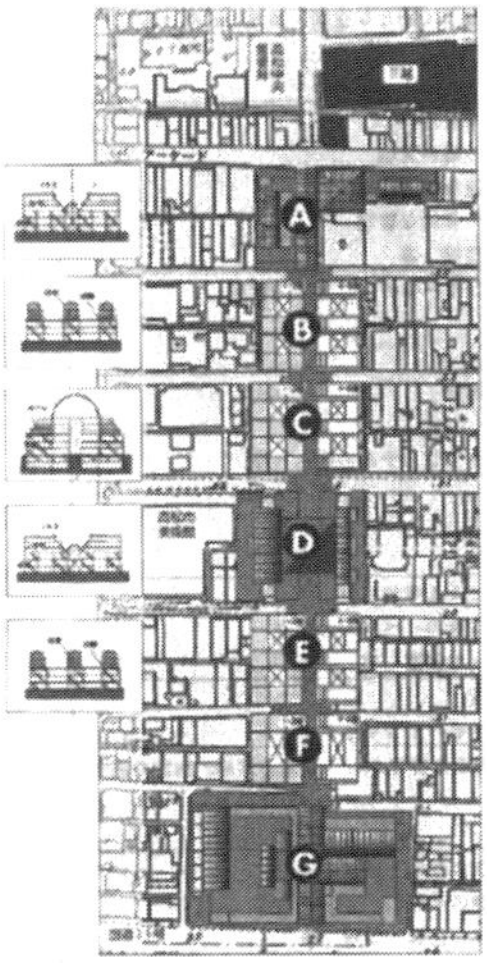

高松丸亀町商店街の再開発全体計画図
AからGまで7つのゾーン特性をもつ地区が街路によって結びつけられる

る。情報社会においてはごく自然なことがらである。そしてその競争力維持のためにさらなる属人知を結集する。

しかし前述したように、都市には見えないライフサイクルが必ずある。すべてのタウン、すべてのエリアがマネジメントを施したとしてもどこかで競争と淘汰《とうた》が起こる。

タウンマネジメントによって再生した(あるいは再生したかに見える)街に淘汰以外にもいつ破局が訪れないとも限らない。逆にいつ人智の及ばぬほどブレークするかも不明だ。もちろん長期計画は必要である。

おそらく臨床的にはその再生は小康状態に近いものだろう。病理のない街はない。だが小康状態というのは適切な状態なのかもしれない。なぜなら、街の魅力や活気は常に相対的なものであり、実際にはほぼ死んでいるにもかかわらず死化粧や張りぼてで延命しているものも数多いからだ。

15 ターミナルからすべてが生まれる

孵化器としてのターミナル

ターミナルは郷愁を誘う。

出会いより別れの舞台としてのイメージが強いからだろうか。デ・シーカ監督の映画「終着駅」もそうだった。それとも希望や絶望といった人間的感情の対極が交錯する媒介としての場所でもあるからなのだろうか。まさにターミナルは終着・起点の場であるとともに、媒介・変換する場でもあるのだ。その両義的性格がターミナルの最大の魅力でもある。

古代ローマの境界をつかさどる神テルミヌスはターミナルの語源だが、実際的にもシンボリックにもターミナルは境界空間としてその姿を現す。内界と外界、天界と地界を結びつけ分離する結節点だ。そのイメージの祖型としては、前者は古代の市門(シティゲート)、後者は神話的なバベルの塔を想起させる。これらの結節点は都市や都市活動の孵化器《ふか》であるばかりか、文明の充血地として他の都市施設とは一線を画している。

故事にもいうように、出来事は境界空間で多産されるのだ。

市門からテレポートまで

最も古いターミナルは都市の結界の要衝である市門だ。この周界で異文化が衝突し、都市アクティビティが発生する。だから必ずバザールなどが併設される。これは今日ディズニーランドでもゲート(シティゲート)直近にバサールモールを置く設計にも継承されている。道を基本にした移動・

ポンピドゥーセンター「駅の時代」展

搬送という陸上交通の次ないし並行して、船による海上・水上交通を基本にした港湾がターミナルとなる。陸と海もしくは淡水域の境界であり、多くの港町や水上文化が生まれた。

鉄道の発明により、都市内部と都市外界を分節する鉄道駅が続いて近代に登場した。この時代の充血点であり近代社会のシンボル、都市の玄関でもあった鉄道ターミナルに、欧州に限らず、宮殿のような装いが施されたことは周知のものであろう。この後に空と陸を境界付ける空港がターミナルを形成する。航空は鉄道と異なりインフラがないため、アイランド型の形態がとられ、ハブ空港は空港群の編集核の役割を担う。

そして宇宙との境界である宇宙基地、光速伝送時代のテレポートへと続く。この意味で現代最も先端的かつ複合的なターミナルのひとつは、衛星を従えた航空母艦であろう。パッケージ化された情報都市にして高度なヴィークルでもあるわけだ。1960年代ウィーンの建築家ハンス・ホラインによる空母都市ヴィジョンを想起させる。

ハンス・ホラインによる空母都市

それぞれのターミナル形成の時代には象徴的な都市イメージも牽引した。市門のときの古代ローマ、港湾時代のヴェネチアやジェノヴァ、鉄道時代のロンドンやパリ、航空ターミナル都市であるジュネーブ、通信ターミナル都市のアトランタ、そして宇宙への起点ケープカナベラルなどだ。

ターミナルでの共同性はいずれの場合も地縁や定住とは対極のイメージ、移動モードの変換を体現するパッセンジャー、異郷の誘惑と越境の愉悦に充たされた者たちの仮設的なそれなのである。だからターミナルはロマンティシズムを滋養していく。

ターミナルと商業

結節点は同時にそれが抱える都市のゲートウエイであるため、バサール界隈だけではなく第一級の商業施設が設けられた。天

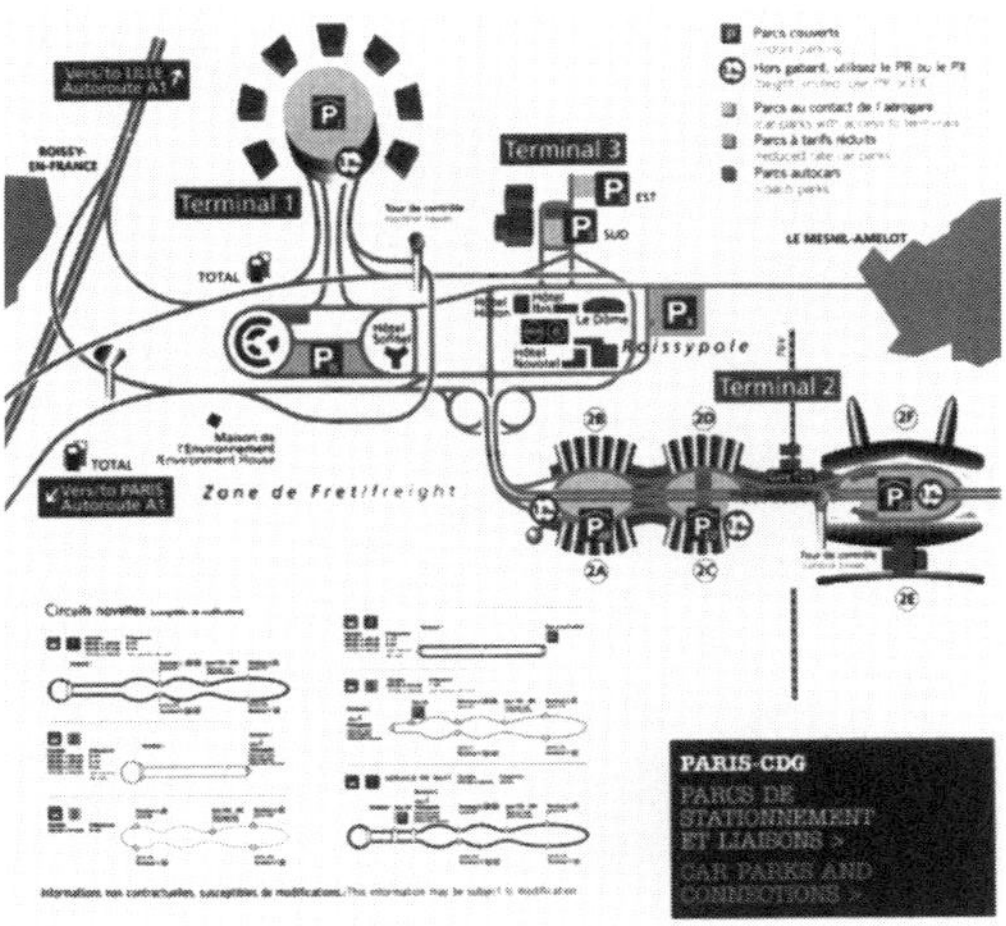

シャルル・ド・ゴール空港のターミナルマップ（パリ）

地結節のターミナルであるエッフェル塔の「ジュール・ヴェルヌ」やマドリードのアトーチャ鉄道ターミナルの「サマルカンド」などは好例であろう。東京駅ステーションホテルなどもその延長にある。そこは旅立ちの場であるとともに歓待の場であり、トランジットの豊穣にして束の間の時空間である。

ここでは「利便性」は単なる利便性ではない。利便性は高質さと同義なのだ。この考え方にはマリーナやスキー場でもよく使用される「オ・ピエ」(au pied)すなわち歩いてスムーズかつ即時的にアクセスできるということが第一級の証しであるという慣習的理念も宿っている。

そしてターミナルの容量が大きければ大きいだけ、商業を含む都市活動の容量や多様性も増進する。ローマテルミニ駅(「終着駅」の舞台だった)の浴場やニューヨークグランドセントラル駅のホールやパサージュなど際限がない。

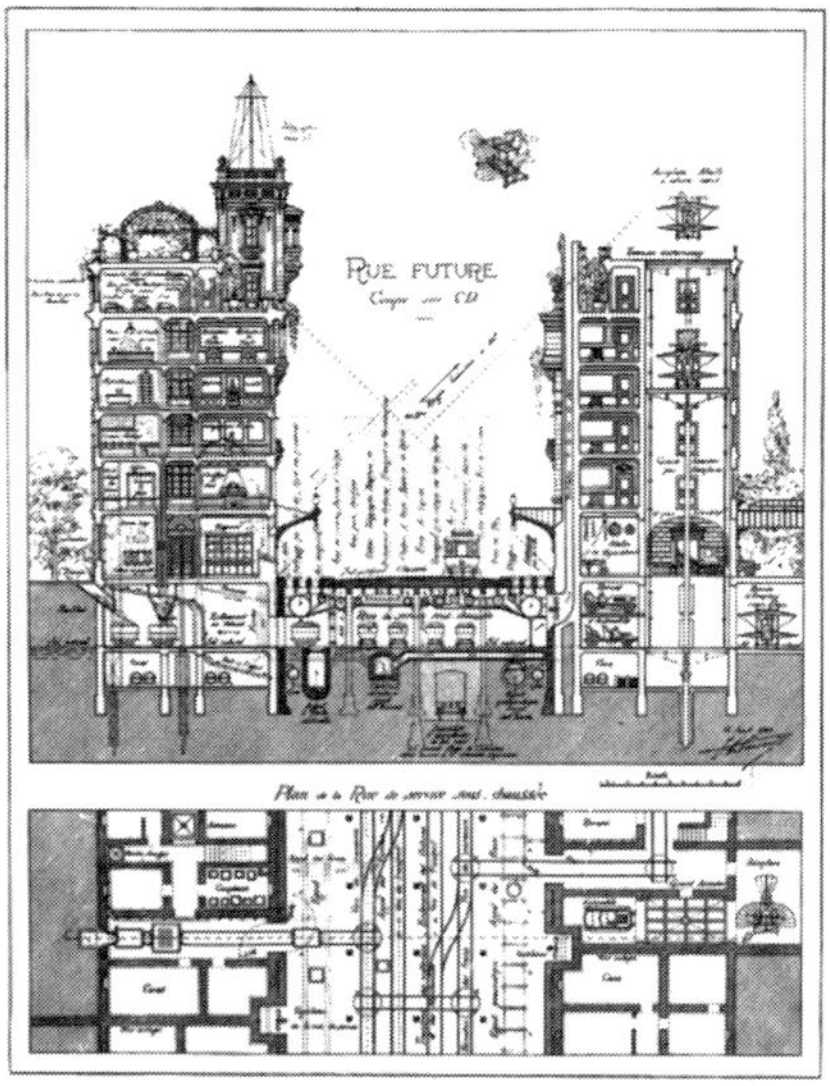

ウジェーヌ・エナールのターミナル都市構想

不動センター

前世紀初め頃、パリやモスクワの都市交通ヴィジョンを描き、ロータリー交差点の開発者でもあった交通技師ウジェーヌ・エナールは、町家と街路が一体化したターミナル構想を展開した。多様なモード、多様な速度が変換される場を都市内に創造し、都市空間を移動祭典の舞台と化そうとしたのである。

情報社会においては移動もさることながら、「不動」が大きな意味をもつ。ターミナル自体は基本的に不動の施設だ。そして新しい人間像はこの不動の中にある。モデルはTWAとRKOすなわち移動と通信の世界を支配したハワード・ヒューズだとも言われる。ヒューズは最初に衛星を打ち上げた人物でもあった。クリーンルームに自発的にこもり、通信端末だけで世界とつながった晩年をおくる。ヴィリリオも言う「不動極」だ。

移動の交差点にして不動の施設であるターミナルは、その意味でも時代の前線を走る。

ハワード・ヒューズ

16 トランジットモールは消費空間の未来形か？

トランジットモール

「トランジット」ということばは通過査証（トランジットビザ）や通過税（トランジットデューティ）、空港のトランジットラウンジなどよく耳にする。横断や通過、中継や乗り換えなどの概念は移動文明社会では日常的なものだ。

一般にバスやＬＲＴ、タクシーなど公共輸送機関だけが通過できる商店街や商業施設群を抱えた歩行者道路を「トランジットモール」とも呼ぶ。ミネアポリスのニコレットモールも沖縄の国際通り（トランジットマイル）などもそうだ。単なる歩行者天国とは違う。

ここではむしろ人間が何らかの形でトランジットする場所

オルレアンのトランジットモール

にある、あるいはトランジット概念を内包している商業集積、ターミナルに接続されている商業環境もそのように呼ぶことにしよう。

消費空間の形

消費空間の形は実に多様だ。それは消費内容と消費形態の多様性にも対応する。

点、線、面、ネットワーク、実空間を基盤にした消費行為はだいたい線や面の集積が中心となり、とくに時間消費が大きい場合には面的なるものが主役となる。立体化は面の積層としてその延長にある。

ジャン・ボードリヤールは現代消費において「モノよりも空間やその社会的性格の方が重要である」ことを、後者が均質化の機能が働かず差別化のそれが優先する意味で語ったが、消費

国際通りのトランジットマイル（沖縄・那覇）

空間の形にきわめて大きく作用するのが、そこが社会活動上のトランジット空間になっているか否か、とくに移動の変換地としての性格をもっているか否かということであるとも言えるだろう。

とりわけターミナル接続のトランジット空間ではトランジットそのものが第一義だ。そこに付帯する商業を「付帯商業」と呼んだ時期がある。付帯商業は単にその空間がもつ利便性ゆえに活性化するのではない。ここでは人は7〜8割買う必要性のないものまで購入する。駅のキオスクや空港のショップで生起している事態だ。消費する目的が希薄なまま消費行為をする。そこには自由時間とはある意味対極の限定時間の消費行動が現れる。時間勝負の特売状況もそれに近い。

チャンギ第二旅客ターミナル

シンガポール国際空港——といっても同地には国際空港しかな

い――のチャンギ第二旅客ターミナルはそんなタイプのトランジットモールのモデルであると言っていい。

市の中心部より約20キロメートル、アジアを中心に世界のハブにするという国策の下、1975年に空軍基地を拡張し、81年アジア・太平洋地域最大の空港が創設された。現在第四ターミナルが2017年に供用開始予定である。この第二旅客ターミナルは1990年にオープン、ゲート数34をもつ36万平方メートル弱の空港内最大ターミナルで、シンガポール航空の拠点だ。

シンガポールの場合、多くは通過客でこの空港はトランジット空港とも呼ばれている。数時間の滞在のための（消費）サービスが――無論、同地が出発到着地である客に対しても――ここに集結されている。安全性はもとより駐車場や公共輸送機関へのアクセス、ユニバーサルデザイン、環境対策も高度なレベルで実現された。

第二旅客ターミナルのトランジットモールは、テナントの店揃

チャンギ
第二旅客ターミナル

えのみならずエンターテインメントやビジネス、旅客サポートなどの複合機能が巧みに編集され、上質な商業環境が形成されたものとして話題をまいた。もちろんトランジットホテルとも直結する。トランジット客到着階と出発階も同一だ。コンセッション(場内営業空間)収益増大のために、到着時にも免税品購入が可能である。処理能力が年間2300万人とターミナルとしてはコンパクトであることも快適さに寄与している。そして何よりサイン計画が秀逸だ。

空港はテロや無駄な時間浪費も含め、本来長い滞在は回避したい場所であった。トランジットするための時間は通常で3~8時間、場合によって日をまたぐ。その限定された時間消費に対応する短期滞留型モール環境が生まれたのだ。

移動文明の中の商業環境

チャンギの場合は場内あるいは構内につくられたモールであ

る。現代の「駅ナカ」商業も同じだ。場内や構内ではないが、阪急三番街や八重洲地下街、横浜のダイヤモンドシティのような駅隣接の地下街にも類似の性格がある。そこにあるのは内外を分ける「仕切り」であり、ＩＣ技術を活用すれば、その仕切りの形はいかようにも進化させることが可能だろう。

重要なことはそこが移動の結節点でもあるということだ。一般的に言われるところのトランジットモールも広義では地点間の通過というゆるい結節点ではある。

移動やモード変換は多様化・複数化している。移動文明においては結節点は遍在化していく。すべての商業集積はトランジットモールとして再措定され得る可能性をもつのだ。

Supplementary Note 05

シンガポール チャンギ第二旅客ターミナル

チャンギ空港はイギリスの「ビジネストラベラー」誌で13年連続「世界のベストエアポート」と認められ、中でも第二旅客ターミナルは世界最高のサービス水準を誇るものとして評判が高い。このターミナルは地下1階地上4階の五層、チェックインカウンター144箇所、搭乗橋34、2つのバスゲート、50室のトランジットホテル、5つのVIPルームをもち、2166台分の六層の駐車場が付属している。出発／到着が混合する珍しいターミナルであり、優れたロジスティックシステムや情報案内サービスともども「都市化した空港」概念の現実化として話題をまいた。ターミナル内マルチメディアインフォメーションエリアでは五カ国

ターミナルエプロンサイド

ターミナル車寄せ

多様なツーリストガイド

エアポート駐車場

語（英語、中国語、フランス語、ドイツ語、日本語）対応案内を行っている。

　第二旅客ターミナル内、顧客対応の商業・サービス環境は「トランジットモール」と呼ばれている。

　コンセッション収入が全体営業収入の大きな部分を占める一方、機器メンテナンスやエコ配慮に全体費用の30％近く費用をかけている。屋上展望台は屋上庭園として、館内の人工緑化とともにシンガポールのガーデンシティイメージを創出した。

　第二旅客ターミナル延床面積は35万8000㎡、建設総工費は当時で6億5000万シンガポールドル（約520億円）である。

ターミナルロビー

ターミナルロビー

屋上庭園とターミナルアトリウム

「ヒマワリガーデン」の小径

屋内人工緑化

トランジットモール

モール屋外の休息エリア

モール内無料ネットスタンド

モール内シガーバー

モール内アトラクション

モール内カフェバー

モール内広場

モール内喫煙ギャラリー

モール内シネマ入口

ユニバーサルトイレの手洗い

プレミアムラウンジのリビングビュッフェ

プレミアムラウンジ内仮眠室

ターミナルディレクトリ

モール内結節空間に必ずあるフライト情報板

メッセージ型サイン

カート(トローリー):(左)トランジットモール内カート
(右)CIQ(税関・出入国・検疫)外で使用するカート

アンビエンス型サイン

17 非物質的商品を「見える化」する

非物質的商品の誘惑

非物質的商品の典型といえば、まず「旅行」が思い浮かぶ。つまり体験というものが商品化されている。買う前に手に取れない。

その商品を買わせるためにどう誘惑するのか？　異郷の雰囲気、美しい景観、美味しそうな食、楽しげな歳時イベント、さまざまな出会い、ホテルの素晴らしいもてなし、それにその地をめぐる文化的・歴史的情報、それらが媒体に載せられ、客の興味を高めていく。もちろん、価格や旅程の多種多様な便宜も含まれる。

これはテーマパークや遊園地、さらに映画や美術館体験、それにあらゆるサービス産業についても等しく当てはまる。

手に取ることのできるカメラは物質商品であるが、その性能は非物質である。洋服にしても試着はあるにしても、本当の着心地や耐久性はその場では見えない。

そう考えると、モノとしての商品も非物質的な情報の衣を纏《まと》うことで最終的に「商品化」し、顧客の想像力や慣習的な勘、情報知識に訴求していくのである。

「見える化」の歴史

「見える化」は最近でも環境など目に見えないものをある種客観的に把握するためによく登場する。CO_2排出やエネルギー消費など不可視の事象をスマートメーターなどで知ることにも

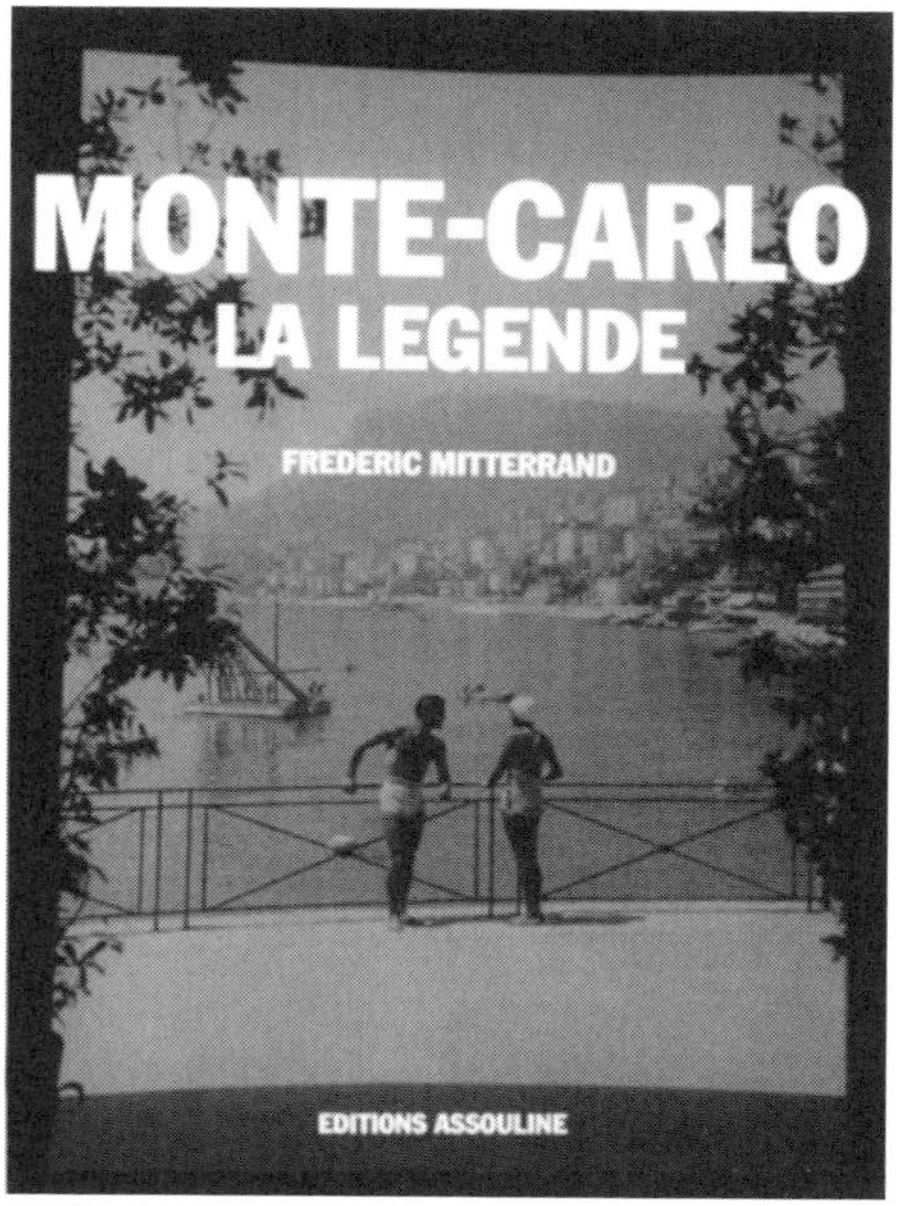

印刷メディアによる「旅への誘い」

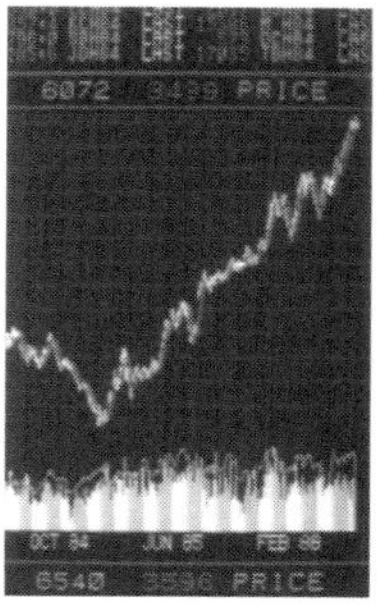

市場の可視化

使われる。だが実は「見える化」の歴史は人間文明の歴史でもあるのだ。

まず芸術は、神やある種の情念、祈りなど不可視の非物質的な概念を「見える化」して形象化してきた歴史がある。芸術ではなくても、人間は文字や数、絵や図式、さらに映像などによって、さまざまな不可視の情報を伝達してきた。およそコミュニケーションのメディアとは「見える化」の手段だといっても過言ではない。

「見える化」は相互理解や合意の道具のみならず、思考や検証の行為もアシストする。

私が昔訪れたヒューストン・アドバンスト・リサーチセンター（通称HARC）という非営利機構の研究所がある。メインクライアントはNASA（米航空宇宙局）のジョンソン・スペースセンターだ。

このラボは地球環境を含むさまざまな研究開発をしているところだが、ヴィジュアライジングセンターをもっている。成果物の可視化のみならず、開発途上での可視化が開発の方向性を決める上ではかなりの比重を占める。「開発への思考」を開発するわけだ。こうした可視化、「見える化」は相当なビジネスになると聞く。

ＣＧ会社で有名なシリコングラフィックスは現在、医学的な「見える化」に力を入れている。各国にあるブランチの入り口には、解像度を上げた医学的対象としての身体や器官が飾られている。３Ｄ―ＣＴスキャンや高解像度画像の進化によって脳内の不可視の仕組みが「見える化」され、救われる患者も数多い。「見える化」の社会的役割の一端だ。

可視化テクノロジーはレトリックである

「見える化」にはテクノロジーが介在する。最も象徴的だったのはアポロ10号の地球全景写真だ。これは宇宙船と高解像カメラ、それにクルーズ制御技術がなければ現実化しなかった。そ

アポロ10号からの地球全景写真

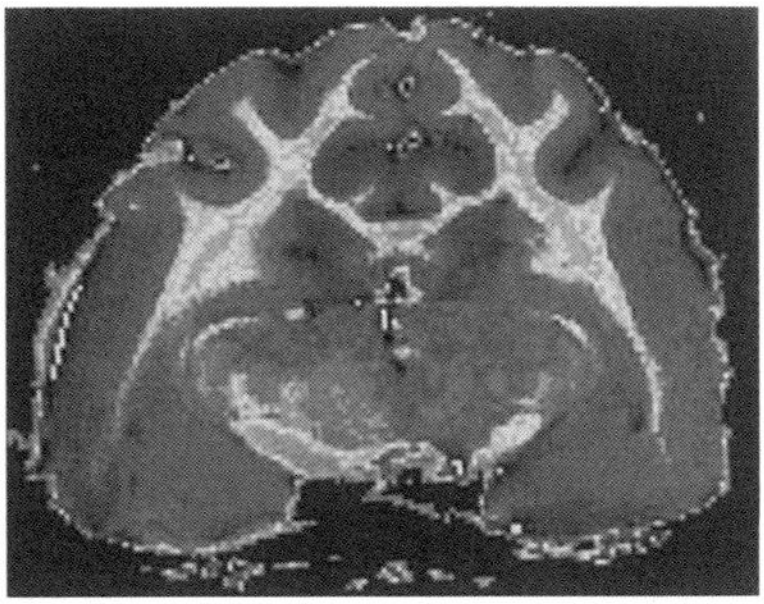

大脳内イメージ

してこの写真公開以降、「宇宙船地球号」をはじめ地球共同体が意識化され、環境問題への取り組みが一気にブレークしたのである。

可視化テクノロジーのあり方は「見える化」の様相を鏡のように映し出す。レンズやカメラ・オブスキュラ（幻灯機のような暗箱）の技術がフェルメールの細密陰影画を生み、写真技術が点描の印象派を特徴付ける。レントゲンと立体派絵画、動画と未来派、コンピュータとインタラクティブアートなど、時代の可視化テクノロジーは表現形式を刺激しかつ規定する。

遠近法が社会に取り入れられて以来、風景を遠近法的に描写するのみならず、遠近法に映える都市がつくられていく事態が生起したように、可視化テクノロジーは「見せ方」のレトリック、語るための技術とも化し、創造の様態や世界認識すら変容させる。

「見える化」には必ず「見せ方」の問題がつきまとう。見せ方によって見えるものの内実が異なる。それには大きく時代の可視

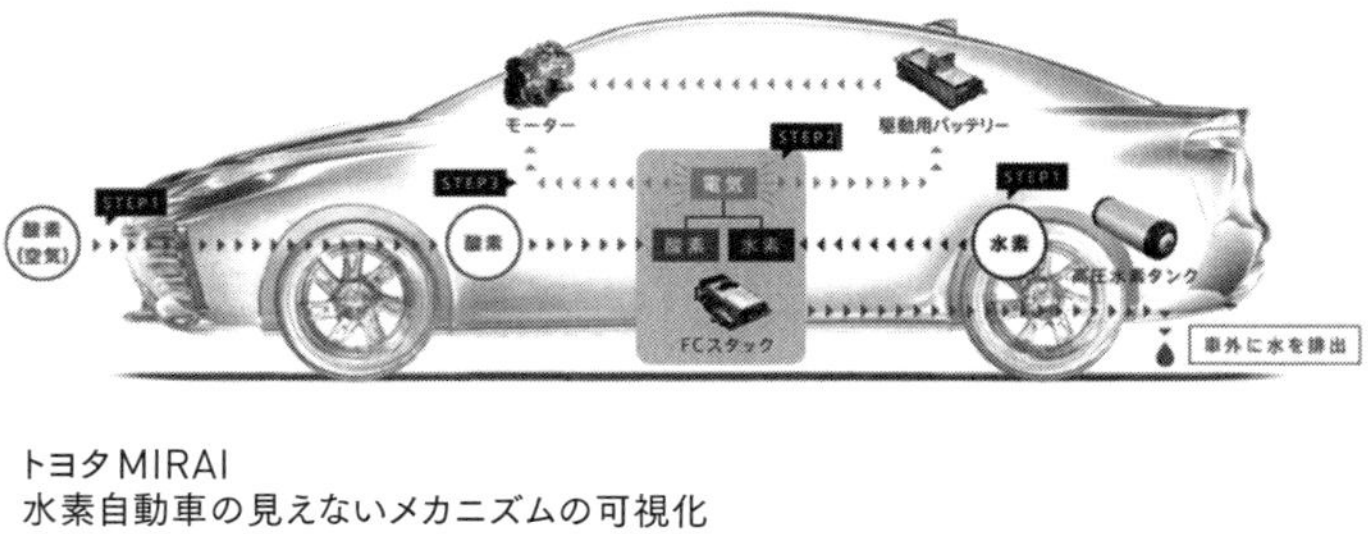

トヨタMIRAI
水素自動車の見えないメカニズムの可視化

化テクノロジーのあり方が影響するのだ。

非物質的商品の非物質的戦略

実空間をもつ商業ではもちろんヴィジュアル・マーチャンダイジングは重要だが、現代では画面の内部で非物質的映像としてそれが展開される。ネットショッピングだけではない。リアル購買においても臨店とは無関係の事前獲得情報が大きな意味をもつことは言うまでもない。情報が商材の価値を変動させる。そして情報とはいかようにも読み替え書き換えができるものだ。

とくに非物質的商品は非局所的かつ即時的な訴求が効果的だ。そのための非物質的戦略はまぎれもなく商業的営為なのである。

フェルメールの陰影豊かな細密絵画

時間の見える化

目視不能の高度・速度の見える化
（計測化）

速度の見える化

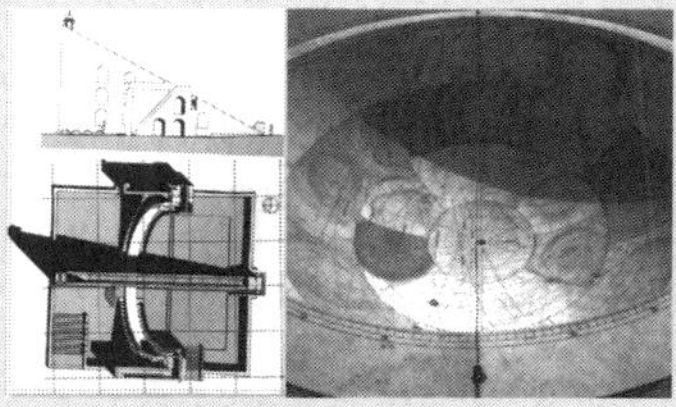
時刻と天体関係の見える化
（ジャイプールの日時計）

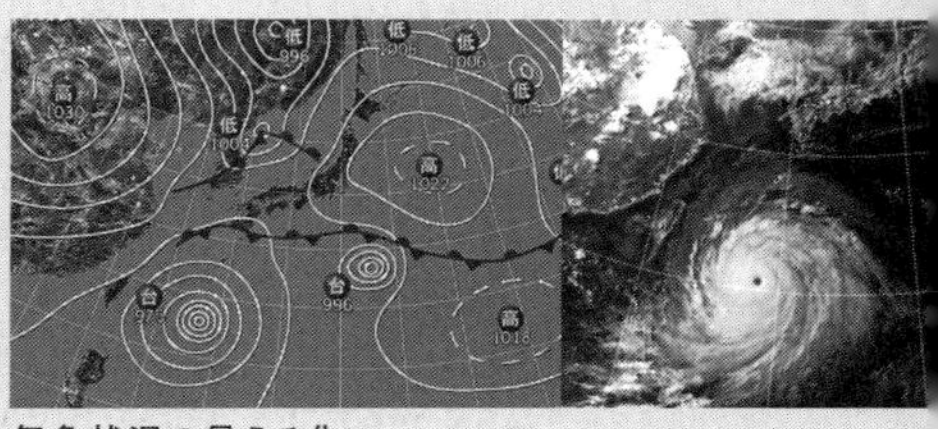
気象状況の見える化

気流の見える化

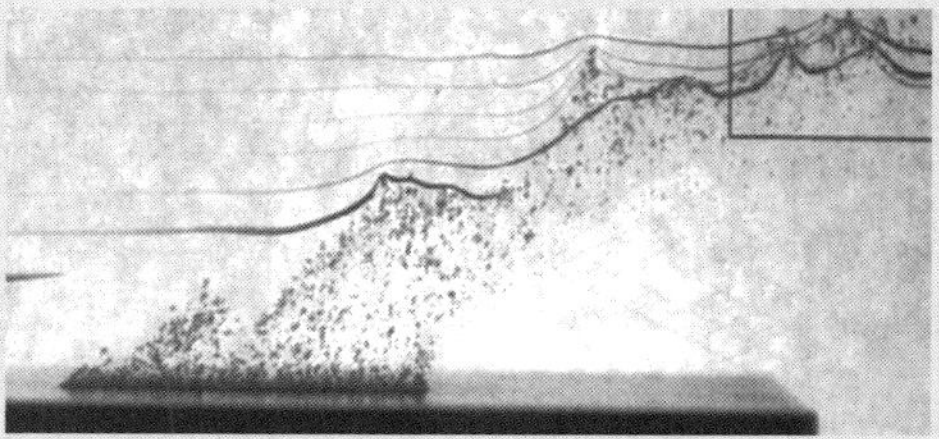
泡沫蒸散の見える化

Supplementary Note 06

ヴィジュアライゼーション

可視化、顕在化、見える化、露出はヴィジュアライゼーションとも言う。タンジブル（触れること）にしたり、形象化・表象化することもその概念に入れていい。

およそ人工的に創造されたもの、そのための技術は、何らかの意味でヴィジュアライゼーションの産物だと言える。日常的には、ある

シミュレーション（火星活動）

シミュレーション（未来都市映画）

可視化技術の開発

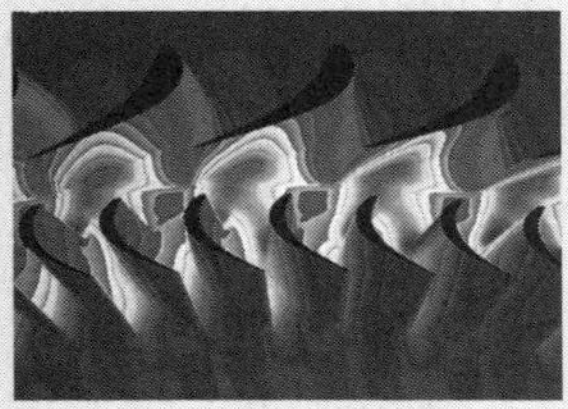

熱の見える化（タービンのサーモグラフィー）

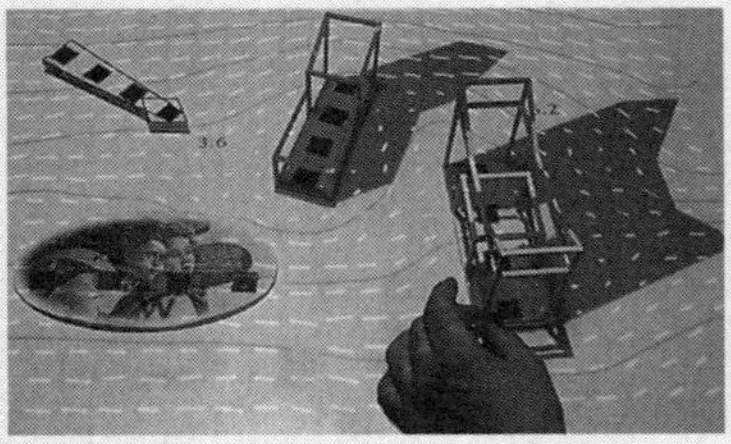

情報の見える化
（MIT石井裕の「タンジブル・メディア」）

意思・感情・事象の見える化
——ラスコーの壁画

いは一般的概念において、不可視のもの、触れ得ないもの、捉えどころがないものがヴィジュアライゼーションの戦略的な対象となる。時間、速度、気象、光、音、情報、熱、流れ、地中や物質内の世界、そして環境などだ。もちろんもっと踏み込んで、未来や非物質的な理念をヴィジュアライズする場合もある。多くの場合、シミュレーション的な表現様相を呈していく。

ヴィジュアライゼーションはコミュニケーションメディアであり、それ自体がテクネーをもつことゆえに芸術・文化的営為でもある。そしてメディアであるがゆえに、合意形成や共感には不可避な営為であり、われわれはその業《ごう》から逃れることはできない。

18 商業施設と宗教施設は同根である

都市の極点

あらゆる集住の発生史を眺めても、そこに大きく二つの極点を見いだすことは不可能ではない。精神的活動の極点と物質的活動の極点だ。初期的な集住環境から村、そして都市へ至る過程で変容しながらもそれらは持続的に存在する。

精神活動の極点はその共同体の礼賛的かつ代替不能な絆が核となる。宗教に関与的なものが多い。一方、物質活動のそれはバザールや商取引の場であり、そこからモノに対する相対的価値の概念も生まれていく。前者は後に宗教施設として多様化・社会化し、後者は市場から商業集積地へと次第に変貌する。

そして両者は近世以来、住む者たち、訪れる者たち、不特定多数が臨場できる都市の公共的空間となった。

交換の位相

交換にはさまざまな位相がある。物々交換から始まり物質的交換を多様に展開したのは商業領域であったことは明らかだ。その過程で商材という概念も生まれた。貨幣は交換を促進し流通を拡大していく。近年では周知のように交換の概念は著しく拡大した。情報や体験といった非物質的なものと貨幣も交換される。

一方、宗教施設でも交換が具現化されている。信仰と言葉、臨場と神託などだ。貨幣が媒介項として作用することもあるが、基本的には非物質的なものが交換される。この舞台は教会やモスクといった宗教空間である。交換の聖地として商業施設と宗教施設はその性格を共有するのだ。そして両者ともメディアによる活動拡大、販促と布教を行う。

(左)イートンセンターと(右)サンピエトロ寺院のバシリカ

ちなみに、商業伽藍とはニューヨーク五番街にあるロックフェラーセンターの呼称でもあった。

もちろん、労働や生産行為の対価交換は日常的なことであるが、交換が即時的な場として十全に、そして加えて言うならスペクタキュラーに機能しているのは商業施設と宗教施設をおいてほかにない。

都市空間では多様な交換が散逸的な状況で進行する。快楽交換から思想交換、性交換まで実に多様だ。都市を人間活動のエントロピーを極大化する装置であると考えるなら、交換の質量増大は「都市度」すなわち都市が都市たり得、都市でなければあり得ない魅力をもつ度合いは単純に比例する。変換器としての機能も都市の機能だと言っていい。

歓楽街と禊ぎの場は隣居する

商業施設と宗教施設が隣接する環境として成立し、そこが「厄落とし」や「癒やし」の領域を形成している例も数多い。とりわけ我が国での非日常的なイニシエーション（通過儀礼）とでもいえる厄落としや日常的・個人的な生活分節を形づくる癒やしなどでは、聖と俗が隣接する環境がそのための社会的装置と化している。

伊勢神宮とおかげ横丁、花園神社と歌舞伎町は言うに及ばず、博多の冷泉、名古屋の大須、下北半島の田名部、それに渋川の伊香保など禊《みそ》ぎと歓楽の集約地は枚挙に暇がない。そこには禊ぎと歓楽という異界臨場憧憬やエロス的気配の漂う時空間への没入欲望などの深層心理的な類似性も垣間見える。多くの名所もそこに創造され、観光地すなわち内外の交流拠点ともなるのである。

キャンプ感覚

商業施設や宗教施設は、見え掛かり上も一般的な施設たとえ

厳島神社門前町

ばオフィスや集合住宅などとは異化された存在だ。なかには融合化したものもあるが、それでも大局的に見れば固有な存在感を訴求する。

キャンプ感覚――滑稽なほど大袈裟な、やや虚仮威《こけおど》し的なといった意味がある――という表現があるが、それがいかに穏やかでストイックな表情を湛えているとしても、この感覚は商業施設と宗教施設の共有するデザイン的特質である。日常からは逸脱し、それゆえに「ハレ」の気分も醸し出す。商業施設や宗教施設のもつ高揚感も、それとは逆のある種キッチュ的な嫌悪感もそれが引き金だ。

神話性の所有

物神郷の世界でもある商業施設にとっては、そこが何ものにも代え難い礼賛的な性格があればあるほど、集客・滞留さらにツーリズムを増進し、リピーターも増え、価値も高まる。安心

マジックキングダム

や利便や快適、さらに清潔さの上位にくる神話性を所有するということだ。アイデンティティ＝ブランドは神話性のうちに宿る。ミシュランの査定でよく出てくる「カードル」（インテリアのしつらえ）や「アンビアンス」（サービスも含めた雰囲気）の個性的突出はここでは不可欠の営為である。これは宗教施設も変わらない。その意味ではディズニーランドもヴァチカンも差異はない。

商業施設と宗教施設、その社会的役割もイメージも対極にあると思われるこの二つは、実はきわめて近しい同根的施設だと言っていい。

ヴァチカン（16世紀）

19 商業界隈の最適スケールというものはあるのか?

「最適」の意味

都市の際限ない成長と拡張に対し、コンパクトな都市が対置される。どちらがいいとは一概には言えない。かつては前者が称揚《しょうよう》されたが、今日都市経営の視点から人口減少や福祉需要の肥大化などの要因も作用し、都市のコンパクト化が唱道される。最適であることを希求する志向性だ。こんな状況は企業組織にも当てはまるのかもしれない。

商業エリアがどの程度の規模なのかはなかなか判断できない。シンガポールのように都市域がほとんどSCで占拠されているものもある。SCといえば中東や中国での開発はスケールアウトしたように巨大だ。アラブ首長国連邦(UAE)のドバイモールは総面積約112万平方メートルをもつ世界最大級のSCだが、そのドバイは「モール・オブ・ザ・ワールド」という総面積約445万平方メートル（東京ドーム95個分）、年間1億8000万人を集客する超巨大SC構想を打ち上げた。「観光ヴィジョン2020」――2020年はドバイでの万博が決定している――の路線上の計画である。「最適」という概念が異なるのか、不在なのかはっきりしない。

1981年に開業したカナダの「ウエストエドモントンモール」は総面積が約49万平方メートルだからドバイ構想は半端なものではない。ちなみに日本のSCでは越谷の「イオンレイクタウン」が約39万平方メートルで最大である。

商業的連続の最適性

ヒューマンスケール、さらに回遊の快適さという文脈でスケールを考えてみたらどうなるだろうか。面的な広がりは複雑にな

ドバイモール
（水族館部分）

るので、主要動線の長さということで眺めてみよう。SCでいえばモールの長さだ。

経験則から先に結論を言えば、商業的連続の長さとしては250メートルというのがひとつの目処である。往復体験する場合には500メートル歩行することになる。博物館などで物品を観覧する速度は通常約15メートル／分といわれていることからすれば、往復で約30分強だ。購買や交渉ぬきのウインドーショッピングなら短くも長くもなく悪くない時間尺である。

公園の園路や歩道の歩行では通例400メートルが「ひと区切り」の長さである。商業体験はより気分的高揚もあることからすれば、2割増しぐらいのスケールは最適と言ってもいい。

モスクワの国営百貨店グムのパサージュの長さ、浅草・雷門から浅草寺前の仲見世がきれるまでの長さ、日本橋人形町甘酒横丁の長さ、上野—御徒町のアメ横の仲通りの端から端までの長さはすべて250メートルである。ミラノのガレリアは十字形に形成されているが、直交する街路のガレリア内部をなめるように往復回遊した場合の延長合計も500メートル強程度だ。

250メートル×nの長さ

500メートル連続して街並みをつくりながら商業が並ぶ例も数多い。ロンドンのサビル・ロウ通り、ロサンゼルスのロディオドライブ、東京では浅草雷門通り、赤坂のみすじ通り・一ツ木通り、亀戸十三間通り商店街、それに神田神保町古本屋街などだ。景観的にも一体化したまとまりに見える。やや長い三宮センター街や少し短い川越蔵造り通りもこの射程に入る。250メートルの上位の商業界隈スケールだ。

これを超えると歩行スケールを逸脱し始める。しかし500メートルの倍、1000メート

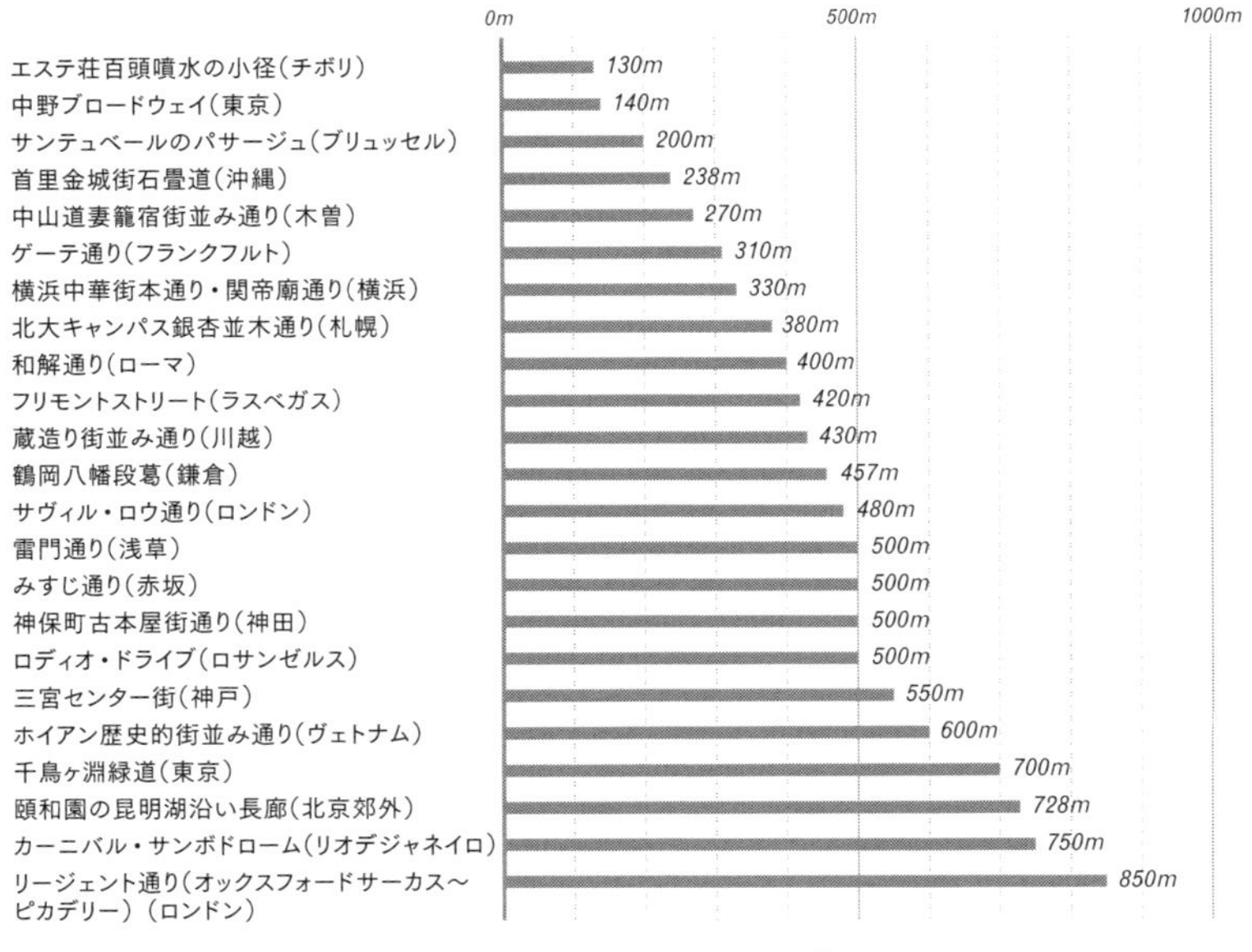

100m〜1000mの道の長さ比較

ル前後の商業的連なりをもつ都市空間は多い。ここでは全域を回遊する消費行動は少なく、強いて言えば250ないし500メートルの単位が鎖列状につながることで性格付くことも多いため、その単位での回遊で終わるかその累積かになる。銀座一丁目から八丁目まで、さらに地形的に劇場客席勾配の断面形をした原宿の表参道やパリのシャンゼリゼの商業部分――その一望性や広幅員歩道、並木とのマッチングが人気の秘密でもある――は約1000メートルの長さをもっている。

面白いことにこうした長い商業界隈も250メートル単位で増殖する。1250メートル前後ではバルセロナのランブラス通りやイスファハンのバザール通り、それにモスクワのアルバート通りなどの商業界隈があるし、1500メートル前後になるとニコレットモールなども登場する。

これら商業地が持続的ににぎわい観光地化していることを考えると、250メートルをひとつのモデュール(単位)と考えて商業界隈を分節して計画することも視野に入れた方がいいかも

シャンゼリゼ(パリ)

しれない。無論累積限度はあるだろう。「最長の商業界隈」があるとしてもギネスに載るだけで界隈の質とは関係がない。

最適スケールは身体的知覚に関与的である

確かに「ドバイモール」や中国の「新華南モール」(テナント入居率1%という惨状で実質的には破綻した)、フィリピンの「モール・オブ・アジア」などの超弩《ど》級のSCには別種の利点も数多い。それはむしろ商業界隈というよりテーマパーク的であり、消費の基本行動からして異なったものになる。それがひとつの事業主体の制御下にあることは複数主体の闘争と調停の場である「都市」とは違う。都市的であるに過ぎない。

人間には知覚のスケールが厳然としてある。テクノロジーはそれを拡張するように見えるが、生身の人間がもつ身体知覚はあまり変えられない。消費行為が行われる場では、スケールの論理はすこぶる重要な視点を提供するのだ。

20 観覧回遊動線は都市空間と商業空間を深層で結びつける

交通工学から考える

都市空間設計においても商業空間設計においても、人間が移動し立ち止まり観覧する基盤である動線環境の創造はきわめて重要だといっても過言ではない。

交通工学や交通計画はその基本となる規範領域である。イギリスや北欧でかつて隆盛だったニュータウンもその計画の枢要部は交通であり、交通のパターンがニュータウンの特性を明らかにすることが多かった。広域交通学というより都市交通学だ。交通の範囲は道路の階層化、幹線道路形状や駐車場配置から街路、路地など公共領域の循環構築、そしてそれらと施設の関係性にまで及ぶ。

断面交通量の算定、水理学にも似た交通流パターン解析、クロスポイントの最適化処理、さらに施設処理能力も射程に入る。比喩的に言うなら、水が流れるように人を流す。淀まず、分岐と合流を組み合わせる。オーバーフローには調整池のようなたまりを配置し、流量シミュレーションによってその臨界値を探る。

バルセロナ改造計画を起こしたのはイルデフォンゾ・セルダというスペインの交通技師だったが、彼の100メートル角の街区は大きく角《すみ》切りされ、クルマ(当時は馬車)と人の動きを円滑なものにしていた——これは今日でも当地で見れるものである。

体験方法の分類化

観覧消費体験には大きく三つのタイプがある。これは万博のパビリオンなどでも検討されているものだ。

ひとつはバッチ方式と呼ばれるもので、劇場や映画館のようにあるかたまった人数を溜めてクローズし、体験終了とともに入れ替える形である。体験者の同時滞留人数と回転数がわかれば、その積で時間当たり・一日当たりの処理数が算出できる。この場合には入れ替え時の瞬間断面交通量——出入口幅員に影響する——以外動線的考え方は比較的薄い。

もうひとつはライド方式で多くのテーマパークなどでも採用された機械動力の強制動線である。ヴィークル（乗り物）での観覧だ。シアターでは観覧者は静止し舞台内・銀幕内が動くが、ここでは観覧者が動く。ヴィークルの搭乗人数、速度、ヴィークル間の間隔で同様の算出が可能である。

最後が自由動線でコンコース方式ともいわれる。ピーク時の動態臨界密度の1平方メートル／人を限度とし、動線空間の長さを歩く速度で除した平均体験時間の逆数と空間を動態人員密度で除したものの積によって算出される。

いずれにしてもこれらの数値的処理で体験環境の容量能力がわかる。

たとえば幅員4メートルのコンコースを30メートル／分（通

ライド式観覧

バッチ式観覧

常のゆっくり観覧して歩く速度、じっくりだと半減する）、同時滞留を1・2平方メートル／人にすると時間当たり6000人が通行できる計算になる。幅1・2メートルのエスカレータの処理人数が時間4500人なので、エスカレータにこのコンコースを接続しても問題は起こらない。しかしコンコース幅員が半分になればエスカレータ降機口で梗塞の危険が出るわけだ。

三つのタイプは多様に組み合わされて動線環境が出現するが、都市空間や商業空間では最後の自由動線の処理が重要になる場面が多い。

密度への展開

動線環境は何よりも安全性、次に快適性や心象性などが重要項目としてくる。この中でクリティカルなものは動態臨界密度と静態臨界密度だ。前者は1・0平方メートル／人であり後者は0・2平方メートル／人が常識化している。後者の0・2と

コンコース式観覧

は1平方メートルに5人いる過密な混雑状況でこれはエレベータの安全基準限界にもなっている。

一般的には美術館は3～4平方メートル／人、メッセは2平方メートル／人、フードコートは1・5平方／人、ダイニングは3平方メートル／人、待ち空間は0・3～0・5平方メートル／人くらいの密度が適正と言われる。これらは施設計画の原単位であるとともに、既存施設の問題を浮かび上がらせるときにも有効だ。密度的安全性はとくに商業空間の場合には快適さにも直結する。

動線をシームレスに

動線はシームレスである方がいい。これは都市でも商業でも同じ真理だ。動線の安全性と円滑性は道路交通のみならずあらゆる公共的性格をもつ環境にも不可欠なのである。

ル・コルビュジエによってつくられた
サヴォワ邸の「建築的プロムナード」

都市と施設のシームレスな接続も重要だ。ル・コルビュジエは外界と接続された建物内のスロープを「建築的プロムナード」と呼び、その動線を軸に空間を編集した。プロムナードに沿って彼の詩的感興を誘うオブジェや空間が配列される。それは映画のように継起的連続場面（シークエンス）を生み空間に新しい価値を付与する。

都市と接続され内部にまでスムースに連続する銀座のソニービルや表参道ヒルズなどの動線にも似たような感覚が宿っている。

商業空間は単店でもない限り集合して都市的な性格を帯びる。人間の行動が連続性をもったものである以上、本来バリアなく街路が続いていることが好ましい。ハウジングされた商業展開もあるだろうが、そこにアクセスする動線環境は網目状の公共空間として、都市との境界を消去すべきものなのである。

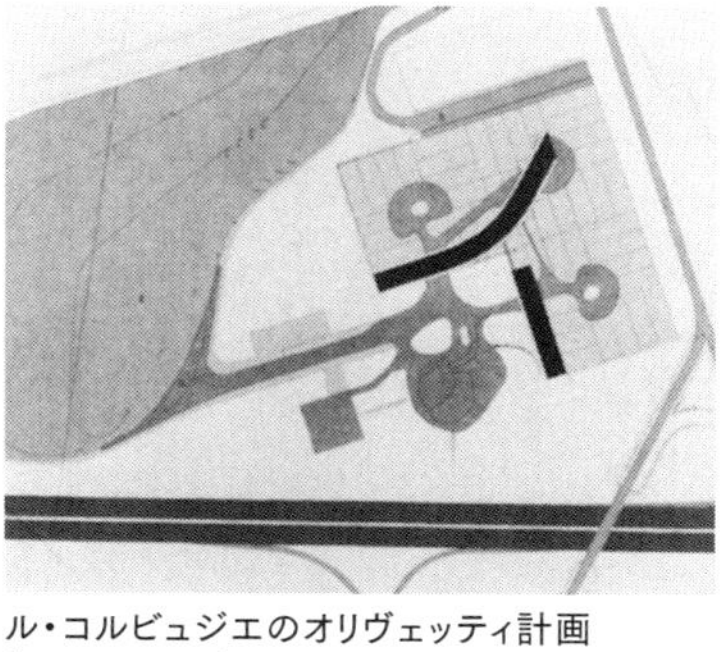

ル・コルビュジエのオリヴェッティ計画
（ミラノ＝ロー）

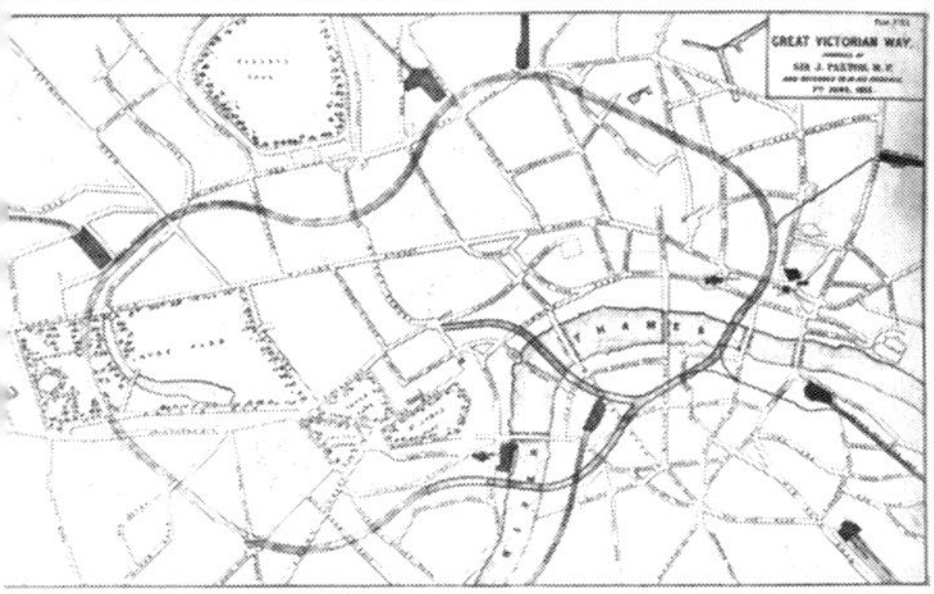

パクストンによるグレイト・ヴィクトリアン・ウェイ構想（1855年）

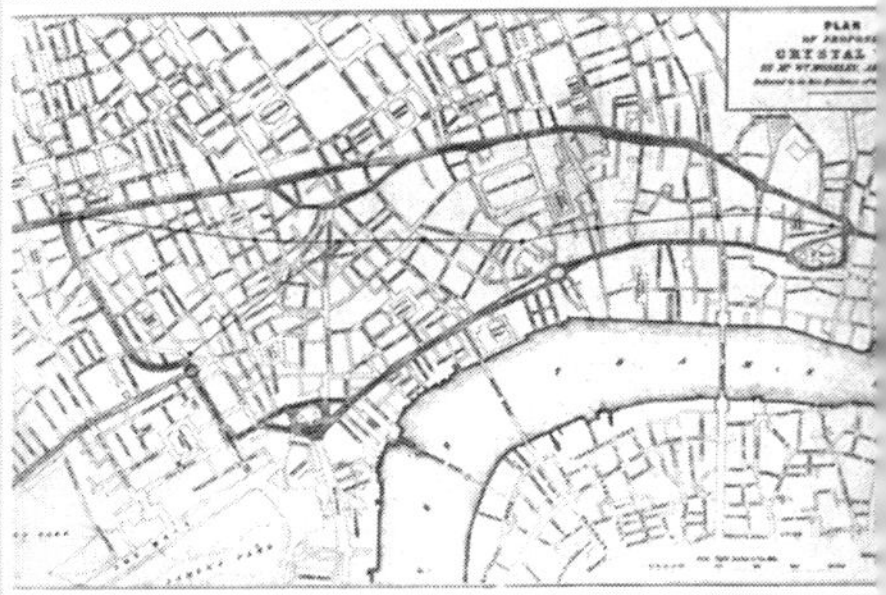

モズレイによるクリスタル・ウェイ構想（1855年）

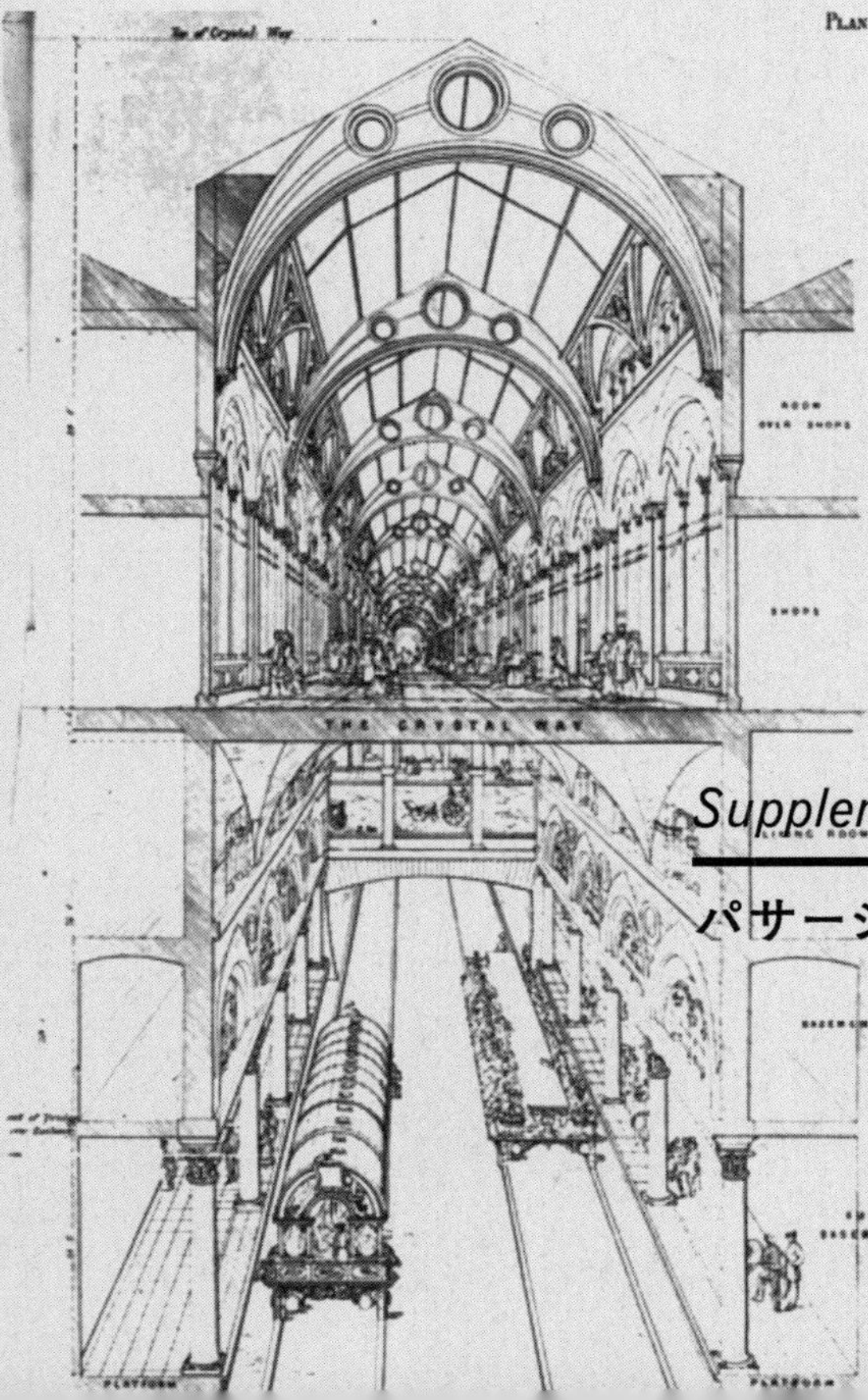

クリスタル・ウェイ構想
（横断面）

Supplementary Note 07

パサージュ

パクストンのクリスタルパレス(1851年)

同心円状のパサージュ会場(1867年パリ万博)

ボリエの空気ドーム計画(1860年代)

パサージュは都市動線であると同時に、多様な個店の集積するSCの原型的なモデル空間でもある。そこに(近代的な)「消費の原風景」を見たベンヤミンの記述は有名だ。

通常街区を貫通する抜け道にもなる。しかしこの道は現代でいう全天候型、すなわちガラス屋根で被覆された半屋外空間である。パサージュが開発された当時、こうした全天候型人工環境は技術が可能にするユートピア構想のひとつでもあった。有名なフーリエのユートピア「ファランステール」で考案された400m長の大型共同施設もパサージュを基本に構成されている。

一般的には都会での「線分」的な

動線だが、このパサージュ的な環境で都市全体を整序しようとする試みもあった。ジョセフ・パクストンによる「グレイト・ヴィクトリアン・ウェイ」である。22m幅員、33m高さの断面をもつパサージュをループ状循環構造にしてロンドン市街を組織化する計画だったが実現されなかった。もともと近代造園家であったパクストンは、庭園温室技術によって1851年第1回ロンドン万博（イギリスでは「グレイト・エクスポジション」と言う）のクリスタルパレスを設計した人物である。

また同時期には、M・W・モズ

グランスルフパサージュ（パリ）

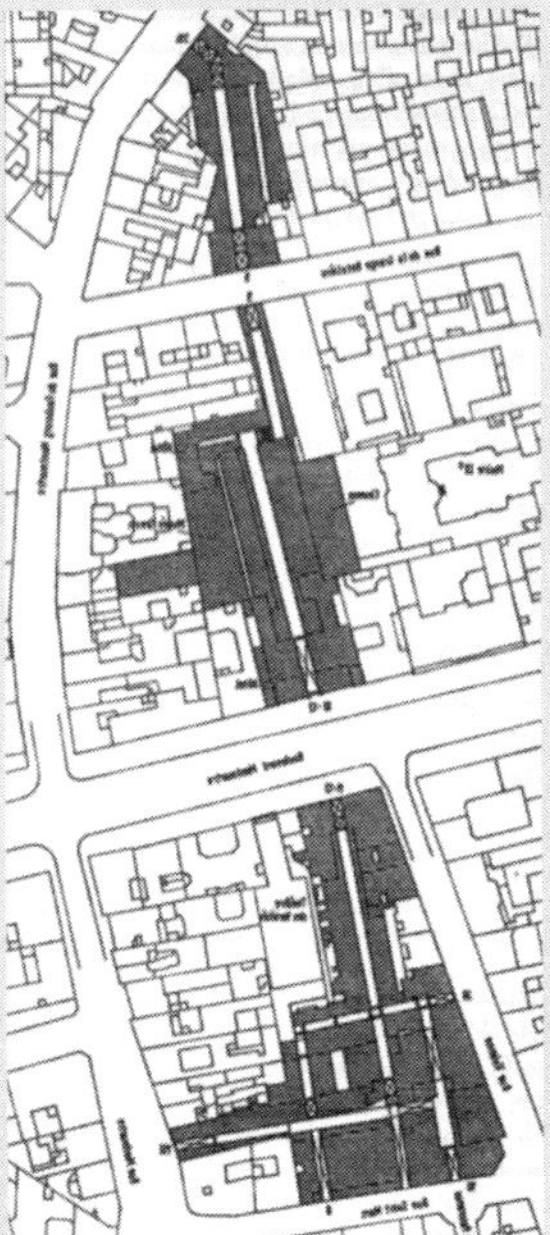

パリのパサージュ群
（パノラマ、ジュフロワ、ヴェルドー）

ジュフロワパサージュの屋根（パリ）

バーリントンガーデンパサージュ（ロンドン）

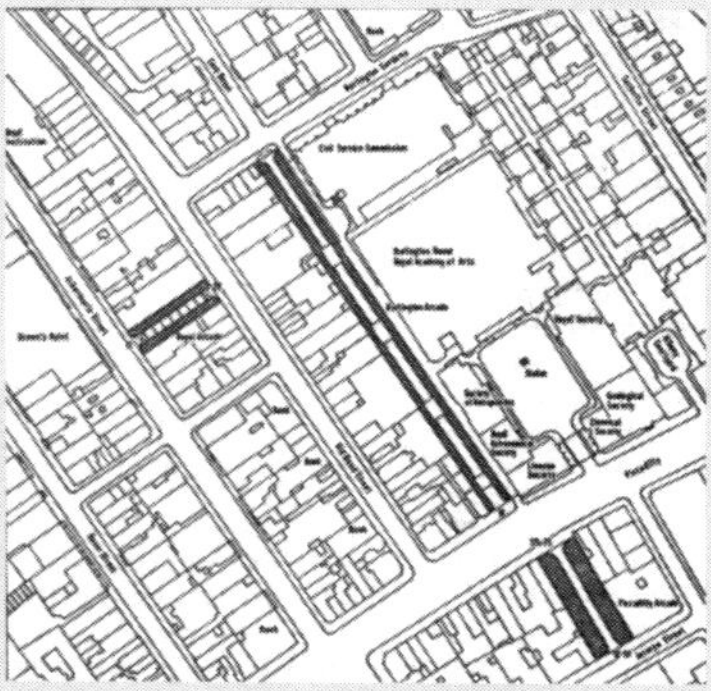

バーリントンパサージュ（ロンドン）

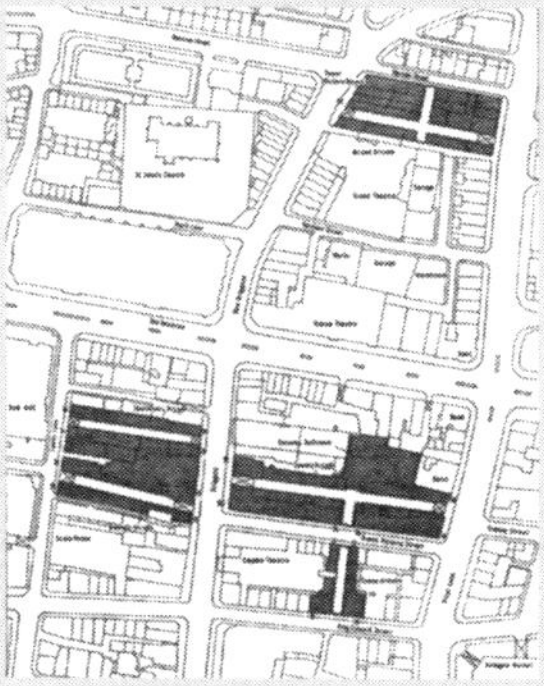

リーズのパサージュ群
（クリーンズ、グランド、カントリー、クロス）

レイによる複層化した「クリスタル・ウェイ」なども構想されている。パサージュ自体を近代都市のインフラのひとつとする考え方だ。都市交通的な場であることも強調されている。

こうした試みの一部は、今日ドバイの「環境制御都市構想」の巨大パサージュなどにも受け継がれていると言っていい。

またラスベガスには、街区を開削するのではなく街路そのものに全天候型屋根をかけ——日本のいわゆる商店街アーケードに近い——その天井を映像のスペクタクルにする長さ420mの名所フリモントストリートなどもあるが、これなども派生的形態のひとつとして考えることができる。

カイザーギャラリー（ベルリン）

レーヌギャラリー（ブリュッセル）

オクトゴンパサージュ（モスクワ）

オベレパサージュ（ナント）

カイザーパサージュの入口（カールスルーエ）

パレ・ロワイヤルとオルレアンギャラリー（パリ）

フリモントストリート（ラスベガス）

環境制御都市のパサージュ
（ドバイ）

21 商業環境のスマート化を図る

スマートイメージ

「スマート」には洗練、冴《さ》え、高感度の語感がある。ヴェトナム戦争や湾岸戦争でアメリカ軍が使用した「スマート爆弾」は高性能誘導爆弾だった。いずれにしてもインテリジェントな性能は外しがたい。

シリコンバレーの後に登場した非営利団体のスマートバレー公社という人材育成機構もあったが、その後スマートデザインということばは、ＩＤの世界とくにユニバーサルデザインの領域でよく使われた。概念的にはユーザビリティ（使い勝手）の向上やエコロジカル・コンシャスも含み、最終的にはそれを使用する人々のＱＯＬ（クオリティ・オブ・ライフ）を高めるものだ。もちろん日本が得意な多機能、コンパクト化などもその一端を担う。

しかし圧倒的に「スマート」が人口に膾炙《かいしゃ》したのはスマートフォン(スマホ)の普及からであろう。時期を同じくして省エネやエネマネ(エネルギーマネジメント)関連、すなわちエココンシャス部分の突出で、スマートシティ、スマートコミュニティも語られるようになった。

アクセシブルデザイン

バリアフリーを包含するユニバーサルデザインはロン・メイスによって理論化・普及化したが、もともと日用品や住居、街のデザインが健常者仕様、しかもアメリカの二十代空軍兵士が平均的モデルとも言われるハイアビリティ仕様だったものを、障害者・弱者対応にノーマライズ(標準化)する試みとして知られている。我が国でも「共用品」といった形で社会的に一般化された。だがこれもヴェトナム戦争帰還兵の社会復帰問題が動機

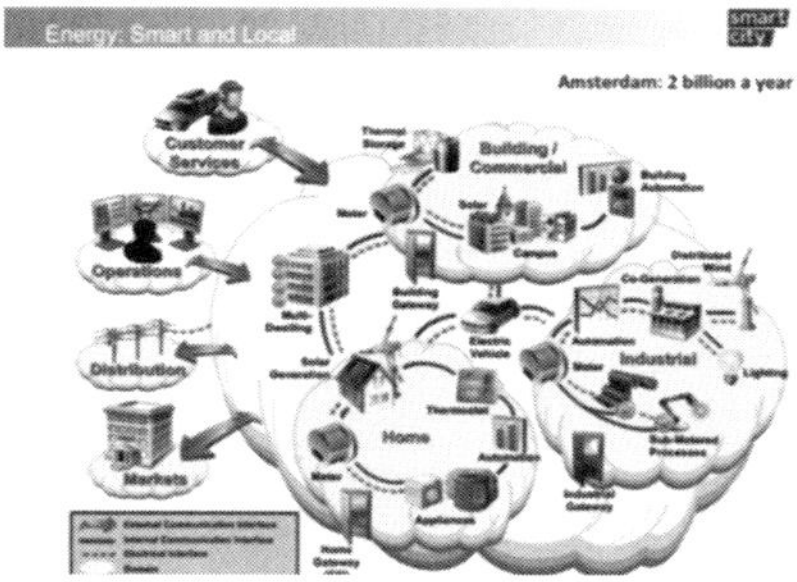

アムステルダムのスマートシティ

で、当時ブッシュ大統領(父)が法整備を行った頃から流布し始めたのである。

このノーマライゼーションのさまざまな所産は産業的背景をもちながら量産規格化される側面をもつが、本来は多様な障害形態への対応多様性が基本であると考えられる。その意味では社会的活動や日常生活にストレスなく参加・アクセスできるということで「アクセシブルデザイン」と呼ぶ方が正鵠を射ているとも言える。あらゆる位相でのアクセシビリティはスマートの基本だ。

情報計画の重要性

この中でも情報をめぐる領域、情報誘導、情報案内、情報提供、情報交流はとりわけ重要なものとなる。なぜなら、障害も差別もコミュニケーションのそれが基本だからだ。社会参加も疎外される場合が多い。1990年代にニューヨークのクーパー・ヒューイット国立デザインミュージアムで「アンリミテッド・バイ・デザイン」というユニバーサルデザイン展（スミソニアン協会主催）が催されたが、ここでも情報アクセシビリティが強調されていた。

デザイン領域では「シナージュ」(signage)がその領域をカバーする。ディレクトリガイドやサイン編成計画、サインポスティング（サイン配置）計画、サイングラフィックデザインは単にわかりやすさを提供するだけでなく、街に情報をかぶせることにも近い。単なる案内や誘導に終わらない。一種の情報創造でもある。これによってよみがえった街も数多い。街への理解、都市空間への総合的なアクセシビリティを増進させるからである。

商業環境のスマート化の指標

この意味で商業環境がもつべき第一のスマート化は高精度な情報計画と親密で明快なインターフェースの創造である。商業

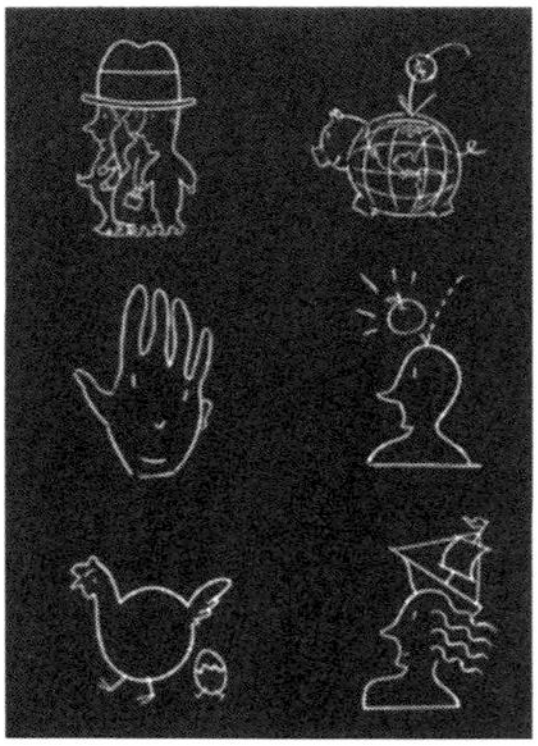
クーパー・ヒューイットでの展示ピクトグラム

ニューヨークのサイン

環境が都市的な環境に近づくとすれば、そのゲートには都市全景図と都市総覧に相当するディレクトリ、動線結節部には都市地図がさまざまな有事への対処方法の伝達とともに不可欠だ。

空間そのものがわかりやすくサイン機能をもつことも大事である。補完するサインもメッセージサインとアンビエンスサインそれぞれを階層化する。前者は緊急度合いによって分類される案内・誘導系に特化したもの——万国共通かつピクトグラムのように誰でも即時的に判別できるものがいい——だが、後者は商業的に固有な雰囲気を醸成しながら誘導示唆や情報発信をするサインだ。パークハイアットホテルや玉川高島屋ＳＣガーデンアイランドのように手書きで表現することで「手をかける意味」を訴求していく例もある。

第二のスマート化は多種の障害者や弱者に対するマニュアルを超えた多様な物的・サービス的支援である。商業環境は公共的空間であり、アクセスの公共性を徹底的に担保することが必要だ。ホスピタリティの原則である。

第三のスマート化は環境とエネルギーに対する意識化と現実化である。身体的な健康、物理的かつ精神的衛生の向上、都市圏域・生活圏域内の汚染抑止や資源循環、さらにコミュニティネットワークの構築、そして環境負荷低減の省エネやエネマネはもちろん創エネへの挑戦、地場自然との共生を行いそれを「見える化」するのである。域内にエコセンター的なものがあればそれらの実践は加速するだろう。

最後のスマート化は商業環境の美しく粋な景観創造と想像力あるインテリジェントな人的対応だ。スマート化に格好良さやハイスタイルが伴わなければ持続が難しい局面に幾度となく立ち会うことになる。

スマート化は現代的な付加価値創造ではなく、思想として捉えるべきものなのである。

22

リノベーション・リニューアル・リメイクの意味は何か？

変化こそが常態である

この世界に変わらないものはない。それが常態であることは明らかだ。「時間」が変化をもたらす。時間がそれが拠って立つ地盤も変えていく。変化を肯定することと時間コンシャスになることは、意識的には同じだ。

エジプトのピラミッドは多少の物理的劣化はあるが不変だという人もいるだろう。しかし聖にして侵すべからざる墓所であったピラミッドは、現代では古代研究と観光のメッカになっている。見え掛かりは同じでも意味は刻々変わる。

その一方で人間は不変のもの、不易のものに憧憬を抱く。しかし時間経過とともにピラミッドと同じく、それらの意味性や価値は変わらざるを得ない。

この認識に立ち、主体的に変化させるものとさせないものを弁別し、組み合わせていく叡智《えいち》が求められる。

リノベーション・リニューアル・リメイク

これら三つのことばは基本的に改造や修理などを内包する点で同じである。だが語感的なことをいえば、リノベーションは革新・刷新という感覚で対象を支える本質的なシステムを変換するイメージだ。暗示的意味ではイノベーションに近い。リニューアルは更新という意味でも使われるが、力点が再開や再生つまりイメージ変換にかかっている。リメイクは映画の改作に見られるように、小さい場合には化粧直し、大きな場合は造り替えだ。中間があまり想像しにくい。

「re-」という接頭辞は「再び」とか「やり直し」を意味する。似たようなことばでは、リフォーム(造り替え)、リストレーション

(復旧)、リビルド(再建)、リカバリー(回復)、リペア(修理・修繕)などが思い浮かぶ。最も過激なのはリボルーション(革命)だ。

これらの事態が生起するには何らかの事前理由がある。停滞、破壊、劣化、不全、不活性、時代遅れなどであり、それらを起爆剤に現代的価値さらには近未来的価値に合わせる再創造行為がリノベーション・リニューアル・リメイクと言える。変化へのドライビングフォースだ。

商業施設の改造

商業集積、とくにＳＣなどでは「リニューアル」ということばがよく使われる。他の民事施設と異なり商業施設は同時代感覚すなわち「時間」に対し鋭敏だ。しかもイメージが何よりも優先する。

メジャーリニューアル、マイナーリニューアルという表現がある。もちろんリニューアルの事業規模や領域の大きさなども示すが、ＳＣであれば、基本的に前者は既設環境の動線変更・再編集、大規模なテナントの入れ替え、付随する公共部分のやり直し、サインやファーニチャーを含む全領域にわたる要素の刷新、それに増床や新規施設付加などでイメージの変換を行う。また一方後者は、小規模なテナントの入れ替えや全域のメーキャップの変換などが主たる内容となる。

私が以前かかわった玉川高島屋ＳＣ本館の20周年リニューアル（１９８９年）は、この意味ではメジャーリニューアルだと言える。「ＳＣを街化し街をＳＣ化する」というコンセプトの下、動線を徹底的に造り替え、テナントの入れ替え・再配置を行い、新たに屋上庭園やホールを整備し、「サイトファーニチャー」や「アイストップ」の概念を入れながら公共部を変換した。言わば「誘惑のデザイン」的な再創造である。それまでのモールはやや単純で硬質な大吹抜空間だったが、全域アーバンリゾート的な仕立ての中で「グランパティオ」として再生した。水辺を想起させる生き物形象のオブジェを従えた歓待噴水や多種にわたる真《しん》

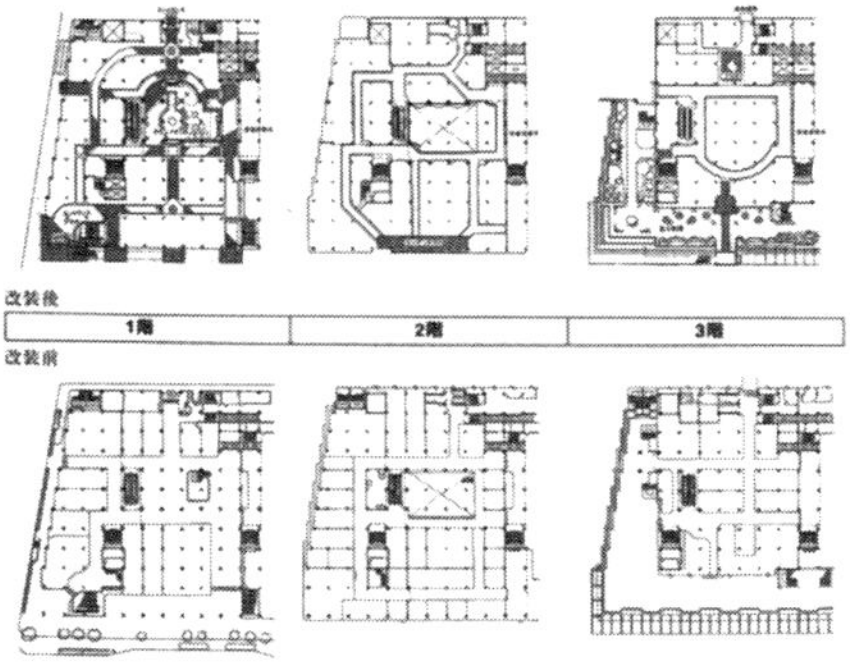

玉川高島屋SC20周年リニューアル（プラン変更、（上）新／（下）旧）

鍮《ちゅう》の椰子《やし》、ガゼボ（庭園で使われる涼亭）、組格子、リゾート家具などが繁茂する環境だ。

ここでは通例の建築言語ではなく、都市言語・庭園言語によってすべての空間を概念的・デザイン的に統制している。それによって建築的に閉じたSCは開放的な緑園都市化し二子玉川の界隈《かいわい》に接続したのである。リニューアルの効果からすれば、この後SC総売上は1000億円を超え、シンガポールニーアンシティへの進出の基盤をつくったとも言えるだろう。

アーバンリゾートイメージは顧客にもわかりやすい。バブル最期の時期かつ環境主義の時代では故なきことではなかった。逆にいえば、リニューアルによるイメージ刷新の根幹デザインは時代の読解と裏腹の関係だと言っていい。

玉川高島屋SC
20周年リニューアル

本館ロビー

屋上庭園

グランパティオ

グランパティオ噴水

変化の内在化

商業施設のリニューアルをめぐる時間尺には諸説あるが、最も妥当なものは、店舗単体は3年、ＳＣ全体では10年、30年というものだろう。店舗には老舗で変わらないイメージのものもあるが、それは「見え掛かり」だけでマーチャンダイジングやサービスの変革はやはり3年くらいになる。3年はトレンド変化のタイミング、10年は基幹設備更新、30年は世代交代のそれである。ここでもライフサイクルへの意識がリニューアルの実体と性格を規定する。

変化には人為的なもの、季節感のような自然のもの、さらに景気とか災害やテロによる社会的な要因などさまざまだ。しかし改造を成功させるには、変化の兆しを捉え小ぶりに実験をしていく日々の創意工夫、常に変化を内在化する試みが何より肝心である。それはリニューアルへの仮想シミュレーションにもなるのだ。

23

イベントとリゾートの二極のあいだに消費の幻影が横たわる

イベントとリゾートの消費像

イベントとリゾートには共通する特性がある。まず両者とも非日常性が命である。イベントの場合には限定された時空間において、そしてリゾートにおいては主として日常社会や生活との関係性において非日常性が求められる。次に両者ともホスピタリティの概念が不可欠だ。そこは異界であり異郷であるため、訪れる者＝ゲストと迎える者＝ホストのインターフェースの豊穣さが必要だからだ。さらに両者はある意味ヴァーチャルなユートピアであり、そこに臨場するという体験価値に比重がおかれる。両者とも体験消費が第一なのである。

しかし一方でこの二つは対極な性格ももつ。イベントは基本的にはきわめて短期、かつ限定的な時間の中で運営されるが、リゾートはむしろ中長期、あるいは自由時間の中で成立する。イメージとしてもイベントは仮設的かつ動的であるが、リゾートは恒久的かつ静的である。

商業環境でも交換行為を媒介にした体験消費は付随する。時間体験自体が生業《なりわい》の商業――バーやスパ、さらにはキャバクラなども入れてもいい――ももちろん多い。しかし究極の消費は空間と時間を消費するものであると考えれば、この二つの張る弓の中に消費というものの幻影が横たわっている。そしてその時空間に臨場するために、例外はあるものの一般的にはアドミッション（入場料）が施される。

イベントの時間軸

イベントには祭り、カーニバル、ページェント、フェスタ、メッセ、展覧会、博覧会その他さまざまな商業的形がある。これらは先述したように限定時間付きの催事だ。だがまた同時に一部には半永久的限定時間のような形態もある。遊園地やテーマパークやテーマシティ（ショーケースシティ）、場合によってはミュージアムなどもその概念的延長に入れないこともない。時間を微視的に見るか巨視的に見るかの違いである。短期間がより大きな時間軸でセリー（系列化）となるケースもある。2年に一度のビエンナーレや3年に一度のトリエンナーレなどである。

かつてはヴェルサイユのルイ14世の歓待式典やニュルンベルグのナチ党大会のような超弩《ど》級のイベントもあったが、現在国際的に定着した大型イベントとしては、万国博覧会（BIE）、オリンピック（IOC）、ワールドカップ（FIFA）、F1グランプリ（FIA）であろう。

限定時間の概念はそれを「人生」に喩《たと》えた視野で見ることも可能にする。このイベントはどんな人生を歩んだのか、という表現はよく聞かれる。そして人生のように必ずピークを形成するタイミングをもち、それがイベント全体を秩序付け組織化する

リオのカーニバル（イベント）

のである。

リゾートの時空間

リゾートの場合にはイベントのような時間限定性はないが、時間を巧みに空間創造に編入することは実施される。イベントと異なり、自然そのものを舞台とすることが多いからだ。もちろんその自然は人工的に編集された自然である。「ウィルダネスリゾート」(野生的な僻地や辺境を舞台にするホスピタリティ環境)ですらそうである。

危険な動物や虫が頻繁に出てきたり、水や空調がなかったり、不潔で汚染されていたりする環境での体験はリゾートとは呼ばない。それは冒険であったり探検であったり、別種の概念だ。たとえ野性的な風景が隣接していても、動物からの危険がなく虫もあまりいない、水も飲めるし空調もある、もちろん清潔さも保たれている、それがリゾートであり、異郷を環境劇場とし

マルベージャのプエルト・バヌース(リゾート)

て快適に眺められるという体験なのである。いくらかの危うい部分も出るだろう。しかしそれは想定内の破格であって、野生の自然がもつ本来の危険性とは峻別《しゅんべつ》されている。

リゾートに限定時間があるとすれば季節的なものだけだ。避寒地、避暑地と呼ばれているものは消費期間の季節変動に過ぎない。

消費ユートピアの幻影

ユートピアには二種類ある。オルタナティブ社会としてのユートピア――十九世紀に数多く提案された社会ユートピアや産業ユートピアでフーリエのファランステールを祖型にする――と消費のユートピアだ。後者は「夢の時空間」と言いかえてもいい。社会的に組織化などされていない。エデンの園や竜宮城、楼外楼、蓬莱島《フォルモサ》などはこちらに近い（ヘブライ語の「Edhen」の原義は快楽や喜びである）。登場人物は生産はせずひたすら消費行為をする。

竜宮城のイメージ

これはユートピアの同義語である「パラダイス」、「ヘブン」、「アルカディア」、「イリズィアム」（ギリシャ神話の〝エリュシオン〟に由来する極楽浄土）、「シャングリラ」（ジェームズ・ヒルトンの『失われた地平線』の中の楽園）、「ザナドゥ」（コルリッジの詩に出てくる桃源郷）などすべてに共通する。

それは消費の究極の幻影であり、イベントとリゾートはその現実化を担い、ヴァーチャルなユートピア体験を社会的・個人的生活の狂言廻しにしていくのである。

24 ダイジェスト体感消費の源流を遡る

マスメディアの知覚慣習

前世紀前半期より、マスメディアの社会への浸透は大きなものになった。その代表が新聞とテレビである。他のマスメディアにも当てはまることかもしれないが、この二つのメディアは人間の体験の質をどこかで変容させたと言っていい。

一言でいえば、「ダイジェスト」的に世界と向き合わせる体験を促進した。

新聞は政治・経済の報道から文化的な読み物、スポーツ試合の結果、雑多な情報、マンガ、広告その他が紙面に空間的にコラージュされる。トピックといわれるように、話題となるニュースが要約され、そのすべてで現在の世界を語る。テレビも似たように、番組やコマーシャルが脈絡なく、しかしホットな話題を適宜入れ込みながら時間的にコラージュされる。どちらも話題性が重要なのは、それが素直に購買率や視聴率に反映されるからだ。しかしその内容は要約されたもので、読者あるいは視聴者はそれで理解した気分になる。そうして世論も形成される。

「要約《ダイジェスト》」はかつて未来派でも称揚された概念だ。速度を上げるからである。まさに素早く世界を把握しようとするために、われわれはダイジェスト的にものを見る。しかしダイジェストは、当然のことながら、多くの細部や内容の深度を等閑視するのである。

ディズニーワールド

オーランドに広がるディズニーワールドの王国は、マジックキングダム（ディズニーランド）、EPCOTセンター、MGMスタジオ、それに複合リゾート環境によって形成されている。この中で「未来世界の青図」としてつくられた実験コミュニティが１９７０年代から整備されたEPCOTセンターであり、「未来世界」と「世界ショーケース」の二つのゾーンから成る。

「未来世界」はAT&T、エクソン、GM、GEなど各社のアトラクションが揃い、万博の企業館群を彷彿とさせる。多くは没入体験、体感型のもので占められている。企業が提供する以上、CF（コマーシャルフィルム）の立体体験版のように、話題のピンポイントをダイジェスト的に訴求していることは言うまでもない。もちろん露骨な自社のPRではない。一方、巨大なラグーンの周りに10カ国前後のナショナルパビリオンをもつ「世界ショーケース」はツーリズム的なこれまたその国をダイジェストした展示やイベントで覆われる。

「未来世界」も「世界ショーケース」も疑似体験の宇宙なのだが、ダイジェスト化された物語要素の編集をスペクタクルに仕立て上げているのだ。

EPCOTセンター
世界ショーケース側から球体の「宇宙船地球号」を望む

1939年NY万博

このEPCOTセンターの全体プランのモデルは、明らかに1939年ニューヨーク万博(アメリカでは万博のことを「ワールドフェア」と呼ぶ)である。これは史上最も商業的な万博といわれた祭典で、モノレールこそないものの中心部は「未来世界」然とし、東の隔地内の湖周界ゾーンはまさに「世界ショーケース」と酷似する。おまけにEPCOTの球体に相当するペリスフィアという直径60メートルの白い球体はテーマ館としてあったのだ。

この万博はいくつかの変更——39年時の遊園地ゾーンが「グレイト・ホワイト・ウェイ」に、噴水の湖が「リバティレイク」に、フードビルが「コカコーラ館」に、など——を加え40年に引き継がれたが、EPCOTはこの40年版を下敷きにしてい

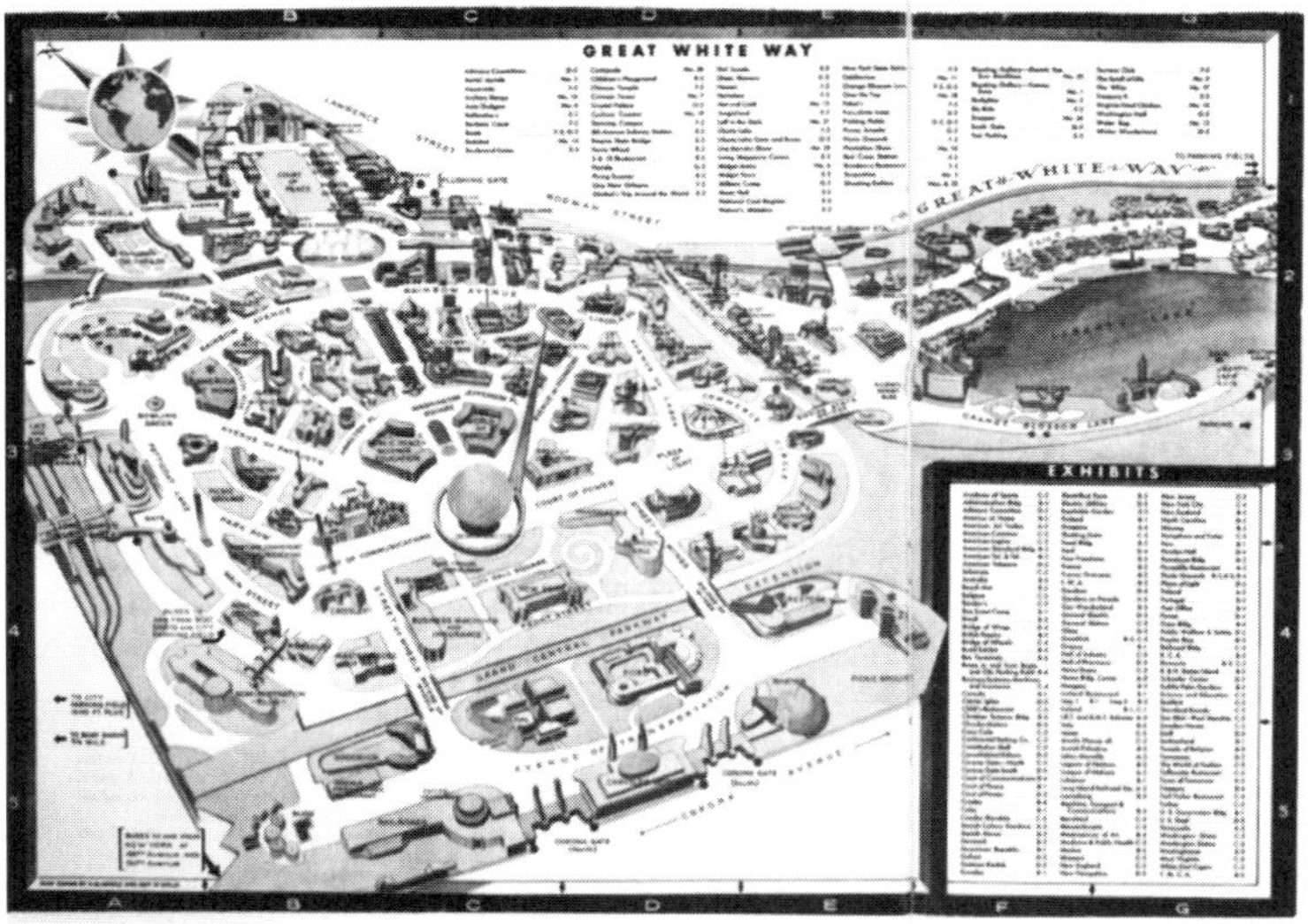

ニューヨーク万博の会場図(1939-40)

るようだ。

体験技術が戦前であったこともあり本格的な没入まではいかないが、著名なGM館のフューツラマ（モータリゼーションの未来都市展示）などは体感性が強く、しかも場面場面をダイジェスト的に示し観客の興奮を誘った。

ニューヨークは1853年にマンハッタン42丁目で最初の万博を開いた。このときのメインパビリオンは球体ではないが半球のドームを頂く小ぶりなクリスタルパレスと展望鉄塔が特徴的だった。39年ではペリスフィアの球体とトライロンという700フィートの展望用尖塔がパラフレーズする。レガシーは受け継がれるのだろう。

ドリームランド

EPCOTならびに万博パビリオンの体感型アトラクションの大元の祖型は、同じニューヨーク、コニーアイランドに

ニューヨーク万博（1853-1939）

1910年代に整備されたドリームランドである。全体レイアウトは全く異なるが、ここでのアトラクションは同時期同地にあったルナパークなどの遊園地と異なり、初期的な没入型体感を重視するものだった。おそらくアミューズメントとしてこうした集積を開発した初めての例だろう。ヴェニスの運河やスイスの雪山、ポンペイの没落などのダイジェストを空間化したものが隣接して並べられ、その全体プランはまさに新聞の一面のようだ。あるいは観客の立場からすればその連続体験はテレビの中にいる状況なのである。

ダイジェスト体感消費は、ドリームランド、39年NY万博、EPCOTをつなぎ、さらに先に進むだろう。そしてダイジェスト的にしか世界を見ない者、消費できない者をマスメディアとともに量産していくのである。

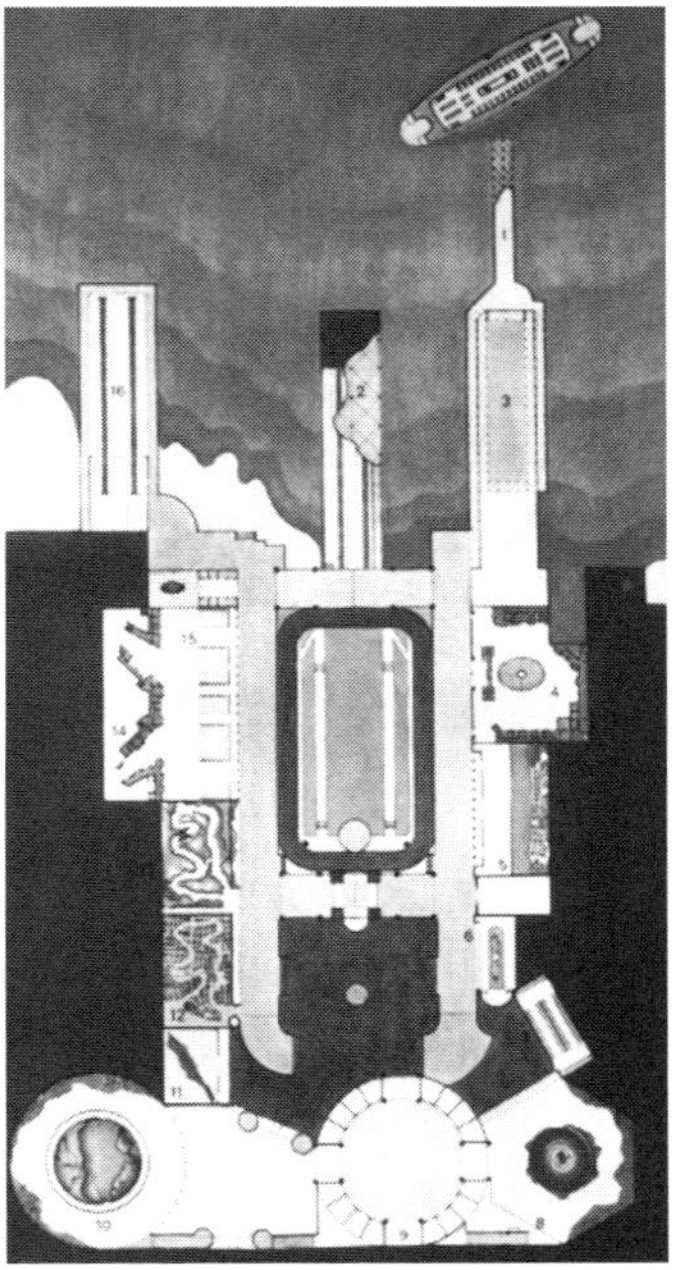

ドリームランド

25

リゾートには暗黙の歴史的系譜学と分類学がある

遠方憧憬

「かの地にあるのは秩序と美、奢侈《しゃし》と平和と快楽《けらく》」

ボードレールの『悪の華』の一節には「旅への誘い」を称揚する意思が暗示的に語られている。十九世紀半ば、産業的にはツーリズムが誕生する前後のことだ。非在の彼方にある世界への憧れは、異国趣味《エキゾチズム》ともどもこの時代のユートピア志向と共振しながらロマンティシズムの温床ともなっていた。植民地文化の幻影もあったのだろう。マラルメの詩「海の微風」もワトーによる絵画「シテール島への旅立ち」（これは後にドビュッシーが「喜びの島」という楽曲にした）もそうだ。とくにドイツロマン派の描く「彼岸」の景観——フリードリッヒやシンケル、それにベックリンなど

――にもそんな感性をうかがうことができる。

単に現実からの脱出《エクソダス》であるばかりか、ある種の文化的生産の一形態として「遠方憧憬」という概念が胚胎した。リゾート創造の根源的な動機である。

エリートリゾートの成立

この非在世界への旅はいくつかの形をとる。冒険や探検・探索といった未開世界・未踏世界へ人間が情報圏を広げるという行為――それは現代に至るまで続けられている――の多くが科学調査や学術研究の延長にあったことも周知のことがらであろう。

二十世紀に入るや鉄道以外の輸送手段さらに電信技術が飛躍的に発展し、非在世界への関心が現実的なものとして高まると共に、その体験が消費として捉えられ始める。もちろん辺境や周縁地の科学的解明も前提となる。「遠方」とはいかないが、その前段を形成する諸活動、たとえば海水浴や森林浴、ハイキング、登山など集住都市では得られぬ自然との新たな接触も次第にその輪を広げていく。

啓蒙期の「グランドツアー」がそうだったように、当初は社会のごく限られた人種がその体験を享受した。貴族の末裔《まつえい》、産業資本家や投資家、飛行家、スポーツ選手、さらに映画スターといった当代のエリートたちがこの体験消費の主役である。彼らが手にしたいものとは非日常的な舞台、その空間と時間であり、そこに「秩序と美、奢侈と平和と快楽」を希求したのである。エリートの活動は社交であり避難所《エルミタージュ》の生活であり、またそれゆえにエリートリゾートには大衆社会的なマーケティングを超越する商業活動も牽引《けんいん》した。今日多くのリゾート地の礎はほぼこの時期、すなわち前世紀前半につくられたといって過言ではない。

異郷性の構築、エリートという知的主体(あるいはルソー的な「高貴な蛮人＝ノーブルサベージ」と言いかえてもいい)、そしてテクノロジーによる新たな快適さがその要諦だ。

五つのカテゴリー

これらリゾートは大きく五つに分類できる。

まず辺境の野性的な自然環境を享受する「ウィルダネスリゾート」、これには僻地や秘境の隠れ家滞在も含まれる。南国楽園イメージもそのひとつだ。より滞在活動に焦点が当たるビレッジ的共同体の避暑・避寒地の「シーズンコミュニティリゾート」がこれに続く。いわゆる別荘群はこのカテゴリーに入る。次に都市の中に象嵌《ぞうがん》され主として社交を目的にした「アーバンリゾート」、初期的にはグランドホテルがその役割を担った。四番目が移動そのものに社交

ウィルダネスリゾート(イビサ島)

シーズンコミュニティリゾート
(ペトロポリス)

アーバンリゾート(LAセント・ジェームズ・クラブ)

や創作、快適滞在機能をもつ「トランスファーリゾート」、舞台は客船や客車が中心だ。最後が「テーマリゾート」という物語性《ナラティブ》をもつリゾートである。

前四者はもともとのエリートリゾートに顕著なタイプである一方、最後の「テーマリゾート」は前世紀後半より爆発的に量産されたコマーシャルリゾートの性格を強くもつ。大衆文化社会の到来とホスピタリティ産業の多角化が生んだものと言える。

物語性の商業化

四者の舞台が辺境であるのか、村であるのか、都会であるのか、移動体であるのかという違いはもちろんあるが、「テーマリゾート」に関しては立地特性や地場資源の活用はあるものの、むしろ力点は舞台というより物語性すなわち体験ソフトに多く負っている。まさしくそのことが量産を可能にし、商業的展開を自由にする所以でもあろう。

トランスファーリゾート（ロイヤル・スコッツマン鉄道）

スポエリによってつくられたマリーナ主体のサントロペのポール・グリモー（ヴェネチア的雰囲気をもつこのマリンリゾートは、整備前のプロモーション段階でコンドミニアムを完売した）、スパやクアハウス主体のバーデンバーデン（この古い保養地は前世紀後半にテーマリゾートとして再生した）、アトラクション体験中心のディズニーリゾート、文化体験重視のバリ島のアマンダリリゾートなどが典型だが、ディベロッパーが確固として存在する場合も多い。その意味では「テーマリゾート」は異郷性と滞在機能をもつＳＣに近いとも言えるだろう。

リゾートは本質的に「何もしないでいられる」「やろうと思えば何でもできる」の両極間の行動振幅をもつ。前者は舞台環境の商業化、後者は活動プログラムの商業化であり、両者をホスピタリティサービスが架橋するのである。

テーマリゾート（ポール・グリモー）

26

リゾートホスピタリティ環境はいかなる原理でつくられるのか？

メンタルな再生産

リゾートは行楽であると言われるが、正確にはそこで物質的な消費とメンタルな再生産、すなわちリフレッシュやリラクゼーションといった体験が価値交換される。別の自分になるという憑《ひょう》依《い》現象、さらに「生まれかわり」の獲得が求められる。これは人間の根源欲求である変身に対する願望にも重なる。単なる行楽や旅行を超え、本質的な「生」の狂言廻し機能をもつがゆえに、リゾートという概念は生きる「拠り所（リゾート）」とも化す。

この憑依を起こさせるものは広義のホスピタリティ、異郷への歓待であり、その舞台となる環境にほかならない。件の環境整備はホスピタリティ・シェノグラフィー（舞台創造）とも呼ばれ

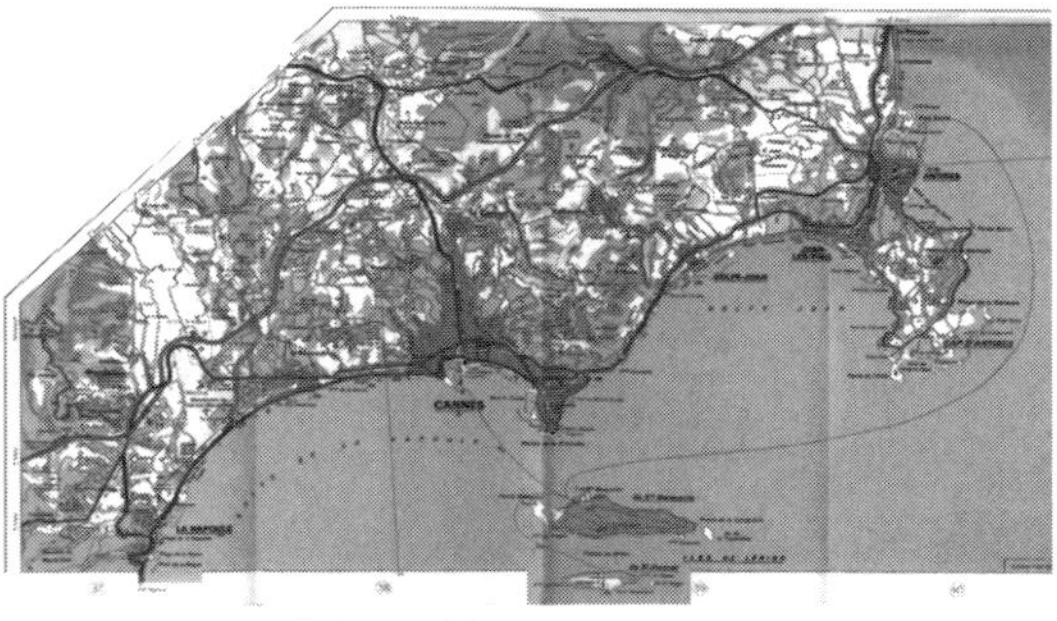

コート・ダジュール地図

る消費の時空間である。いくつかその原理を紹介しよう。

リゾートへのアクセス

リゾートの最初の演出は事前の高揚感の創出だ。リゾートの行為は当地へ行く過程、行く以前の準備段階、いや旅立ちへの着想や感興のときから始まる。

第一段階はメディアによる想像力の拡張である。リゾートへの誘惑には実に美しい、神秘的かつ不思議、それでいて蠱惑《こわく》的で色気のある映画のワンシーンのようなヴィジュアルが動員される。商品のセールスプロモーションと言っていい。これはある意味罠《トラップ》でもあるのだが、すでにそれを見る者はヴァーチャルな異郷体験を脳内で開始する。この中でもツーリスティックな想像力を掻《か》き立てるものが地図だ。地図はここでは地理的な位置関係を把握するという以上に異郷の情報空間を身体化させる道具である。そして実体験とこれらメディア上の体験、アク

サンクチュアリ・コーブ

チュアリティとヴァーチャリティの輻輳《ふくそう》が体験の奥行き創造に寄与する。

次の段階は移動媒体の訴求である。船、飛行機、そしてRVなどのヴィークルの顕在化は旅程への想像力を高めヴァーチャルな体験にリアリティを付与していく。移動欲求の刺激だ。移動媒体の多様性は同時に体験の快楽度も高める。

表象としての自然

異郷の舞台では自然やその要素が表象となって誘惑性に充ちた環境をつくりあげる。この中でランドスケープデザインの役割は大きい。それは自然そのものの表出ではない。場所の自然がもつ資源の活性化であり、無意識的な「見立て」を表現する。リオデジャネイロの海岸線は大きく弧状に海を抱き陸域が山に向かって迫り上がっていくが、これは壮大な野外劇場型ランドスケープだ。当地でのオーシャンビューは劇場観覧ボックス席

マリナ・グランデ(カプリ島)

と類似の概念として「見立て」られる。

幾重もの結界を創造することで自然の重層化を図ったり、親密な自然景観にガゼボやキオスクのような四阿《あずまや》を添景として配置するだけで、人工物、背景の自然双方を美しく際立たせることもできる。これらは自然素材を用いた舞台創造以外の何ものでもない。

リゾートにおいて結界が重要なのは舞台領域を仕切るためでもある。活動の舞台としての自然、景観としての自然、聖域としての自然という自然の多義性の演出にも一役買う。借景手法もそのひとつだ。

サイトファーニチャー

環境開発では大きな部分、全体プランからゾーンレイアウト、造園、建築、インテリアという計画の手続きをふむが、これは供給者・設計者の論理であり、享受者・参加者はごく小さな装

雌雄対のココナッツ（セイシェルズ原産）
ヴィクトリア時代の植物収集・観照の伝統はリゾートに活かされた

ヴェントゥリーニの版画：「ビッケオーラ」噴水（チボリ）
自然要素は表象としてさまざまに「見立て」られ再構築される

飾や家具、物品、手に触れる部分から全体の質を推し量る。サイトオブジェクトを含むサイトファーニチャーいわゆる景観にもなる小物が重要な役割を演じるわけだ。小物の質感はそのリゾートの質感を代弁すると言ってもいい。

良質のリゾートによく見られる藤棚のような緑廊《パーゴラ》では柑橘系を中心に実物《みもの》植物が植栽されるが、これは「食べることができる」という身体的感覚を促進し環境とゲストの距離を近接化するデザインである。また命の根源である水の親密な、ときとして劇的なしつらえも誘惑のデザインの範疇だ。

自然はすべて本物かつ生《なま》の素材で構成されている。人工物の素材的調理は自然との対比・融合のなかで演劇的性格をもって展開されるのである。

アメニティとインテリジェントなホスピタリティ

これらは舞台としての環境創造原理の一端にしかすぎない。

シェラトン・ミラージュのサイトファーニチャー

この舞台の上に魅力的な活動プログラムのシナリオが構築され上質なサービスが提供されることで商品化する。しかし舞台そのものが商品性をもつリゾートではこの環境創造が命運を決するのだ。

「アメニティ」という概念があるが、これは「カムフォート」と異なり公共的な快適さに近い、すなわち個人を超えた心地よさである。だが普遍化できるものではなく、もちろん趣味(ティスト)的な偏向も大いに受ける。新規のアメニティ創造もあるだろう。その徹底性はリゾートでは不可欠である。

それと同時にインテリジェントなホスピタリティも不可欠だ。「客を大事にする」とは「客が大事に考えていることを大事にする」ということであり、このインテリジェンスのあり方が第一級か否かを弁別する。自然が人智を超えたインテリジェンスをもつ実体である以上、それを舞台とするリゾートではインテリジェントな考え方が決定的であることは言うまでもない。

リゾートデザインは体験型商業の祖型モデルでもあるのだ。

Supplementary Note 08

ホスピタリティデザインの原理

自然へのアクセスの多様化、精神衛生の高度化、親密性、既知と未知の組み合わせ、没入感の創造、映画シーンのような道行きは「誘惑のデザイン」における環境ホスピタリティの可視化技術となる

ホスピタリティという非物質的概念の可視化＝「見える化」は、当然のことながら文化土壌や風習によってさまざまな形態をとる。だが一方で多くの共有点も見いだせる。それは見る者に精神的な感興を起こさせる事象、生命感や自然美などの修辞的な訴求になる場合が多い。誘惑のデザイン的展開である。その参照体系はルネサンス以来の庭園創造技法であり、そこに当代の芸術感覚や支援テクノロジーを融合させる試みが典型的に窺える。

ここで紹介するものはそのような範疇のごく一部の事例である。

ミラーボウホテル
テラスでの食器のしつらえから生垣、ホテルの庭園、そして借景としての湖まで、連なる人工的なホスピタリティ景観が創造される

ポリネシアンサンセット
内海と外海、水上コテージスカイラインと遠くの島のシルエットが重層し、パームツリーがそれらにアクセントを与える

巨大なハイアット・リージェンシー・ワイコロワホテル（ハワイ島）は、チェックインゲートから客室まで1キロメートル近い距離があるが、その間を船、トラム、ミュージアムウォークで結びつける演出がなされている

想像力を誘発し記憶を喚起する場をつくる

様式的な正面性、キャノピー、緑、噴水がホスピタリティの記号となる

マーチャントホテルのルーズベルトルームには主(あるじ)であるルーズベルトの趣味のアンビエンスが残されている

ノルマンディー号内の聖象の装飾
遠方憧憬を誘う絵画は「旅」が包含するさまざまな想像力を牽引する

ゲストの目を楽しませるアルコーブ型の噴水庭園(ヴィラ・デステ)

ホテルビブロス中庭のモザイク床

ポール・グリモーのルーフ景観

古構造物の記憶の編入(ホテルチェルボ)

対比を基調とする景観をつくる

非日常的な風景の中でホスピタリティの可視化

均質な雪の大地と多塔式の建物が別種の自然観を創出する（ケベックのデュフェリンテラス）

リオデジャネイロの海岸線は巨大な野外劇場のような地勢を形成する

スポーツカーはリゾート環境の効果的な添景にもなる（ロイヤルハワイアンホテルの前で）

自然の添景として存在するホスピタリティの館（グレイト・バリア・リーフのフォーシーズンズホテル）

自然と人工の取り合わせの妙をつくる

屋外の屋内的調度のしつらえ

ベルエアーホテルのドメスティックな庭園（自然の調理）

ベルエアーホテルのスワンの池

人工自然の重層による借景

バリ島のホスピタリティロビー（アマンダリホテル）

水景の重層化（マウイ島フォーシーズンズホテル）

ソレントの峻烈な人工景観

建物と大樹の組み合わせ（軽井沢）

庭園芸術を援用して環境をつくる

人工テラスと自然の対比

トピアリーアート

庭園内の結節点の創造

結界の演出

モデストな入口（ポジターノのサン・ピエトロホテル）

果物系植栽によるパーゴラ

庭園内のガゼボ

アート化したパルテール庭園

オランジェリ環境の再現

人工テラスと自然の対比

野性的自然の中の水上ガゼボ

海岸のサイトファーニチャー
（チュニジア沿岸）

小物装飾によりアンビエンスをつくる

ホスピタリティの記号

ナポリの望楼テラスのファーニチャー

空間とファーニチャーの
マッチング

マナウスのトロピカルホテルの装飾的サイトファーニチャー

エコカラーによる壁面
（ポール・グリモー）

土着的なサイトファーニチャー

ローカリティの演出とホスピタリティの可視化の融合
（サルジニア島）

花の聖化

装飾によるアンビエンスづくり
（モロッコ・アガディール）

27

自然共生はバラエティに富む

自然言語の多様さは共生の多様さにつながる

我が国ほど自然現象をめぐる言語が豊富な国はない。それは自然の多様性とも対応する。

雨は英語ではレインかシャワーもしくはスプリンクルくらいしかないが、日本では小雨から五月雨、時雨、俄雨《にわかあめ》、涼雨、通り雨、梅雨、寒雨ほか実に八十に近い表現がある。花鳥風月だけではない。歳時記を見ればその言語量に圧倒されるばかりだ。ことばが多種類で数が多いということは文化度に比例する。これは八百万《やおよろず》の神を下敷きに自然の森羅万象——豊穣な恵みと天災の脅威も含め——と折り合い渡り合う生活を二千年以上してきたことからも首肯できる。

自然共生は日本のDNAといっても過言ではない。とすれば共生のバラエティも省エネ技法と同じく多様になるはずだ。

日本人はエコハウスに住んでいて幸せだ、と私はよく外国人から言われた。もちろん伝統的な木造住宅を指す。そこには大地に馴染み、日当たり・風通し・水はけを重視する住まい像がある。縁の下も小屋裏もあるわれわれにとってはごく普通の家だが、自然と対峙《たいじ》してきた欧米文化からすれば特殊に見えるのだろう。

オイコス(Oikos)

ギリシャ語で「オイコス」ということばがある。住まいとか拠点、家計なども意味する。エコの語源だ。これにモノを表す「ノモス」がつくとエコノミーに、ことばを表す「ロゴス」がつくとエコロジーになる。エコノミー(経済)とエコロジー(生態)は同根語であり、最小のエネルギーや負荷で最大の効果を上げるとい

花鳥風月のグラフィズム化。身近なゲームの中にも自然共生イメージが登場する(花札より)。左より「藤に時鳥」「薄に月」「菊に杯」

う点でも一致する。前世紀はエコノミーとエコロジーが競合したが今世紀はその融合を目指そうとはよく言われているが、もともと同類概念なので不思議な感覚を覚えるのは私だけではないだろう。

われわれは人間を自然の一部として考える文化がある。一方、西欧では人間は自然のアウトサイダーであり、人間が自然を管理・調教するというスタンスが顕著だ。あくまで対象物なのだ。彼らにとっては自然と共生することは逆に不思議な感覚をもつのだろう。もっとも鈴木大拙に心酔したジョン・ケージなどもいたが、例外的な存在もしくは禅趣味人として見られていた。

エコノミーがそうであるようにエコロジーは見えない連鎖的なシステムによって成立している。単発独立なものはほとんどない。我が国では生産のための水利を考えるときも自然の水脈を保全しながら行ってきた。この「脈」とは生態のシステムだ。それが悪いわけではないが最近の自然共生は屋上緑化や壁面緑化などで象徴的に語られる。環境負荷低減にはやや寄与するものの本来的なエコロジーとは関係が深いとは言いにくい。

共生と相生《そうせい》

共生という仏教的用語の中には「相生」という互生や寄生、ときとして対生も許容する概念もあると聞く。自然界はむしろこちらの関係性で成立する実像に近い。「共生」はコンセプト・マーチャンダイジングにも似て、社会肯定的価値に依存した偽善的なカムフラージュに陥る危険性ももっている。

自然自体は本来優しいものではない。公平なだけだ。問題はそんな自

日欧の環境文化比較

西欧		日本
人間は自然のアウトサイダー 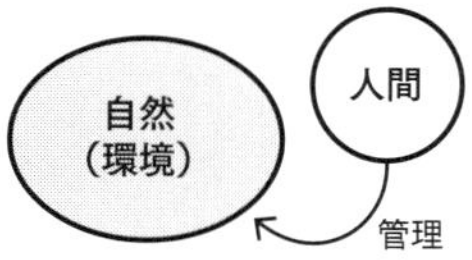	自然／人間の基本的関係に対する認識	人間は自然の部分 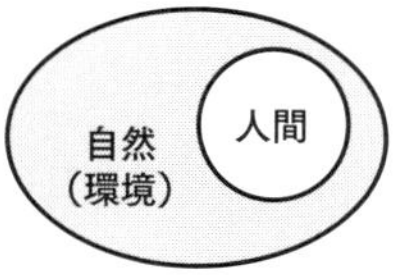
自然との遮断（と連結）による生活運営 自然はあらゆる意味で対象物	生活と自然	自然と折り合いをつける生活運営 自然の恵みと脅威の間に包含された文明
産業革命によって都市基盤を改造し、近現代都市へ	都市基盤	産業革命以前に都市基盤・農地基盤がほとんど成立（アジアの諸都市との決定的違い）
比較的単純で均質（ときとして過酷）な自然	地誌的自然	多様性をもつ自然、しかし一方で多種な天災の存在（珊瑚礁から流氷まで四季をもつモンスーン気候の島国）
特権化された聖書の楽園（エデン） ↓ ライトモチーフは人物	自然観の下地	八百万の神（神道）・無辺際の自然言語・花鳥風月 ↓ ライトモチーフは風景
システム・ヒエラルキー的な合理主義 ↓ マクロな環境技術開発・権利開発ビジネスの優位性	自然への対処と環境技術特性	ブリコラージュ的な創意工夫 ↓ 在来的な環境技術の圧倒的な蓄積

然と人間諸活動をつなぐ関係性に収斂《しゅうれん》する。それは見てくれだけでは対処できない。また逆に生産的な関係性の構築ができるのであれば、共生は多様さを帯び共利共生の道も開けてくるだろう。

ここで重要なことは「環境」をどのプラットホームで捉えるかということだ。プラットホームは三つしかない。人間身体という環境、生活圏・都市圏という活動環境、そして地球環境である。それぞれの価値は明らかだ。健康と安心、自足循環社会、そして生物多様性の保全と脱石油化である。この獲得目標に応じて立ち現れる「共生」ないしは「相生」の環境施策が第一義なのだ。

商業の自然共生

では商業施設、商業環境としての自然共生というのはどのようなものなのか？

残念ながら自然共生イメージは打ち出せても、これらだけで自然共生をなし得るというのは実際かなり難しい。商業は生産から流通、そして消費、さらに分解やエミッションといった大きなサイクルがあり、そこに総合的かつ革新的に手をつけなければどうしてもコンセプト・マーチャンダイジングの領域を迷走してしまう。

木調や廃材や紙のインテリアは単なるVMDにしか過ぎない。地産地消型店舗、オーガニックカフェやスローフードレストラン、リサイクルショップ、園芸店のような商材そのものに自然共生の種があるものは実はそれほど多くはない。店舗販売活動以外のフェアトレードや環境回復の試行も重要だが効果のパフォーマンスが計りにくい。むしろゼロエミッションショップ的な小さな営為やリユース主義が拡大し常識化すれば力にはなるだろう。省エネはもちろん前提だ。

だが冒頭に記したように我が国のもつ伝統的な環境アドバンテージはかなりある。その大胆な編入と展開が待ち望まれるところだ。

廃材プロダクトの
ニューデザイン
（再生プロダクト展より）

28 癒やしの多元化・多様化・商業化は止まらない

癒やしの現在

ストレスからの解放という動機をもつ「癒やし」は際限なく多元化・多様化している。それは現代社会が恒常的なストレス社会であるからだ。そのニーズもあり癒やしの産業化・商業化は歯止めがない。リゾート、アロマ、リフレクソロジー、タラソテラピー、音楽療法、ハーブ、気功、ヨーガ、アニマルエンカウンター、パワースポット、そして食やゲームですらその範疇《はんちゅう》に入る。いやおよそ世の中で営まれる事象は「癒やし」の文脈で読み替えることができる。

もともと癒やしは宗教的技法あるいは社会的技法として成立していたとも言われている。前者の典型が解脱と悪魔払いであり、後者は疎外者の共同体復帰の手続きと結果として考えられた。いずれも心的ストレスからの解放が重要視される。その意味からすれば、現代社会の癒やしは広義の癒やしであろうが、「広義」ということばが意味をなくすほど拡散しているのが実情だ。

面白いのは我が国の場合、高度経済成長を達成し生活の豊かさを享受し始めた時期から、癒やしが徐々に社会的にも商業的にもテーマ化されてきたことである。裏を返せば、物質的に豊かな社会は日常的なストレスや病を増進した。これは「豊かさ」に対する疑義という問題提起でもある。心の豊かさやコト志向を唱道したからといって拙速に解決できるものではない。

ヒーリングキャンプ

1990年に私はXEBEC（現TOA）の「ヒーリングキャンプ」という巡回イベント空間の創造を経験したことがあ

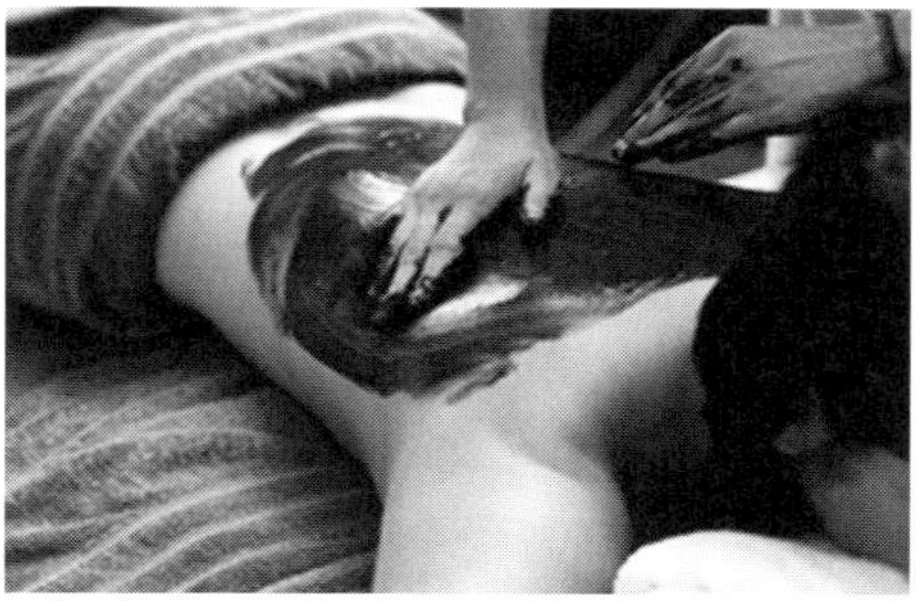

タラソテラピー

る(プロデューサー＝田中宗隆)。癒やしが社会的に流行《はや》る少し前の時期だ。

ここでは実際の芝生ロットで床を貼り、布や膜で屋外的な記憶をもつ空間を屋内につくった。その膜をスクリーンにし、色彩と形象が変化する映像、効果照明、そして藤枝守によるミニマル的な音楽を流すというもので、仮設的かつ可搬的な癒やしの野営地を創造した。

非日常的な環境と音に包含される体験は半睡状態を体験者にもたらし、それがメンタルな自由度を拡張し、結果的に解放されるということがよくわかる。とくに音あるいは聴覚的な要素は非常に重要だ。トリップ現象はこうした環境と音の組み合わせでいとも容易《たやす》く実現できるのだろう。リオのサンバの太鼓、ラマダン時のコーラン、闇夜とキノコとガムラン音楽の取り合わ

ヒーリングキャンプ

せなどの事例はいくらでもある。逆に言えば、それほど人間は環境によってメンタルに揺れ動く。そしてこれらは巨視的に見れば「癒やし」のプロトコルなのである。

通過儀礼としての「浴」

「浴」もまた包含される体験だ。冒頭に述べた宗教的な癒やしの行為では斎戒沐浴などはそれに近いし、ガンジス川浴をはじめ世界各地にこうした行為はある種神聖な通過儀礼として社会化されている。それは一種の身体的・心的な浄化であり、とくに水を媒体としたものは、羊水といった母胎回帰の類推性も牽《けん》引《いん》する。日光浴も森林浴も温泉浴も自然に包含される意味では同じだと言っていい。

「浴」体験は初期的には十九世紀、その後二十世紀に産業化される。それ以前では貴族階級が私的に私設の空間で展開していた。もちろん古代ローマの浴場にも片鱗《へんりん》はある。ローマ郊外チ

ガンジス川の水浴

ボリのハドリアヌス別邸の廃墟には、中心に円形の列柱で囲まれた「海の劇場」という施設と周囲にテルメ（浴室）空間群が配置されている。劇場はテアトロともいうが、これは「テオリ」と近接した概念でもあり、「テオリ」は瞑想《めいそう》あるいは観照の意味作用をもっている。浴と瞑想がここでは融合するわけだ。

しかし一般の公衆浴場は「浴」行為もさることながら、公共的なコミュニケーション空間でもあった。それは我が国の銭湯も同じである（かつての銭湯は上階に多様な娯楽・コミュニケーション空間をもつ）。また仏閣のような玄関の構えはそこが「極楽」であることを暗示的に示し、平俗な解脱的空間・社会的な切り換え空間であることを語っている。

生命に触れる癒やし

癒やしはストレスからの解放と同時に健康や療養（セラピー）、ときには美容と直結した形で商業化される。そんな施設環境が

ハドリアヌスの別邸（ヴィラ・アドリアーナ）
ルイジ・カニーナによる復元平面と中心にある「海の劇場」の廃墟

包含体験を重視し、いささか宗教的な気配を漂わせていることも故なきことではない。非日常性がここでも重要になる。

買い物も癒やしであると言われる。あるいはひやかしだけでもいい。ストレス解消やガスぬきもあるのだろう。購入という行為の喜びが癒やしを刺激するのである。その環境も多彩な商品に包含されたグレードアップされた快適な店ならなお効果的である。SCへの臨場感にもそんなことがらは指摘できそうだ。快適な非日常性がやはりそこにあるといい。

人間の癒やしの根源は、他の生命《いのち》に触れることである。自然、ガーデニング、動物、そして家族や友人。モノである商品も生命をもつ。旬な商品も本物の商品もそうだ。商品が生きている。フェイクのものはいくら多様さを集積しても生命はもたない。

だがそれらは転じてストレスの根源にも豹変《ひょうへん》する場合もある。癒やしの時空間をどれだけ持続的に、かつコントローラブルにし得るかが求められるのだろう。そこにまた新たな商業化が入り込む可能性もあるのだ。

癒やしとしての買い物

29 複数のツーリズムは世界をメディア化する

文化はツーリズムの生命線だ

世界のツーリズム産業経済は世界の軍事産業経済の数倍とも言われる。これには旅行業、ホテル業、運送業だけでなく、観光メディア産業や商業も含めた観光地経済も入る。

ツーリズムは基本的に異質の文化を経験する、という動機が根幹にある。同時に、移動、学習、変身という人間の根源欲求を直接的に充たす行為だ。最も単純な旅行をとりあげてみても、視察や研修といった特別のものを除けば、人は他国や他郷の政治や経済を体験しに行くわけではない。文化を体験しに行くのである。たとえば欧州の都市観光をする場合でもわれわれは旧市街の都心を観光し、よほどのことがない限り新市街――往々

ツーリズムモチベーションを誘う情報（パリ空港誌のエディアールの紹介）

にして旧市街の周縁部にニュータウンとしてつくられる――には足を運ばない。文化の集積、歴史や記憶のもつ空気を体感することに喜びを見いだすからだ。

ひるがえって考えれば、SCを含めた商業集積地が都市観光の拠点や名所となるためには、文化がそこに存在することが必要となる理由でもある。

観光競争力

世界の国の観光競争力を指標化する試みも多い。これらは研究機関や雑誌メディアが調査するもので結構バラツキもあるのだが、何に注目するかという尺度に関しては似たようなものが並ぶ。

基本はその国の観光政策、国際空港の整備状況

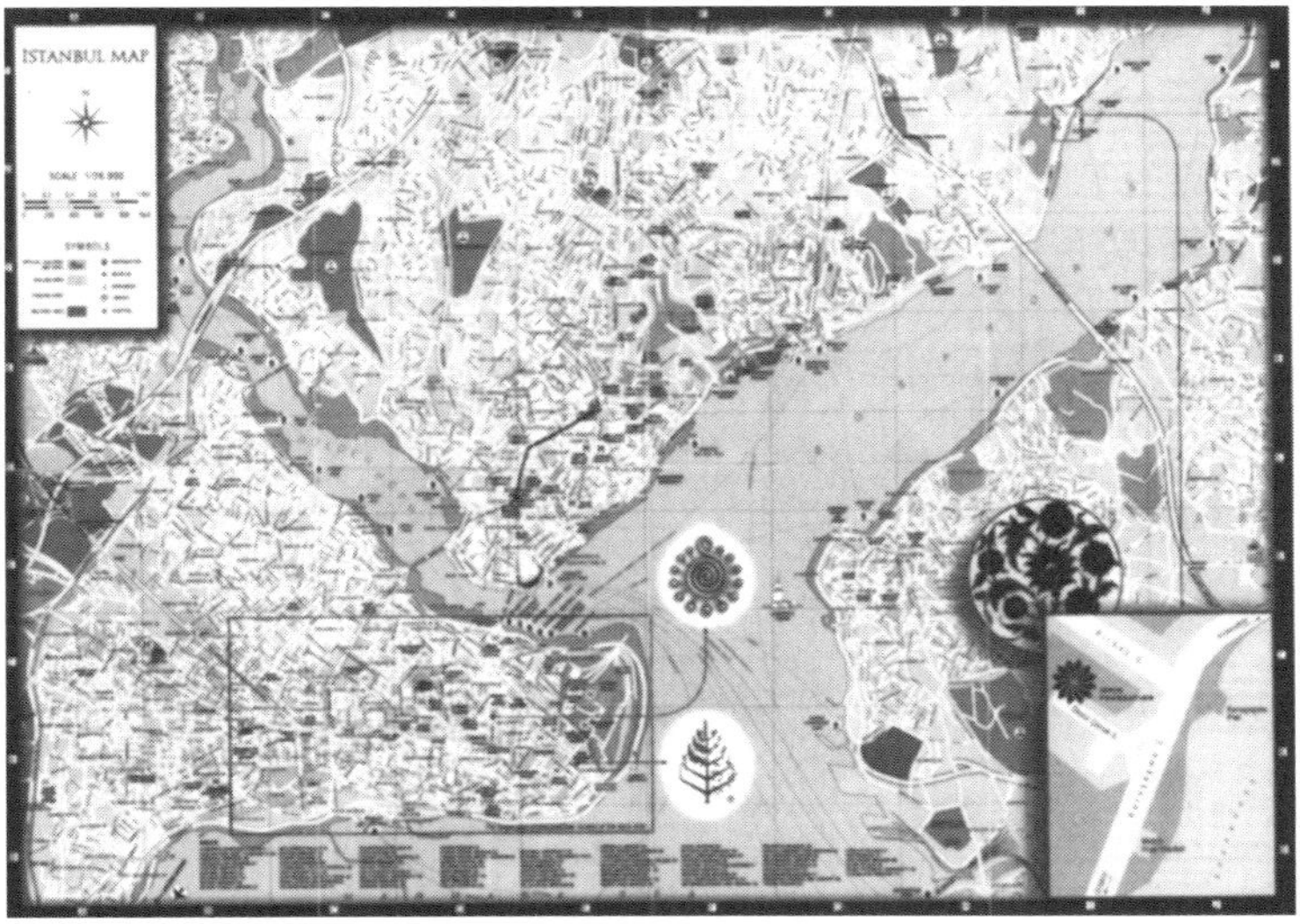

イスタンブールのツーリストマップ

（安全度や機能性から離発着数、空港アメニティ、市街へのアクセシビリティなど）、観光滞在や移動の価格競争力、国内交通網の整備状況、ホスピタリティの質を担う人材、もちろん文化集積の状況なども入る。こうした基準からすると年変動はあるが、だいたいスイスやオーストリア、ドイツなど欧州諸国の得点が高い。アジアでは香港が上位であり、日本は15年の世界経済フォーラムでのランキングで初めて9位になった。都市単独になると国とは別の状況になる。しかし政策、移動環境、価格、人といった基準は、国のレベルだけではなく、都市や地域あるいは地区といった縮小したエリアでも適用できそうだ。

ラ・ヴィレットの産業科学都市

パリは観光のメッカだがその北東部、環状線に近いところにラ・ヴィレット（「小さいヴィル（街）」の意味もある）という地区がある。もともとは食肉市場があった地区で１９７０年代より文化環境転用として再開発された55ヘクタールくらいの場所である。２０１５年シンフォニーホールなども整備されたが、最初は「産業科学都市」という球体シアターをもつ16万平方メートル有余の巨大な科学館が整備され、その後にユニークな公園、イベントホールや「音楽都市」(劇場、音楽院、音楽博物館)、プレイランドがつくられた。晩夏には定例のジャズフェスティバルも催される。一般的な観光地ではないが、パリ周辺部からフランス国内、さらに欧州他国からの来訪者は多い。

「Le Plaisir de Comprendre(理解することの喜び)」をキャッチとしたこの「産業科学都市」はいわゆる第三世代科学館とも呼ばれているが、子どもたちの数日のキャンプインプログラムをもっている。いわば科学を中心にしたニューツーリズムのようなものだ。他の文化施設とネットワークを結び、合わせて都市観光も行う。そして施設は科学のみならず、科学と人間の関係性を示唆するツーリストセンターにもなる。課外授業の体験の質は我が国とはレベルが違うほど広く深い。そして周知のようにフラ

ラ・ヴィレットの
産業科学都市

ンスでは科学は「文化」である。

その意味からすると美術館はファインアートを、博物館は文物を、百貨店やＳＣは商品を、ニューツーリズムの起爆剤として都市観光や地域観光につなげることができる。

ツーリズムの複数化

近年、観光によって部外者の蹂躙《じゅうりん》を受ける場合も深刻化した。登山の極地法のように、莫大《ばくだい》な浪費と本来の環境の荒廃を促進する場面だ。マスツーリズムへの批判からのオルタナティブツーリズム、すなわち地場との共生や資源のサステイナビリティ（持続性）を重視し、新たなつながりによる価値創造をもたらそうとする動きはそんな状況が招来したものでもある。アグリツーリズム、エコツーリズム、グリーンツーリズム、ヘルスツーリズムすべてそうだ。

ここではマスメディアの役割は重要である。テレビ放映され

アグリツーリズム（イタリア・ピエモンテ州ランゲ・ロエロ地方のワイナリー）

るとその場所、その店に異様に人だかりができ、すぐに潮が引くようにいなくなる。結果は場所や店が劣化変質し、元の価値も失う事態はざらにある。しかし公知されなければ知られることもない。公知の方法論が問われているのだ。もうひとつ、滞在性もキーとなる。一定の時間消費をしない限り体験は厚みをもたない。療養的なものは別にして、欧州の場合だと急ぎの観光でも同じ場所に最低4泊と言われている。

人間の興味対象は多様さを極める。その数だけツーリズムも存在する。これからさらに増加するだろう。根源欲求には限界線がない。そして複数のツーリズムが多層化されたものが「世界」イメージとなる。その多層化された「世界」はまたメディアとも化す。なぜなら世界は探訪するものであるとともに、それへの知見はわれわれが自己開発的に生きる活動媒体としての色を濃くしていくからである。

チュニスのメディナ
北アフリカのメディナは旧市街を指し、旧城塞地区(カスバ)を含む。大規模な常設市場であるスークともどもアラブ/イスラム世界における生活文化が集約された都市中心であり、ツーリズムの要衝ともなっている

30 商業的特区は近代都市計画の破格か？

特区はカンフル剤である

特区ということばはよく登場する。特別行政区のことだが、国家戦略特区や再生特区、復興特区など溢れている。通常、ゾーンに指定された区域には特例措置が設けられる。制度や規制、ルール変更もあるが、さまざまな優遇措置がとられることが多い。なぜなら直接的、間接的に経済のカンフル剤的役割を担わされるからだ。

中国には経済特区（SEZ）が多数ある。香港やマカオ、それに隣接する深圳、珠海、海南市などもそうで、我が国もそれにならって2000年代特区を量産した。世界を見渡してもいろいろな形の特区がある。イギリスサッチャー政権のエンタープライズゾーン、UAE（アラブ首長国連邦）のジュベル・アリ・フリーゾーン、ロシアのバルト海沿岸の港町カリーニングラード地区、フィリピンのルソン島クラーク特区、それに北朝鮮の羅《ラ》先《ソン》特別市などはよく知られている。保税、免税、優遇税制、労働雇用に関する特別措置が基本だ。

しかし特区と言わないまでも特区的な網掛け行政は限りない。

近代都市計画と特区

近代＝現代都市づくりの定番というものがある。道路や運河や輸送網さらに上下水道など循環系の社会資本（インフラ）整備、ゾーニングに代表される地域地区制度、学校・病院等教育・医療施設の配置、それに公園整備や緑道網の敷設などである。もちろん副次的に地区計画や景観・文化遺産保全、諸ガイドラインなど多種多様な規制・誘導も付随する。これらは安全で利便かつ快適な都市生活の場をつくるとともに、生産基盤として都市を機能化しようと目論まれていることは言うまでもない。

再び臨床的な比喩を使うなら、特区というものはやはりカンフルのように代謝機能を高める興奮剤といった内科施術なのである。それは地政学的な、あるいは都市形成系譜学的な要因によって区域が特定されるという意味では破格的な性格をもっている。

一方、都市は非合法的で自生的な特区?も生む。不法占拠地区などが代表だ。規模も大小さまざまである。行政とは相いれない、そして合法的な治外法権地区とも異質なそれらは、近代都市計画上は病的な破格として考えられた。

文化の孵化《ふか》器ともなる商業的特区

特区はそのゾーンの規模からいって、商業や貿易に特化するものを超えた複合的様相を呈するようになる。多くは未来都市志向で経済的活気は出るのだろうが、都市文化的特徴を際立たせるものは少ない。それに対してよりイメージインパクトの強い「文化=商業特区」的なものはないだろうか。商業特化されてはいないが、かつての「租界」にはある種文化的雰囲気を漂わせるものがあった。おそらく世界文化遺産に登録されている街などはさしずめそのイメージに近いものなのだろう。

ここで日本の二つの特区的なものを見てみよう。

ひとつは長崎の出島である。1634年に築造された1・5ヘクタール(サッカーコート2面分)ほどの扇形の地区で、鎖国期オランダ貿易の先端的な貿易場である。一般的な商業界隈《かいわい》とはいかないが、出入り規制をもつきわめてユニークな都市空間であり蘭学の情報拠点であったことは周知のものだ。シーボルト、ケンペル、ツンベルクといった博学系医師によって文化交流もなされ、また『日本誌』などによって日本の情報発信にも大いなる貢献をした。

もうひとつは吉原である。もともとの吉原は日本橋葺屋町近

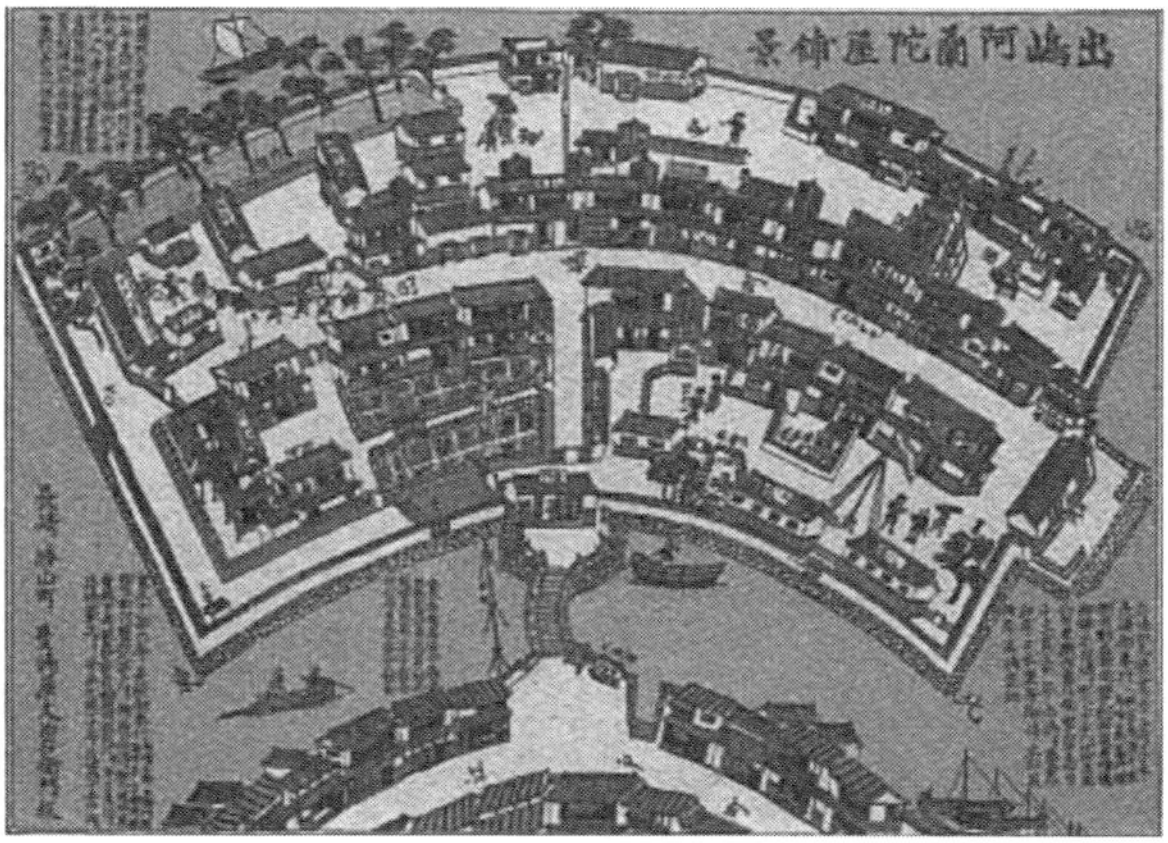

出島

傍の地（現在の人形町）だったが、明暦の大火の後、新吉原として浅草観音裏日本堤に移設される。当時は日に千両売り上げる遊郭であり、歌舞伎や浄瑠璃、踊りとも相乗しファッションの発信地でもあった。エリアは最盛期は7ヘクタール近くに及ぶ。合祀《ごうし》された吉原神社のみならず、「土手」（日本堤のこと）、「見返り柳」、「衣紋坂」、そして「首尾の松と山谷堀」などの名所も生んだ。「ヨシワラ」の名は海外でも映画の中で何度か登場する。

　これら商業活動をもつ特区的な場所は社交場であり文化発信基地ともなり、かつ歴史にも刻まれた。無論、江戸期徳川為政下という特殊条件はあっただろう。こうした色合いをもつ特殊な地区というのは現代社会では少ない。

吉原（大門）

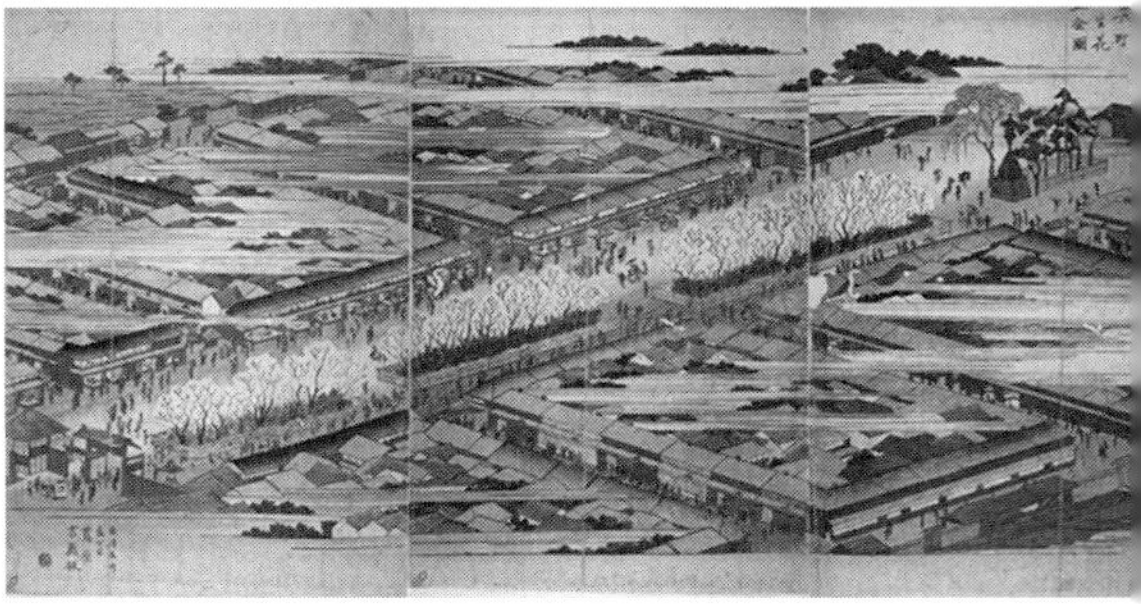
吉原（日本堤）

特区的な都市創造

開発・運営が単一主体であるならテーマパークは商業的特区なのだろう。自ら公共領域といって憚《はばか》らないディズニーランドもそうだ。官制の主体ではその地区に突出した観光資源などがなければなかなか難しい。「仕切り」問題もある。しかしそんなテーマタウンが都市内にあれば——つまり「都市のなかの都市」——人流の活性化も促進でき、街体験を特別なものにするだろう。

個人的な体験では、ブエノスアイレスのボカ地区のカミニートエリア（ボカ出身の画家マルティンや詩人フィリベルが共和国を喧伝《けんでん》しようとしたタンゴの発祥地）などは素晴らしい。自生的で美しい港町風情を残す特区的なところだ。物理的仕切りはないが、イメージ的には近くのセントロ（都心部）とは仕切られている。繁華街ほどではないが商業的活性化もある。マラドーナなどの人材も輩出した。無機質な制度的枠組とは異なり、場所性をもった芸術活動は特区的なもののトリガーにもなると言えそうだ。

ボカ地区（ブエノスアイレス）

31

環境未来の見通しはどのようなものなのか？

温暖化を身体化する

レイチェル・カーソンが『沈黙の春』を上梓《じょうし》したのが1962年、その後ローマクラブでの「成長の限界」宣言が72年、さまざまな警鐘が鳴らされ始めてすでに半世紀前後経過したにもかかわらず、環境は危機の度合いを「持続的に」高めている。そして世界の人口増加は1日約22万人のペースだ。

IPCC（気候変動の政府間パネル）の報告によれば、1880年（明治13年）〜2012年（平成24年）で世界の平均気温は0・85℃上昇し、2100年には最大4・8℃上昇する見込みだ。今世紀末までに1℃上昇すると極端な異常気象現象が生起し、2℃上昇すると食料減産する。3℃上昇で生物多様性が崩壊し、

4℃上昇で食料安全保障問題に多大な影響を与える――つまり宗教でも思想でもなく、水と食料確保のために各地で戦争が起こる。現在、世界はこの上昇を2℃未満に抑える方策を実施化している状況である。

温暖化はオゾン層の破壊、酸性雨、砂漠化も引き起こす。この原因はさまざまな温室効果ガス――ほぼCO_2と特定された――であり、人間活動の低炭素化、運輸や建設、開発のLC(ライフサイクル)的視点でのCO_2排出抑制、CCS(回収・貯留技術)などCO_2の固定、それに土壌や緑化による自然被膜率の増進が求められる。

異常気象はこのところ頻繁に見られ、われわれの生活や体調にダイレクトに影響を及ぼす。しかし環境未来は統計学的データとしてはわかるが身体的実感はうすい。ヴィジョン展開も難しい。環境に経済格差問題や人口問題ほかの要因も入ってくるため、温暖化を身体化し解決への実施に向け行動する難易度も高まる。最も怖いのは試みの難航のなかでの麻痺《まひ》状況とあきらめだ。

エコ宣言

２００５年に愛知で開催された「愛・地球博」は地球環境問題をテーマにしたものだった。「エコ宣言」がその中にある。①環境影響評価書に示した保全措置の実施、②自然環境に配慮した会場計画の策定、③循環型社会のための先進的な技術の導入、④３Ｒ（リデュース、リユース、リサイクル）の積極的導入、⑤環境負荷の少ない交通手段の利用促進、そして⑥楽しみながら学ぶ機会の提供、の六項目であり万博期間中実施された。

これらは商業施設や業務施設を含む民生領域でも適用可能なものも多いが、しかし世界トップクラスの省エネ効率をもつ我が国でも、この領域のエネルギー消費は増えている。床面積の増大にともなう設備負荷増大が最大の原因である。

人間の活動領域の拡大、活動量の増大は否定すべきものではないのだろうが、すべての原因はそこにあるとも言える。つまり先進国でも「成長」神話の維持が自動化されてしまっている。

愛・地球博のIMTS
（インテリジェント・マルチモード・
トランジット・システム）

エネルギーと環境

エネルギーと環境は密接な関係があるが、それぞれは独立した領域を形成する。低炭素化、再生可能エネルギー、省エネは重なる重要部分だ。おそらく今後の都市複合体やSCなどの創造で意識されなければならないところだろう。

都市レベルでは、エネルギーマネジメントの基盤を生かしたディマンドリスポンス(DR)型環境を創造することがこれからは求められる。ロス低減である。すでに横浜市、豊田市、京阪奈学園都市、北九州市などDR都市も登場している。

再生可能エネルギー率は我が国はまだかなり低い。スペインの39・5%、ドイツの24・1%などと比べ日本は10・7%(水力を除けば2・2%)の状況である。だがその中で二次エネルギー源ではあるが、水素エネルギーの開発には意欲的だ。この電線のいらない可搬的なエネルギー領域では、すでにトヨタ、ホンダは自動車開発をし、東京都は水素社会化を推進しようとしてい

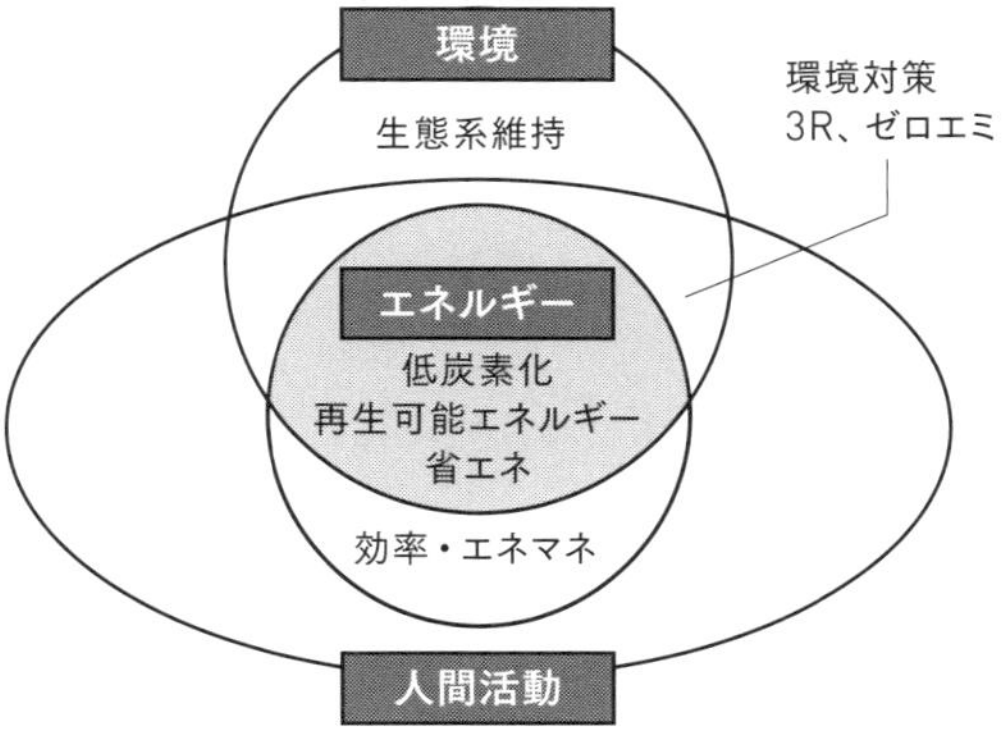

エネルギーと環境の関係

る。オリンピックでの発信ネタのひとつである。しかし現実的には水素社会が社会システムとして稼働するのは2040年以降にしかならない予測も立てられている。

エネルギーと環境を相乗して施設や都市をつくる試みも多い。アリゾナの「バイオスフィアⅡ」や現在進行中のバルセロナ東部広域開発、計画転換を余儀なくされたアブダビの「マスダール計画」などで環境未来の都市像の片鱗《へんりん》をうかがい知ることができるかもしれない。

環境コミュニケーション

「エコ宣言」の最後の「楽しみながら学ぶ機会」とは市民の意識革命を促す項目でもある。万博時はエコマネーや自然学校、エコツアーなどが実施されたが、環境への問題意識を身体化する試みであり、環境コミュ

バイオスフィアⅡ（アリゾナ）

ニケーションと呼ばれる範疇《はんちゅう》のものだ。

環境コミュニケーションの基本は、不可視の環境の「見える化」である。PM2・5や放射線などの汚染もCO_2も見えない。環境負荷低減も実際には見えない。それを共通の認識や議論の地盤にのせる行為は不可欠であろう。情報工学技術がここでは生きる。

端緒は絵本でもいい。フランソワ・ミシェルの『エコロジー、小さな一歩』というマンガ風絵本は実に巧みに日常感覚で環境問題を可視化し、楽しみながら学べる啓蒙書になっている。路傍の花や石から地球環境さらには宇宙創生をひとつの感性で見ることのできる力、その中に日々の営みの意味を察し、人類共通の難局打開を不断に実行する胆力が、現代を生きるわれわれに求められているのである。

エコロジーの絵本

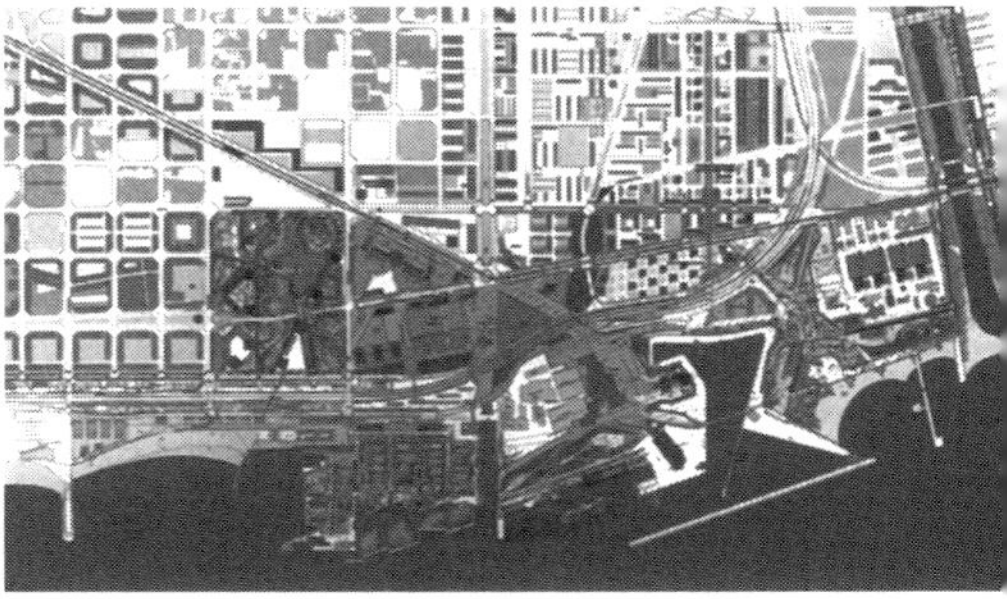
バルセロナ持続再生都市

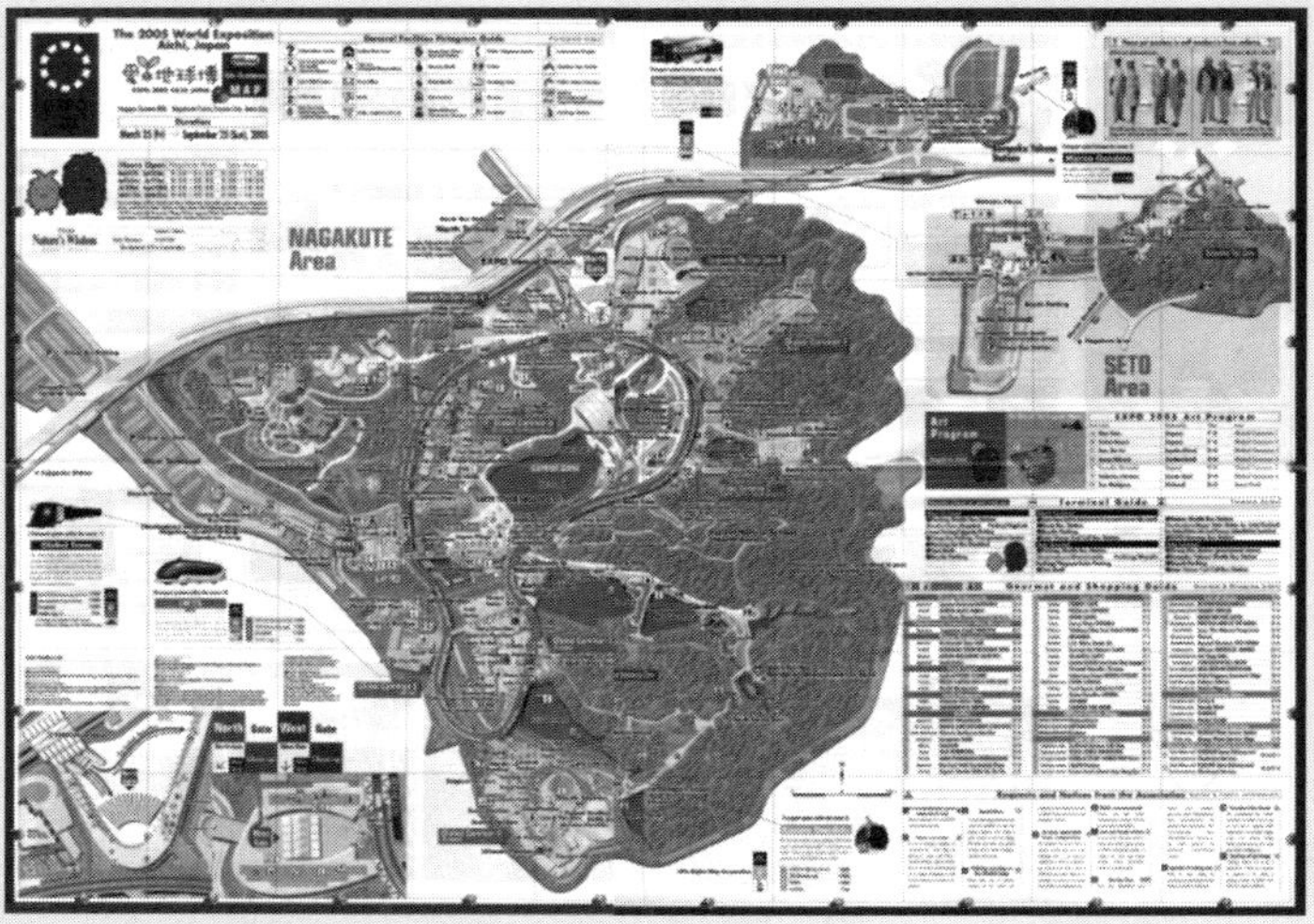

愛・地球博の会場図（長久手会場と瀬戸会場）
——長久手会場はグローバルループによって遊歩循環できる

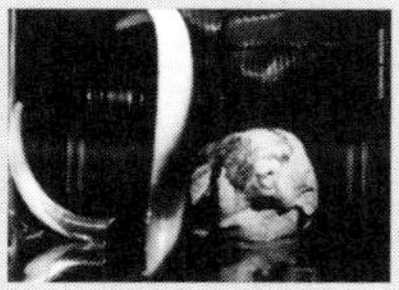

マンモスの化石（グローバルハウス）

Supplementary Note 09

環境万博での実験

今世紀の万博はほとんど環境万博としての性格を色濃くもっているものだとも言える。なぜなら環境問題が地球規模かつ人類共通の課題のなかで突出しているためでもある。１９９０年代の総会でＢＩＥ（国際博覧会事務局）は、そのような課題に世界の叡智を集め取り組み、解決の道を模索する舞台が21世紀の万博のあり方であることを決議した。

２００５年の愛知は「自然の叡智」というテーマの下、地球環境問題を包括的に扱った。２００８年のサラゴサでは「水と持続性」、２０１０年上海は「ベターシティ、ベターライフ」、２０１２年麗《ヨ》水《ス》は「生きている大洋と海岸線」、２０１５年ミラノは「地球に食料

バイオラング（壁面緑化ショーケース）

360度球体映像「地球の部屋」
（長久手日本館）

トヨタのパートナーロボット
（トヨタ館）

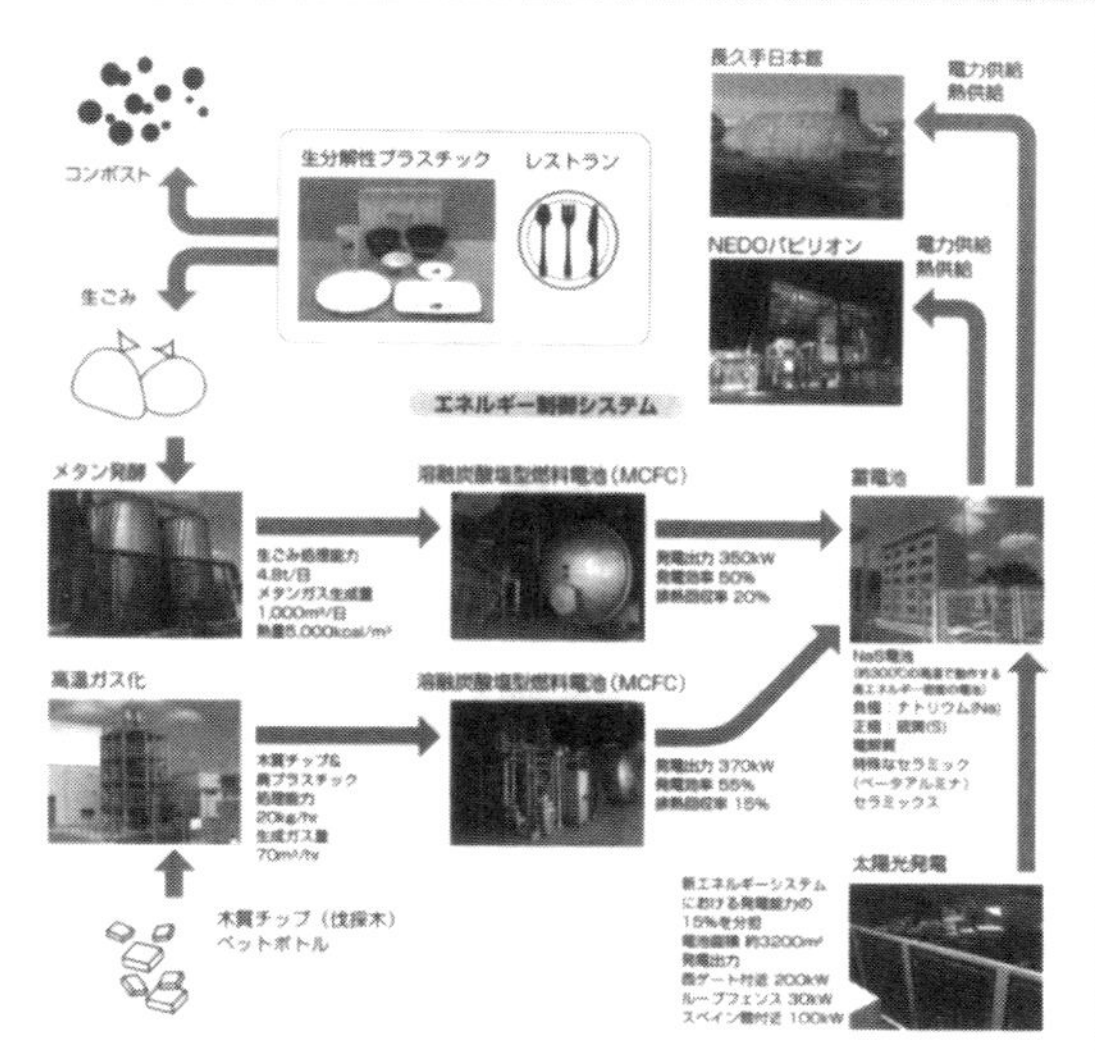

会場で実験された循環型新エネルギーシステム

100％新エネ稼動、竹ケージで包まれた二重被膜の長久手日本館

ジオパワーとソーラーチムニー、バイオカーテンウォールをもつ瀬戸日本館

を、生命にエネルギーを」というテーマで、それぞれ環境要素である水や海、その舞台である都市や自然、身体環境や地球環境に直結する食やその生産問題を深耕した。

2017年はカザフスタンの首都アスタナで「未来のエネルギー」をテーマに万博が開かれる。エネルギーテーマとしては、1982年ノックスヴィル万博が古く、またテーマパークではディズニーワールドEPCOTセンターのエクソンパビリオンがエネルギーの素晴らしいアトラクションを展開している。エネルギー問題は環境問題にも匹敵する人類的課題にほかならない。

上海万博日本館

愛・地球博両日本館の環境要素技術

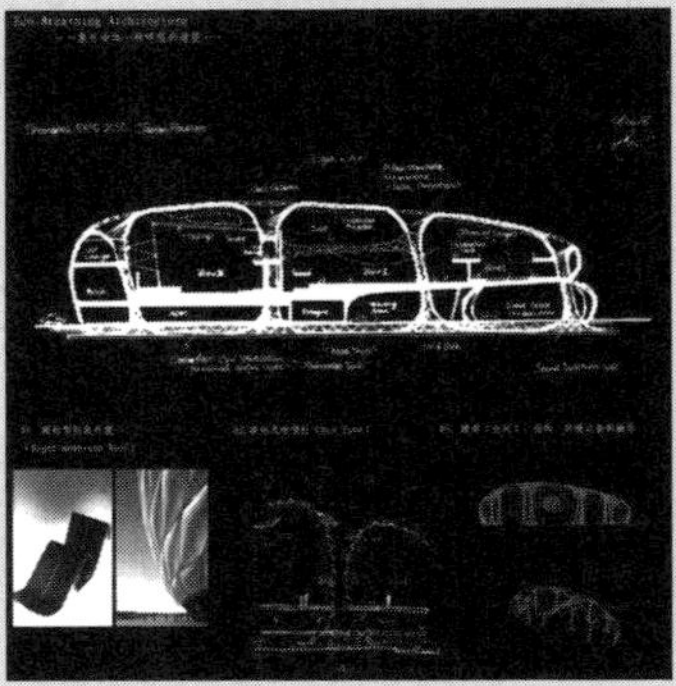

上海万博日本館の環境メカニズム

(上)愛・地球博日本館(2005)と(下)上海万博日本館(2010)

サラゴサ万博(2008)の水滴をもとにしたマスコット、フルービー(Fluvi)

麗水(ヨス)万博(2012)の会場図

「未来のエネルギー」がテーマのアスタナ万博(2017)。
左下は80Mの直径をもつ球体のカザフスタン館

「エネルギー」がテーマのノックスヴィル万博会場(1982)

ノックスヴィル万博
日本館入口

EPCOTセンターのエクソン館
(「エネルギーの宇宙」がテーマ)

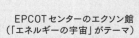

32 カタストロフとの遭遇で求められるものは

ハザードとディザスター

「災害は危機が脆弱性《ぜいじゃく》と出会うことで起こる」という有名なフレーズがある。原語では危機は「ハザード」、災害は「ディザスター」だ。

危機は地震や津波、高潮、火災、干ばつ、台風、豪雨・豪雪といった天変地異を想起させる自然のものばかりでなく、人工的なものすなわち事故、暴動、テロ、そして戦争、さらには市場崩壊なども含まれる。「脆弱性」のない社会、都市、施設、そして人間の集団形態であれば理屈上は災害にはならないが、それは不可能なことがらに近い。

9・11テロのグランドゼロ

カタストロフとの遭遇で求められる順位

東日本大震災が起こったとき、ＳＣが避難所かつ物資提供の場として機能したこともあった。カタストロフ（破局的大変動）との遭遇で何が基本的に求められるのか？

第一が情報の徹底した公開・告知そして的確な誘導である。今何が起こっているのか、これから何が起こり得るのか、今から何をすべきなのか、そのことを知るのがすべてだ。この行為がなければパニックがパニックを誘発し混乱を助長する。第二が緊急医療と一時避難スペースの確保、これはカタストロフ遭遇の直後でなければ意味がない。第三が水と食料の供給・確保である。水は緊急医療にも直結する。第四がエネルギーの確保であり、動力源や電源がなければ立ちゆかなくなる事態が食料確保の次にくる。そして第五が感染医療だ。カタストロフ生起後の環境は瞬く間に衛生が悪化する。人間を第一に考えた場合には感染問題はきわめて深刻な状況を招来する。

東日本大震災の津波

情報公開では即時的に情報拠点の仮設が不可欠であり、段階過程でも公開・告知の徹底性は不断に行わなければ罹災《りさい》地は機能不全を起こすことは言うまでもない。

ＳＣにおけるシミュレーション

これを社会的拠点として考えたＳＣに置き換えて考えるとどうなるだろうか。

ＳＣが情報拠点になるには外界メディアと緊密かつ強いネットワークを日頃から結んでいなければ機能しない。またＳＣ環境内あるいは周辺地域への確実な情報伝達を行えるシステムがなければ同様に機能しない。日常的な放送回線の非常転用やＩＴＶの状況伝達機能への転用なども求められる。その意味ではインターネット放送局も含むメディア拠点を常設していることが重要だ。そして最も重要なのがそれを統御する人材であり、また消防署を含む外部防災機関との円滑なコミュニケーションである。

緊急医療、感染医療に関しては、SCが救護センター以上の機能を所有しなければ外部依存にならざるを得ない。しかし「病院と合体したSC」がつくれるなら、問題は解決の道を見つけやすくなる。

水・食料は店舗集合であるSCにとっては有利な点も多い。しかしカタストロフのような有事では備蓄がなければすぐに行き詰まる。物資供給に関しても、有事の際のオペレーションコードがなければ結局役に立たない部分も多くなる。防災訓練を超えた事態が予測不能に勃発するのがカタストロフなのだ。

エネルギーに関しては基本的に送電系は期待できない。自家発電はもちろん重要だが、長期化した場合には限界がある。この点では新エネルギーでもある水素と燃料電池によるエネルギー供給はきわめて現実的で、船での輸送もできる。もしSCが来るべき水素社会に向けて整備していくなら、水素ステーションやプラグイン型水素自動車、固形水素などの常備はきわめて有効だろう。

これら最低限の機能をSCがもつなら、有事の際SCが単な

水素キャリア
（大陽日酸の「Hydro Shuttle」）

る商業集積を超えた社会の拠り所になり得る可能性は高い。

アクティブセーフティとパッシブセーフティ

クルマではよく使用されることばはＳＣなど商業集積地でも援用できる。パッシブセーフティはカタストロフで起こったダメージを最小限化する考え方、アクティブセーフティは起こり得るダメージの可能性を事前に最小限化する考え方である。

いずれの場合も情報管理・公開・誘導はすべての要となる。さらに安全性（セーフティ）には物理的なものと精神的なもの（安心）の二側面があり、これらをＳＣのみならず都市に適用していくことの意味は大きい。なぜならそれが「脆弱性」を乗り越えるための重要な方途でもあるからだ。

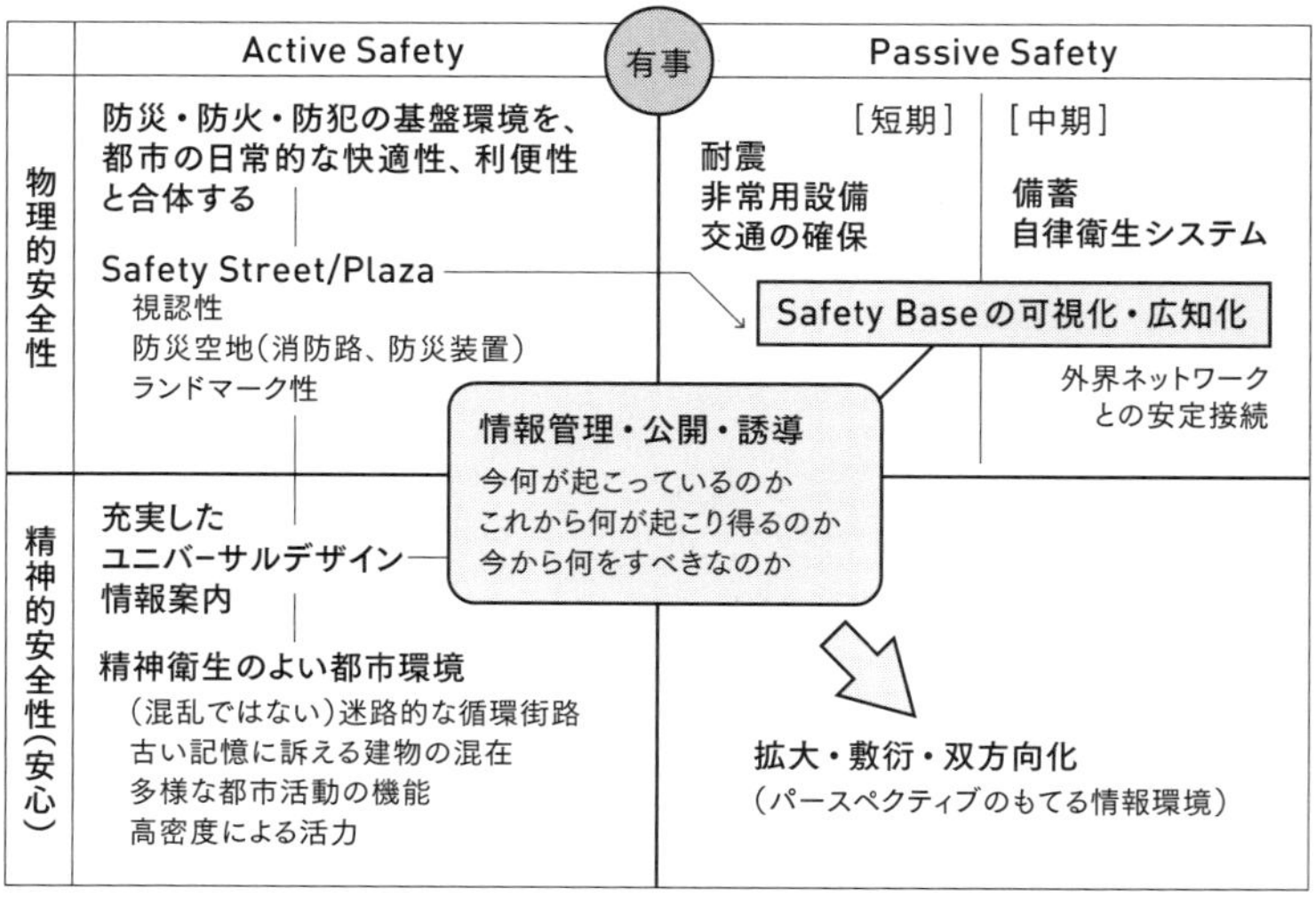

都市及びSCのセーフティの枠組

「精神衛生のよい都市環境」については、J.ジェイコブスの指標を援用した

カタストロフの日本

考えてみれば経済成長も文化展開も、絶えず何らかのカタストロフと隣り合わせになりながら日本は時代を歩んできた。革命や暴動こそ少ないものの——しかし国際社会化した今後はあり得るだろう——大火、震災、戦災といったそれらによって破壊された都市や地域はその度に復興し、またさらなるカタストロフを体験し、また復興する。その過程で失われたものも得られたものも多種多様だ。

1986年パリのポンピドゥーセンターで開催された「前衛芸術の日本展」に私はかかわっていたが、その通底モチーフはカタストロフの社会でまとめた。その象徴のひとつに被爆したゴジラによる都市破壊も登場させた記憶がある。カタストロフとの遭遇を悲劇(さらに言えば喜劇)に終わらせないためにも、日常的意識の中にそれを宿しておくことが必要なのである。

33

描かれた未来都市と現実をどう折り合いをつけるのか？

未来都市を描く

人間はなぜ未来都市を描こうとするのか？ 「未来をデザインする」ことが時代の課業だった時代は共通の社会的現象であったのだろう。しかしそんな時代でなくても、人間は未来都市を描く。動物は過去にも未来にも縛られない。人間は両者に縛られる。肯定的に考えるなら、未来都市は希望の形象化なのかもしれない。だからユートピア的感覚がどこか漂う。

どの時点に未来を設定するのかも問われるだろう。明日なのか、数年後の近未来なのか、百年後なのか。

だがそもそも「未来」を「都市」に託せるのか、という根源的な問題もある。

未来都市の性格分類

都市がテーマとなった近代期を中心に、未来都市は随所で描かれてきた。ここで簡単な分類を施してみよう。

未来都市は大きくは二つ、すなわち先端志向のものと文化志向のものに分かれる。テクノロジーとの関係でいえば、前者は賛美、後者は批評的なスタンスが根底にある。先端志向の未来都市は、当代の技術者、建築家、SF作家、開発者などが推進することが多い一方、文化志向の未来都市は、社会改革者や歴史家、それに一部芸術家などが提案する。もちろん、都市自体を人間への抑圧装置として否定し未来都市提言を無化する思想家も多い。マルクス、エンゲルス、クロポトキン、フランクフルト学派などは

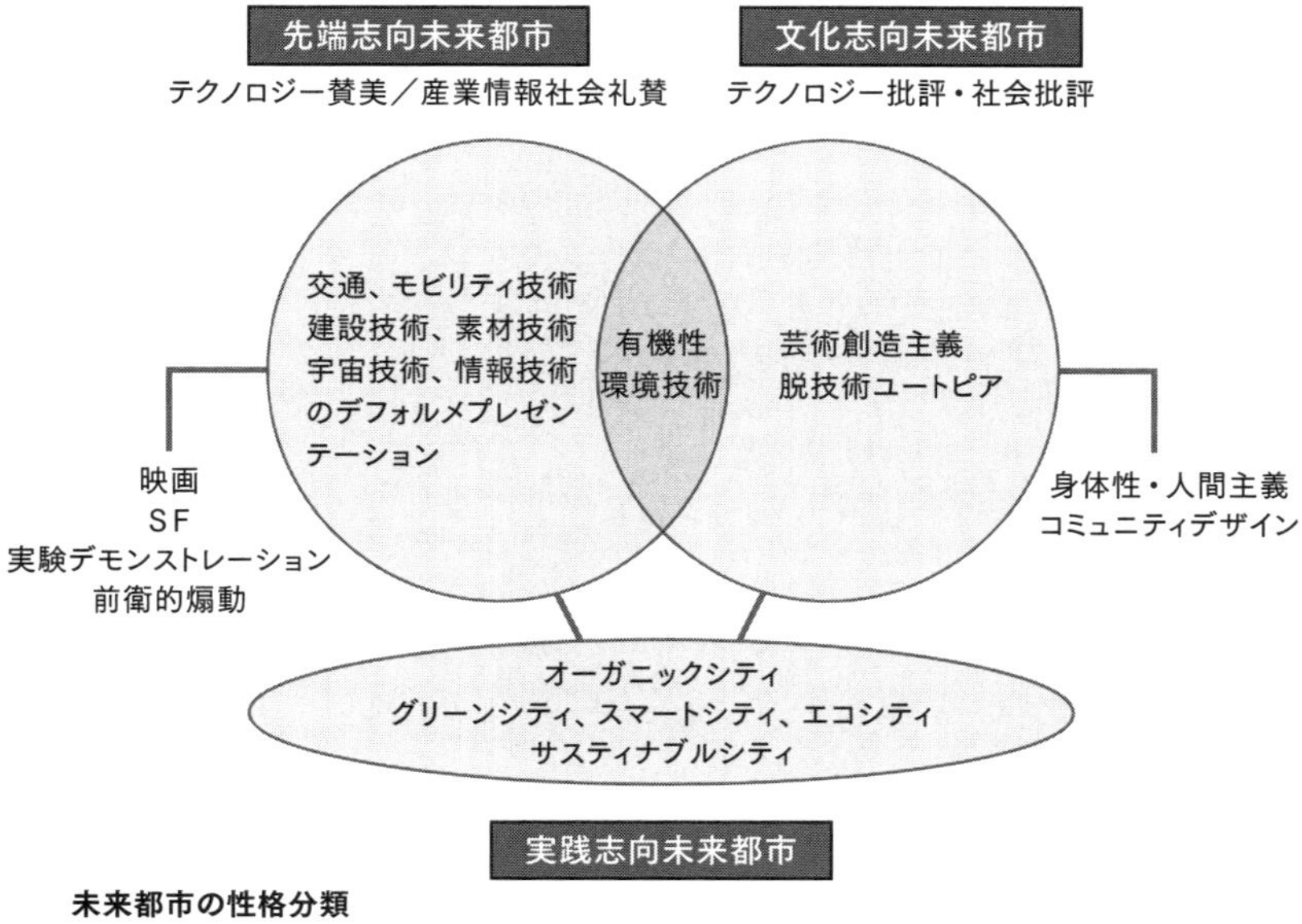

未来都市の性格分類

その代表だ。

二つに分かれると記したが、この中間領域に実はもうひとつ実践志向のものが両者にまたがる形で存在する。よくいえば両者の利点を融合し現実性を高めていく試みだが、悪くいえば中途半端な産物しか生まない——先端志向からも文化志向からも修正主義的なものとして批判を受けることも多い。現代では環境を基調とした未来都市、オーガニックシティとかスマートシティなどがこれにあたる。なぜなら先端志向と文化志向がクロスする部分に、有機性の問題や環境テクノロジーが浮上しているからである。

未来都市の空間パターン特性

かつて未来をデザインする時代に「線状都市」の理念が生まれた。都市が生産基盤であるなら、工場のアセンブリーラインのようでわかりやすい。ここには「線」によって既存環境を再編集

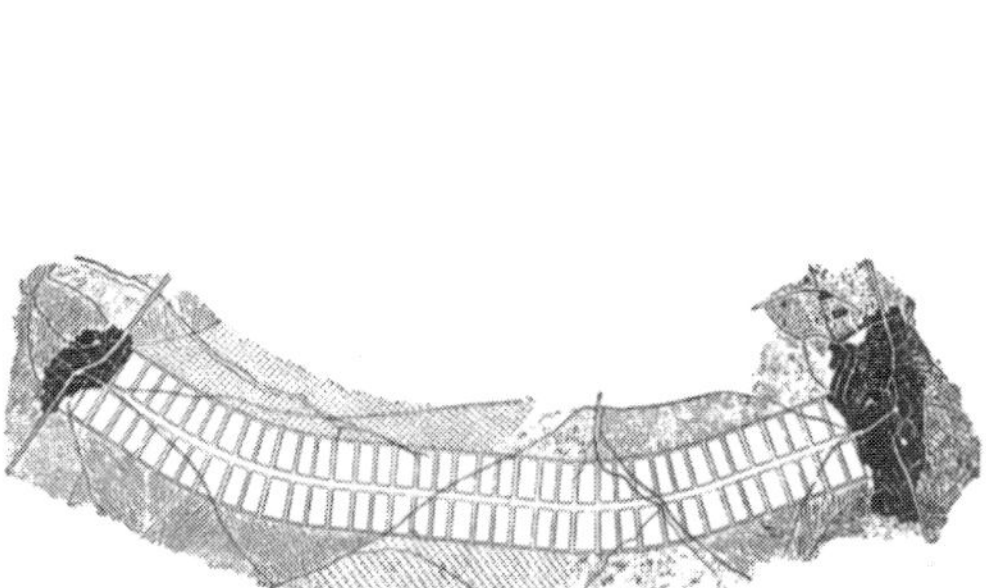

アルトゥール・ソリア・イ・マータの線状都市

し、かつ無限の成長も自在の統御も予見させる論理がある。オリジンは十九世紀末に提言されたコミュニケーション理論家にしてジャーナリストであったソリア・イ・マータの未来型線状都市構想で、彼は情報伝播を都市創造の基本においていた。後にそれは「都市軸」に結晶化し脊椎《せきつい》型の有機体生命の比喩ともなる。この理念は都市だけでなく非都市を統治するものとしてとくにロシアで展開した。

これと自然が組み合わされたものが、やはり広大な大地を所有するアメリカで生起する。

それは線状ではなく面状であり、その代表的なヴィジョンがフランク・ロイド・ライトの「ブロードエーカーシティ」だ。今から見ればそこにはコミュニケーション技術に基礎をおく先端志向と自然を媒体にした文化志向が共存していたとも言える。しかも条件付きで実践志向にもなる。

その後立体展開する未来都市構想が多様に溢《あふ》れ出し、現代に至るまで継続されている。

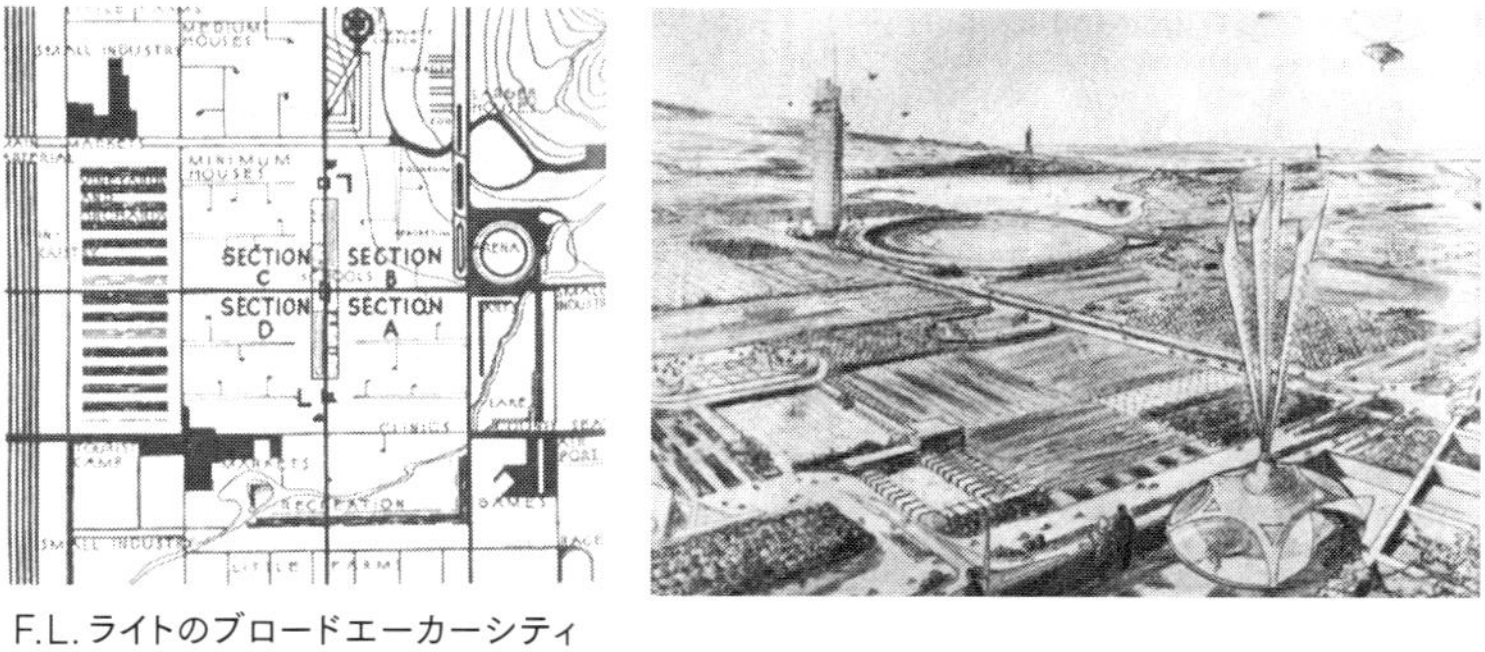

F.L.ライトのブロードエーカーシティ

線、面、立体ときて、次は時間を中核に編入したヴィジョンが描かれるのだろうが、おそらくヴィジョン＝視覚的構想では表現できない韜晦《とうかい》なものが登場する予想は十分立つ。

ドラマティズム

描かれた未来都市は何らかのドラマティズム（劇的であること）をもつ。ヴィジョンのインパクト、煽動性と誘惑性がなければ求心力をもたないからだ。しかしそのドラマティズムが未来に必要なのかは不問に付されている。

未来は一元的ではない。ドラマティズムはそれぞれの未来のシナリオをよりわかりやすく、しかも現実との対比でよりアクティブなイメージを創出するためのレトリックだ。未知の要素、既知の要素が動員され編集される。だから本来の未来像は描かれた未来都市の背後に不可視の形で広がっている。

パオロ・ソレリの六面体自然環境都市

未来から現実へ

過去から見た未来と現実である現在の落差には、テクノロジーの進化形態、「未来」見解の意味も含めた価値観の変容、そしてカタストロフを含む社会的出来事などが介在する。十九世紀に夢想する未来と二十世紀が見る未来、そして現代が考える未来は異なる。

未来をなぜ考えるかという大きな動機のひとつに、未来を仮設しバックキャスティングで現在を考えることが有効だということがある。短期、長期それぞれにおいてである。だがその問題と未来都市を描くということは本質的に異なる次元の話だ。

重要なことは、まず未来を生きる人間像、人間関係像、そして生活像を描くことだ。それが着地しない限りは未来都市は単なる空想の域を出ない。折り合いもつかない。現実批評としての構想もあるだろう。しかし同様にそれらの像が不在であれば批評も力を失う。なぜなら「未来」も「都市」もまさに人間の発明品であるからだ。

映画「ブレードランナー」内の未来都市

1930年代映画の中の未来都市

フリッツ・ラングの映画「メトロポリス」内の都市シーン

ウォルター・ジョナスのイントロポリス

映画「フィフス・エレメンツ」

ゲーム内の未来都市(「ヴァンキッシュ」)

Supplementary Note 10

未来都市の相貌

シリンダー型スペースコロニー(外観と内観)

映画「バック・トゥー・ザ・フューチャー」

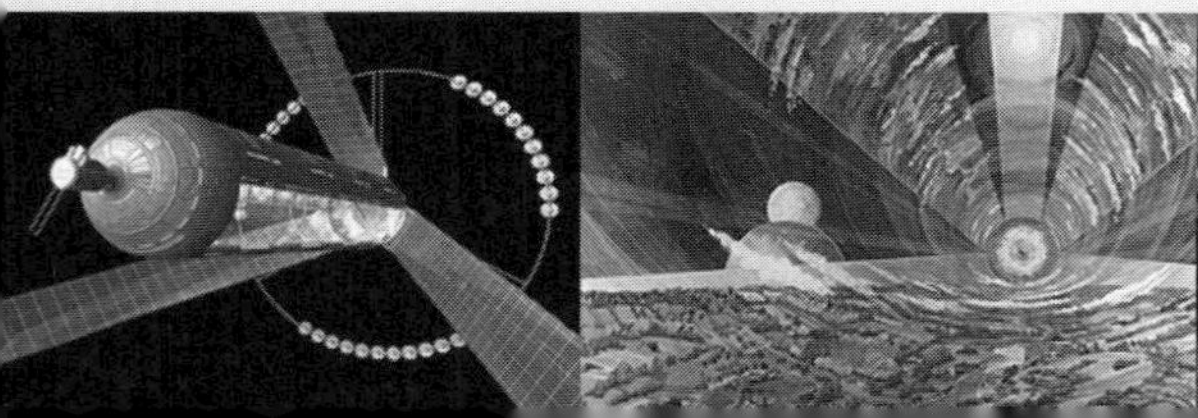

未来都市構想があたかも世の流行のように多産されたのは、前世紀前半とくに1920年代30年代であった。1925〜26年にニューヨークでタイタン都市博覧会が開催され、そのときのテーマが「100年後の未来」というもので、多くの芸術家、建築家、都市デザイナーたちが参画する。そのときの100年後とは2026年であったため、この年号は未来の代名詞として語られた。フリッツ・ラング監督の未来映画「メトロポリス」も2026年が舞台であり、またいくつかの未来世界を描くTVドラマも2026年が仮設定された。

こうした年号未来でなくても、何年後の未来ということで未来都市が描かれてきたことも事実である。その中には「過去から見た未来」――すなわち当時未来として設定した年をすでに現実が追い越してしまった――もあり、現実との落差も実に興味をそそることがらだ。キューブリックの映画「2001年宇宙の旅」などは最たるものであろう。

映画や映像というメディアは未来都市を語るにはかなり親和性がある。劇的なフリッツ・ラングの「メトロポリス」などと異なり、「ブレードランナー」や「ブラジル」では旧来の雑踏界隈や廃墟と先端未来的なものの共存が訴求されたし、BBCのTV映画「ワイルドパームス」（オリバー・ストーン監督）では不可視の情報テクノロジーと奇妙

スケールの多様性共存 SCALE DIVERSITY (Contradiction)	速度礼賛 VELOCITY CELEBRATION (Complex of velocity/Realtime/Tele-existence)
人工自然 MODIFIED NATURE (Utopia/Deathtopia)	記憶の多層化 LAYER OF MEMORIES (Inscription of past memory)

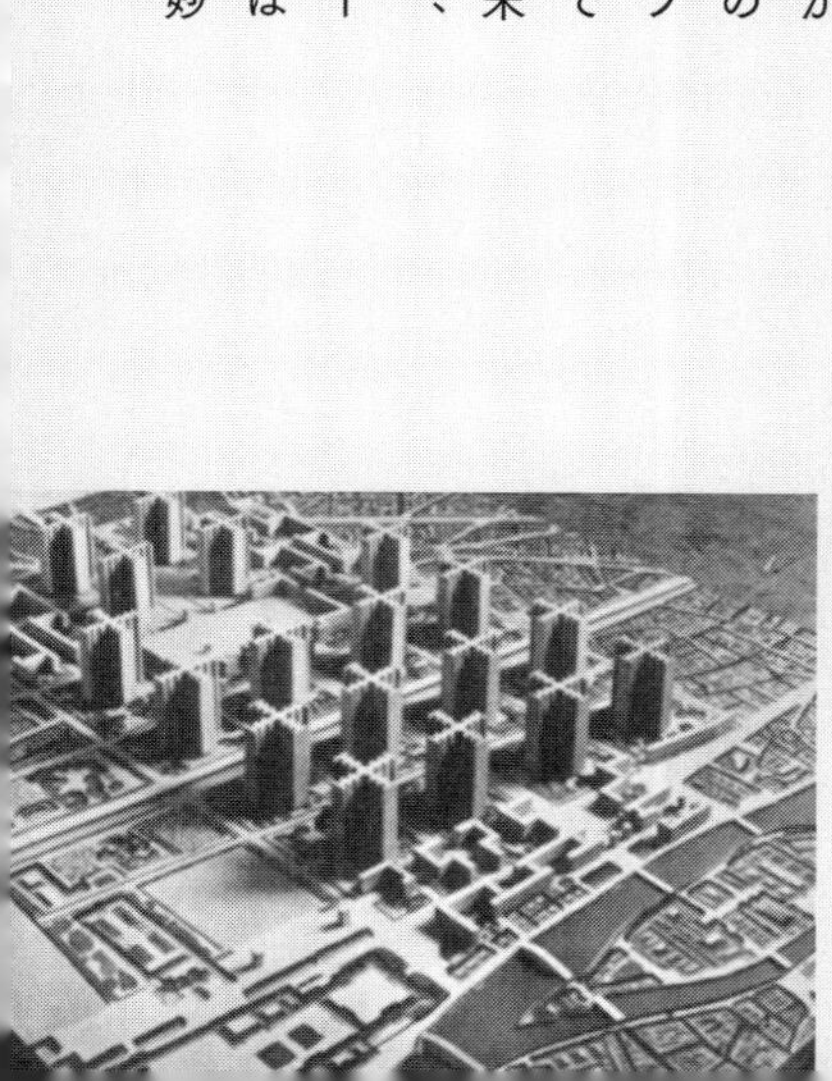

ル・コルビュジエによる
パリのヴォワザン計画

エベゼナー・ハワードによる
明日の田園都市

ヒュー・フェリスの明日のメトロポリス

ヴィルジョリオ・マルキによる
明日の都市

シャルル・フーリエのファランステール

トニー・ガルニエの工業都市

アントニオ・サンテリアによる
都市複合体

ロン・ヘロンの「歩く都市」

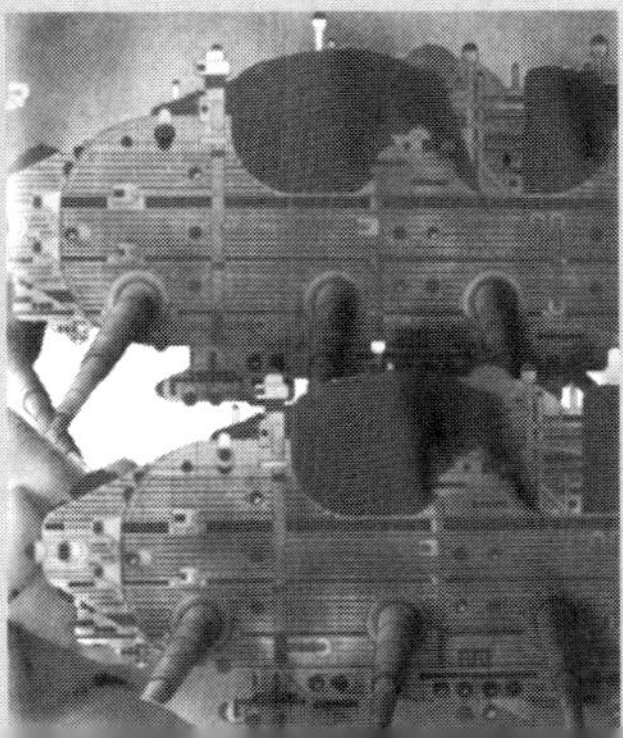

GMフューツラマ、モータリゼーション未来都市
(1939年NY博)

ヨナ・フリードマンによる
空中都市

な現実の重合が未来の姿を映し出していた。

未来都市ヴィジョンにはいくつかの特性がある。

まず「スケールの多様性が共存」する。超巨大で超越的なものと些細な現実の都市組織など中間項をとばしたスケール接合表現が多用され、その対比・対立が新しいシーンを生む。適正スケールからの逸脱もモチーフである。次に「速度礼賛」だ。かつての未来派がそうだったように、速度の可視化はさまざまな形でヴィジョンにもたらされた。光速絶対速度の場合にはかなり韜晦な表現になるものの、しかしその即時的感覚は表現上も重視される。

「記憶の多層化」も忘れてはならないだろう。全く未知の風景は逆にリアリズムを欠く。それは都市自体が記憶の地層であるからであり、その事実は未来都市にとっても必要なものなのである。最後が「人工自然」である。これは単なる人工緑化などではなく、自然の改作と言ってもいいヴィジュアル的な編集がなされ、そこに人間と自然のこれまでにない関係性を暗示するのである。

構想や幻想に特化したもの、オルタナティブとしての計画提言や現実批評などがこれら未来都市ヴィジョンには混在する——日本ではとくに1960年代に、メタボリズムを中心にさまざまな提案構想が輩出されたことは周知のものだろう。

人間不在、生活不在の未来都市は単なる書き割りにしか過ぎない。多くの未来都市提案の中にはそのようなものも見受けられるが、一方仮説的に人間像、生活像などが描かれているものも数多い。未来ヴィジョンがある種のリアリズムをもって仮構する媒体として映画などのメディアが優れている(しかしそれでも還元化されたものである)という背景にはそんな事情も影を落としている。

あらゆる「都市をめぐる計画」は何らかの意味で未来都市の提案ともなるが、現実との差異、現実の超克という幻想が、そのヴィジョンとしての強度を高めているようだ。

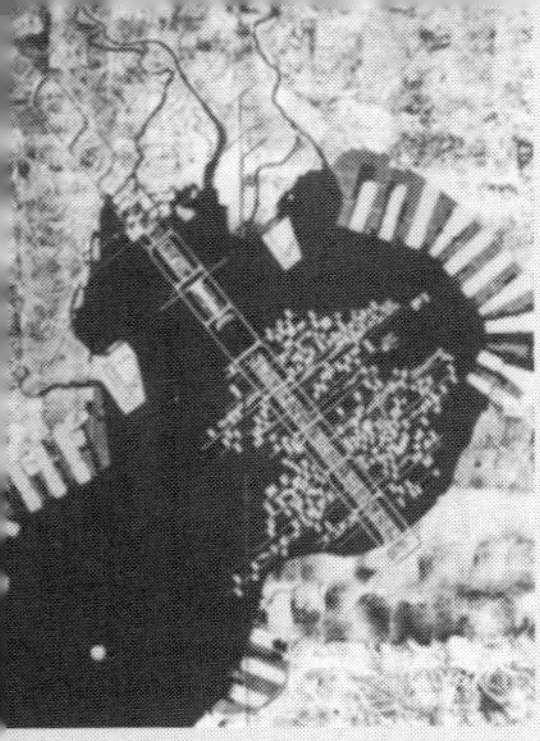

丹下健三の東京計画 1960

大高正人・槇文彦の群造形都市

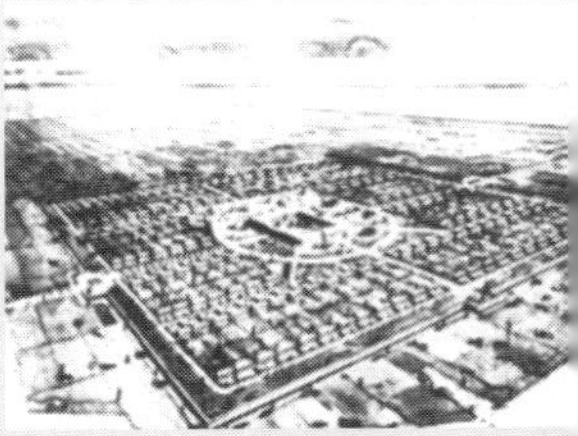

内田祥三の満州計画

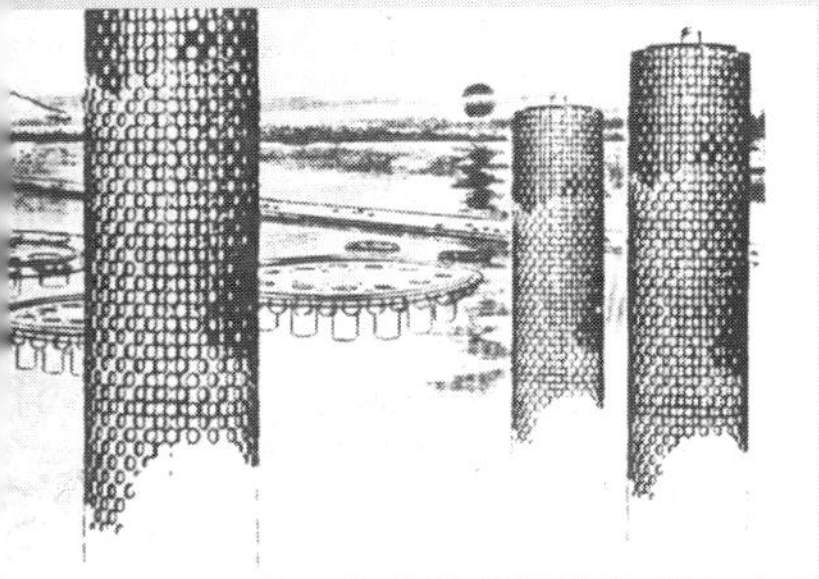

菊竹清訓の海上都市

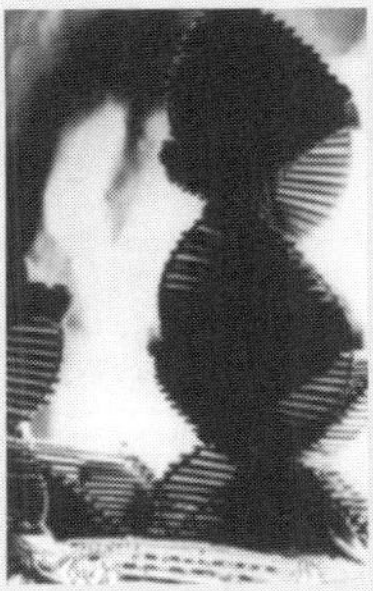

黒川紀章の
ヘリックスシティ

槇文彦のゴルジ体

大谷幸夫の麹町計画

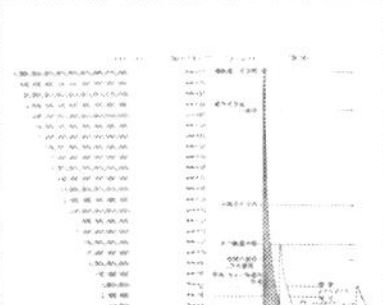

浅田孝の浅田スケール

磯崎新の空中都市

バックミンスター・フラーのジオデシックドーム

レベウス・ウッズによる未来都市

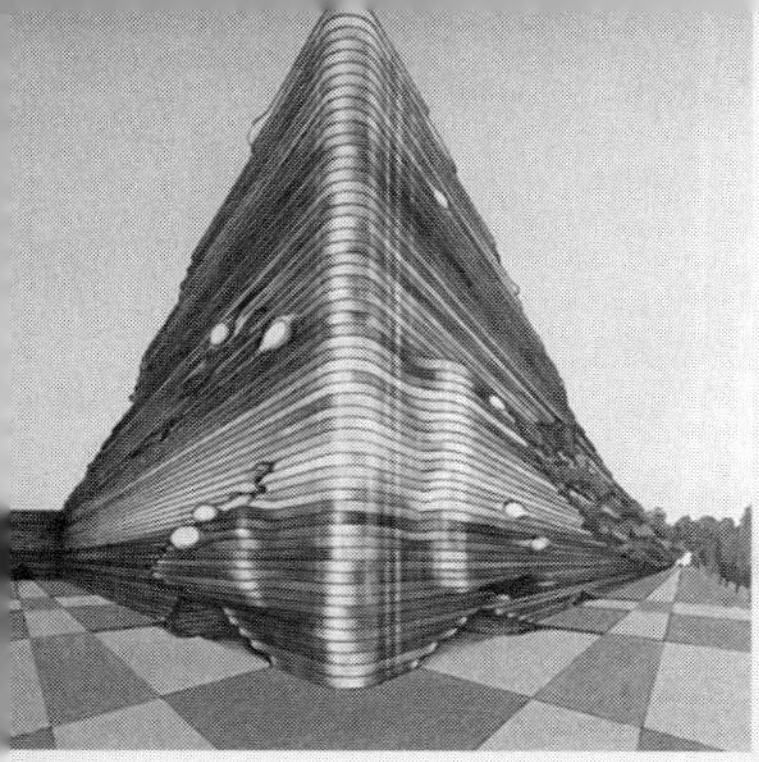

ピーター・クックのアルカディアシティ

菊竹清訓によるエコポリス

シド・ミードの描く
2015年のロサンゼルス

シド・ミードの描く2040年の東京

ソウルの未来グリーンタワー都市

1000mの未来都市「グリーンフロート」

中国海上未来都市内観

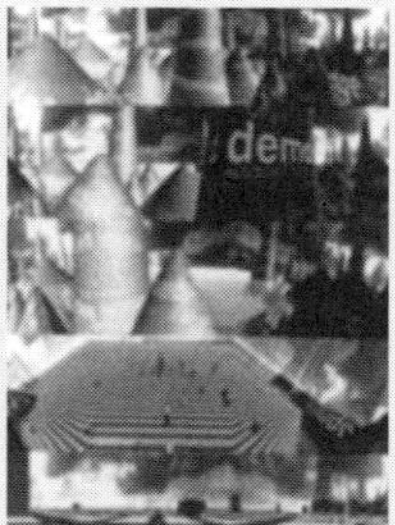

データシティ

34 都市は「夜化粧」をして祝祭に向かう

「初めての都市には夜入る方がいい」

このことばは、都市を知るにはまず娼婦たちのいる歓楽街に行け、というのと似た意味をもっている。都市の欲望が演劇的に表現されている場所に立ち会わなければ、都市の本性は見えてこない。

都市に夜入る。夜景は歓待と誘惑の風景であり、媚態《びたい》の集積である。「夜」という荒野に開花した光という情報記号が競演・競合し過剰露出している環境、日常的には見えない都市の別の姿がイルミネーションの海のなかで見え隠れする。

夜景は集団的には都市環境の、個別には建築物や看板の「夜化粧」——正確には「光化粧」——だ。化粧は装う自己表現であり、かつその集団である都市がもつ美的慣習に柔らかく規定されたコスメティックな演出である。

夜景の発明と展開

何万ドルかの夜景は現代では大いなる都市の宣伝素材にまで成長した。

この美を知らしめた嚆矢《こうし》となるイベントのひとつは、1900年パリ万博の「水と光の宮殿」だった。アールヌーボーとイルミネーションを纏《まと》ったこの壮麗なパビリオンは来場者の心をとらえ、以後の都市装飾のあり方を予見させた。電気の活用はその前の1893年シカゴ万博が最初だが、そんな都市装飾に仕立て上げたのは件の万博である。

都市の景観を変えただけでなく、新しい美の概念、新しい経験をわれわれにもたらした。つまりは夜の開発だ。

夜景は光のバラエティと量、その広がり、ピクチャレスクな模

水と光の宮殿
（1900年パリ万博）

様が人を誘惑するが、私の個人的感覚からすれば、下降する飛行機から眺めるリオデジャネイロの夜景が最高に素晴らしかった。リオは周知のように、ニューヨークやシカゴ、東京や香港のような高層建築は多くない。光も極端に集積しているわけでもない。しかし地勢が複雑で低い建物の光がビロードの上にダイヤモンドを散らしたように散在し、木々にところどころ覆われるため、滑空視線で見ると生き物のように明滅する。その意味では映像や写真でよく見る大都会の固まったような光のジャングルとは全く別の感興がある。

魔の時間

夜景は都市内のフォーカスになる建造物のライトアップとして公共領域にもちこまれる。イルミネーションアーケードは都市の行事にもなってしまった。近年では単なるライティングのみならず、東京駅のプロジェクションマッピングのようなデジ

香港の夜景

タル技術——四半世紀ほど前のポワチエの教会堂ファサード改修のイベントあたりが確か最初だった——も動員され、光による仮想化、現実と幻想の融解の試みもなされている。しかし夜景がコスメティックな競演・競合をするのは圧倒的に商業環境である。商店街、SC、百貨店、さらにはエンターテインメントを問わない。夜景の魅力は商業環境の魅力を代弁する。

実は夜とはいったが、本当をいえば都市が最も美しいのは黄《たそ》昏《がれ》時だ。夜への移行、変身過程は、一刻も同じ瞬間がなく生きた境界時間である。この時刻は「魔の時間」と呼ばれ、事故も含め多様な出来事が勃発《ぼっぱつ》する。朝に連続する未明が覚醒への回帰だとすれば、夜に没入する黄昏は欲望への誘惑を瀰漫《びまん》させる。この時刻の商業的活用はおそらく重要なものとなるはずだ。リオの夜景とは意味が異なるが、光も「生きている」ものとして経験できる。多様なアクティビティを重ねることで新しい価値を生むこともできる。

映画「サンライズ」(1927)夜のシーン
右建物は1921〜23年ベルリンのE.メンデルゾーンの建築デザインを援用している

祝祭の芸術

「化粧は光に対して、微妙な変化のための非身体的な環境を提供し、顔は宇宙的《コズミック》な祝祭となる。化粧術《コスメティック》は、この世界の祝祭の芸術である」とピエール・フェディダは語ったが、光そのもので行う「夜化粧」はさらに祝祭としての特性を高めていくと言ってもいい。

１９３７年９・11のナチ党大会時、ニュルンベルクの４００メートル角の広大な練兵場（ツェッペリン飛行場跡）においてアルバート・シュペーアの演出による光の伽藍《がらん》が夜に構築された。会場周囲に12メートルごとに据えられた高射砲用サーチライトが一斉に上空に照射され、光の列柱が現れたのだ。ここにも祝祭と「夜化粧」の共犯関係を感得することができる。

イルミネーションのガラパゴスのようなラスベガスは、常設祝祭都市と化した。素顔は巨大なロードサイド都市だが、化粧顔は蠱惑《こわく》的かつ錯乱した祭りの空間に変容する。

1937年ナチ党大会（ツェッペリンフェルト）

「夜化粧」術は映画の画面に祝祭感をもち込み、あらゆる世界の祭りは夜を舞台として仮設的な化粧世界をつくり上げる。そこには現代的な共同性への渇望すら見透かすことができる。

情報様態を編集する

カラー写真よりモノクロ写真の方が心象的であるように、人間は単に情報量が多いだけの方に魅力を感じるかというと常にそういうわけでもない。現代都市の景観は雑多で情報量が過剰だが、それを緑化で覆う、あるいは雪で覆われることで別種の美しさが立ち現れる。そこに形態的な情報量の多さや破格的要素が重なると魅力に変貌する。

夜は全てをブラックにするという情報の制御がある。その上に光の氾濫《はんらん》があるから魅力的なのだ。暗転はいわばファウンデーションである。情報の様態を編集することが訴求の効力を決定していくのだろう。

ラスベガス

35
記憶と誘惑が雑居する劇場を創造しよう

都市の公理

私は都市には公理に近い性格があると昔から考えている。それがなければ都市ではなく、それを担保するものでなければどのようなデザイン的アプローチも都市デザインとは呼べない。それは以下の三つだ。

第一に、都市は複数の時空間、複数の場が競合し、和解していなければならない。異なった欲望・意志・言語体系をもつ人間、活動、プログラム、空間、メディアが共棲していなければならない。それゆえに、都市はあらゆる位相で最大の「選択性」をもつ。

第二に、都市は未完成・未成熟・未知のものを育て開花させる孵化器《ふか》でなければならない。天才や歴史的事件を産み出さなければならない。それは都市が人間や事物の半永久的で化金(卑金属を貴金属に変える錬金術的な機能)的情熱を内在した強靭《きょうじん》な「環境性」をもつことに由来する。

そして第三に、都市は人工的な美しさをもたなければならない。その美しさとは、人を解放し、勇気づけ、救済するものであり、実用の論理を超えるものである。それゆえに、都市はその美しさによって信仰感興を誘う「神話性」をもつ。

庭園の教訓

都市は独自で進化してきたが、とくに近代以降大きな影響を与えてきたものが庭園である。庭園を都市のモデル、あるいは都市と同一視する哲学者たちもいるぐらいだ。ハンス・ゼードルマイヤーはじめ庭園を都市を含めた近代空間のオリジナルな実験場として位置づける歴史家も多い。

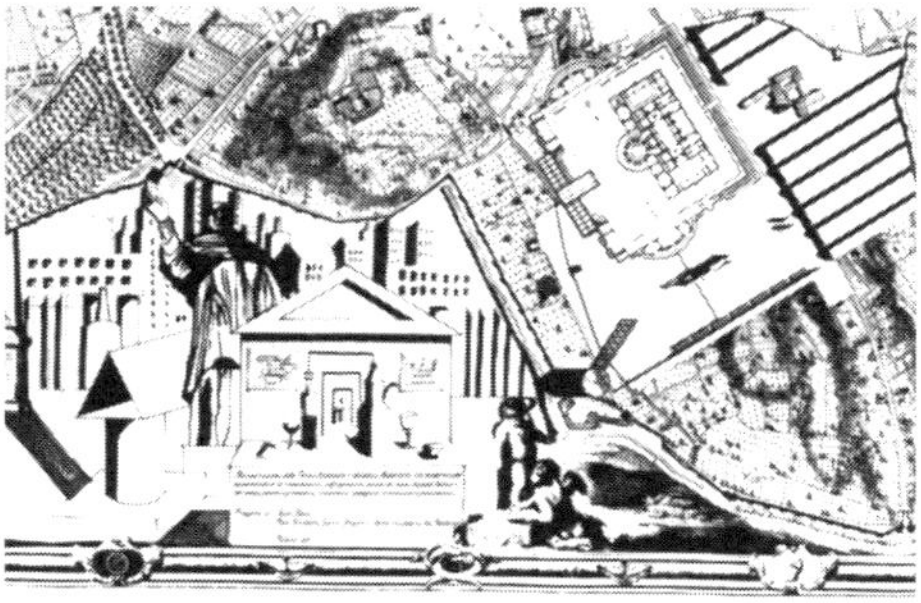

アルド・ロッシ「中断されたローマ」(1977年)
——類推と記憶に基づく都市プラン

庭園——今日の公共的な公園と異なり、もともと私設でそれを造営・運営していたのは貴族や知識人だった——はかつて想像力の劇場だった。物語とくに聖書の要素が実物として分散していたり、さまざまな類推性を誘う場所や工作物が瞑想《めいそう》の場を形成したり、野外オペラの舞台であったり、実際の祝典の空間でもあった。近代の都市公園になっても、ニーチェがそれを「大都会の中の瞑想の寺院」と語ったり、またアラゴンはじめシュールレアリストたちはそこを都市の無意識が発現する場として考えた。

庭園や都市公園にある「ベンチ」は単なる休息する場ではなく、瞑想したり宇宙的な思索や恋愛をするための装置だったことはよく言われている。記憶を喚起する人工的な廃墟も庭園で生まれたし、回遊・逍遥《しょうよう》概念も胚胎《はいたい》した。

バロック期のヴンダーカマー（驚異の部屋）のようにエキゾチックなるものや異質のものが邂逅《かいこう》・共棲し、新しい価値が孵化する、そして手をかけた代替不能の美しさがある、都市の公理の

バシリウス・ベスラーのヴンダーカマー（1616年）

源泉はすべてここに見いだせる。

劇場性について

劇場都市という表現もあったが、都市や複合集積環境の魅力にはこの「劇場性」が不可欠だ。庭園はある意味汎劇場的環境だった。専横的なシナリオはないが物語性があり、回遊することで劇場的体験を得られる空間的しつらえをもつ。しかも親自然であることは言うまでもない。さらに時間コンシャスでもある。もちろん啓蒙《けいもう》機能も娯楽機能も誘惑機能も具有する。

演劇的行為は人間のコミュニケーションにおいてはレトリックであり、不可避のことがらである。その活性化はすなわちコミュニケーションの活性化に直結する。演劇的行為とは字義通りであって、演劇そのものではない。しかしそれが都市や複合集積環境で慣習化されたとき、すべて

ピクチャレスクな折衷庭園——異種様式共棲の風景

の事物は「表象」となり、すべての行動は「演劇的なもの」になる。ソフト・ハード含めたその舞台の質が問われることにもなる。そしてそれが良質なとき当該地は都市文化を滋養する温床ともなるのだ。

都市を、地区を、そして界隈《かいわい》をその意味で庭園化することは本来きわめて重要な事業である。それが「都市の公理」を引き寄せる。

都市やＳＣでの展開

複合集積、とくにＳＣで考えてみよう。地権調整やマストラ接合、上位計画との整合や市場創造、加えて証券化など開発を推進する営為や、事業スキーム、マネジメント構築、諸々のマーチャンダイジング、リーシング戦略、さらにステークホルダー調整や街づくりへのシステムなどはその成立にとって不可欠だが、「庭園化する事業」——それは先述した意味であって単なる

欧州最長の商業アーケードであるラウベン（ベルン）——都市の記憶空間を回遊する

緑化とか庭をつくることではない！――を編入するにはその企画段階からかなりの力業で開発形態に再編しないと難しい。基幹コンセプトの有り様も修正されるからだ。もちろん前線のデザインレベルや宣伝・ＰＲレベルでもある程度可能な部分もあるだろう。

しかしＳＣ開発・運営の成立にとって不可欠のことがらも、実はここ数十年で次第に慣習化されたものであることを考えれば、歴史的視点に立った新たな実験として試行する価値は十分ある。なぜなら人間文化の側からいって、集客・滞留はもちろんのこと、魅力を持続的にもたらす構造とはそんな資産を活性化して現代的に拡大再演することでもあるからだ。

記憶と誘惑が雑居する劇場としてＳＣが再創造されたとき、かつてのグルーエンによるＳＣ創造に近い文化をも包含した次の生産的革新が訪れる条件も用意できると私は確信する。当然のことながら都市へも拡張できることがらだ。そして真の意味でＳＣは都市の孵化器となる。

36 日本型感性・日本型プロトコルについて再考する

特殊な国日本

日本の常識は世界の非常識と言われて久しいが、実はそれはどの国家にもある程度あてはまることがらだ。条約機構で「常識」が決まっているわけでもない。しかし、とはいえ極東の特殊な島国であることは確かだ。逆に言えば、特殊で貴重な文化や考え方ももっている。

外国人の日本への視点には基本的に2種類ある。彼らが日本で行うことがらも2種類になる。すなわち日本に「未知で異質なものを発見」するか、あるいは「既知なるものを再発見」するかどちらかだ。前者は容易にエキゾチズムやローカリズムにつながるし、後者は彼らが再発見したものの上質化された、ときとして異形化された形を見いだす。

日本は鎖国に限らず自国の考え方や感性をそれほど積極的に対外発信してこなかった。ジャパネスク、メイドインジャパン、ジャパネズリー、ジャパナイゼーション、クールジャパンなどはここ数十年の話だ。宗教も仏教、儒教、神道、そして無神か習合を中心とし、それはキリスト教やイスラム教のように布教宗教的側面も強くない。日本自体の言語開発意識も希薄だ。

日本の才能

欧米型の才能は人格に帰属する。システムやヒエラルキーの頂点の場合が多い。その社会は音楽でいえばオーケストラの形だ。一方日本型でのそれはアンサンブルのようなもので、才能は環境に帰属する。だから世襲制がきく。社会も確固としたピラミッドというより、どちらかといえば上部はあるにしても相互にゆるくつながるリゾーム(根茎)的な構造だ。これは東アジア一般にも言えることである。

欧米型の創造行為とは基本的に「発見や発明」であり、これは科学や芸術での適用をみればよくわかる。知財への固執もここから生まれる。しかし日本のそれはむしろ「慣れと工夫」であり職芸的なものが多い。現代社会で「創造的になれ！」といった場合の意味も西洋化された日本では躊躇《ちゅうちょ》するところであろう。

日本の経営

第二次大戦時、日本と開戦したアメリカは最初にまず「日本学」を立ち上げた。敵国を熟知するためである。現在アメリカの各大学にある日本研究はこれが土台ともなっている。彼らにとって未知だったのは日本社会のつながり方であり生産方式、経営方式だった。

通常重工業地帯への爆撃を敢行すれば相手の生産力はガタ落ちになる。だが日本はそうではなかった。零戦の部品を小さな

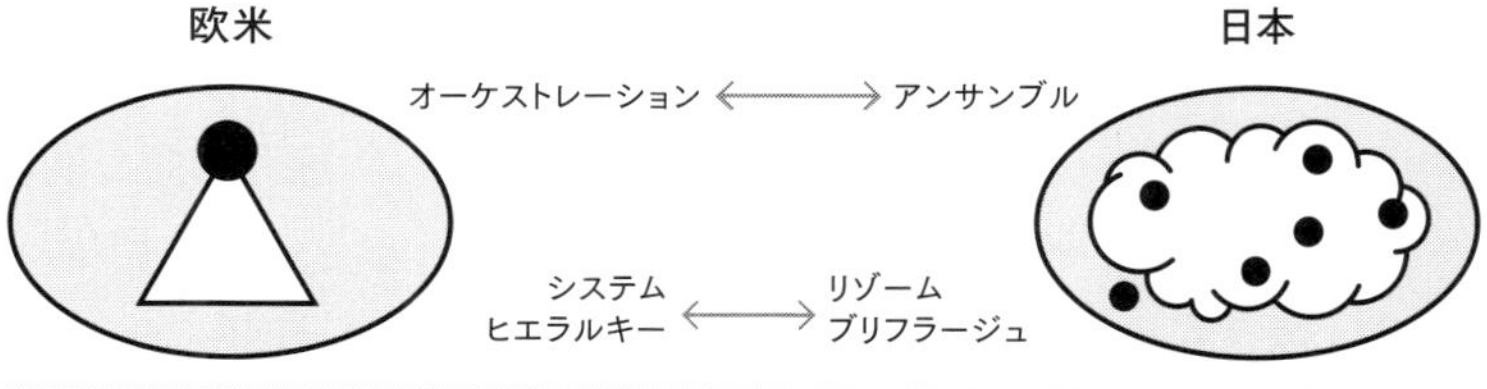

欧米	日本
才能は人格に帰属	才能は環境に帰属（世襲がきく）
創造とは発見・発明（科学、芸術型）	創造とは慣れと工夫（職芸型）

対比的な創造行為

町工場でつくっていたことなど想像もつかないことだろう。そこから絨毯《じゅうたん》爆撃、街ごと殲滅《せんめつ》する方式に切り換え、その結果我が国の生産は危機的な窮地に立った。

欧米ではピラミッドを中心に契約関係の集積によって企業体が構築され、それを経営する。しかし日本はピラミッド的なものはあるにしても、運命共同体としての地域が企業を支えている。しかも単なる怜悧《れいり》な契約関係ではなく、信頼関係に近いものでつくられている。代表的自動車会社の経営にちなみ、前者を「フォーディズム」、後者を「トヨティズム」と呼ぶこともある。

日本の縁

昨今では希薄になったという「社縁」はかつての日本の生産を支えていた。現代の若者は「地縁」に回帰する傾向を見せるようだが、日本にとって地縁はかなり重要な意味をもつ。日本人の平均的な苗字を見れば、必ず（その土地の）自然形状を表す字が入っていることからも首肯できるだろう。空港もシャルル・ド・ゴールでもＪＦＫでもなく成田であり羽田だ。

縁には地縁だけでなく、知縁――往々にして学びの場を共有した者やアカデミックソサエティへの所属の形をとる――も血縁もある。誤解を怖れずに言えば、アメリカは知縁主体だろう。欧州もそうだが貴族階級は血縁である。中東も血縁が多い。中国は血縁と地縁双方にまたがる。もちろん日本も血縁を重視するがそれでも総体としてみれば地縁社会だ。「トヨティズム」的会社は依然強靱《きょうじん》だし、日本がトップを走るエネルギーマネジメント――先進技術的には欧米だが、隣人訴訟の絶えぬ世界では難しい側面も多い――もこの地縁あってこそだ。

日本型グローバリゼーション

現代のグローバリゼーションは、本来接頭辞に「アメリカン・ウェイ・オブ」がつかないと意味不明である。グローバリゼーションの方法は多様にあるはずだ。とりわけアメリカが主導するのは、ラテンとゲルマンに祖をもつ英語が普及型言語かつビジネス言語であるという側面が強い。繰り返しになるが、日本は自国(の文化や社会)を自らあまり言語化してこなかった。

日本には経営にしても文化にしても美学にしても、独特な編集様式がある。対立と和解、和えと習合、取り合わせに代表されるそれだ。またモノと命を同一視するこれまた独特な技術信仰がある。安全性や信頼度がトップクラスになるゆえんである。さらに「空虚」とか「うつろい」、「時めき(――このことばは道元が最初だ)」などへの憧憬傾斜や趣向もある。これらを基盤に、習熟と創意工夫、自然同化、時間コンシャスなど日本的創造性の言語化かつ国際的顕在化が早晩なされなければならないだろう。

日本SC協会の大甕聡顧問はそのための「ネオ・ジャパンスタンダード」を提唱されているが、それはSCのみならずあらゆる商業集積、そして都市にも展開すべきことがらであると考える。

欧米(特にアメリカ)		日本
競争と排他による生産と(動的)平衡 中心性をもつ専制的な意思決定(ワンマンシステム)	**組織様相**	和をベースとする生産と安定 中心は常に空虚か曖昧 連合的な意思決定(委員会システム)
純化・還元思想(クローズドシステム) エクスクルーシヴなつながり(利益共有と訴訟の文化)	**深層原理**	習合思想(オープンシステム) インクルーシヴなつながり(互助と妥協の文化)
システム構築による普及とその中での利権・利益誘導 ローカリズムの破壊あるいはそれとの衝突による第3の価値創造	**表層事象**	ブリコラージュ的で普及しないが、部分、要素において優位性の突出 ローカリズムには適合

グローバリゼーションの比較

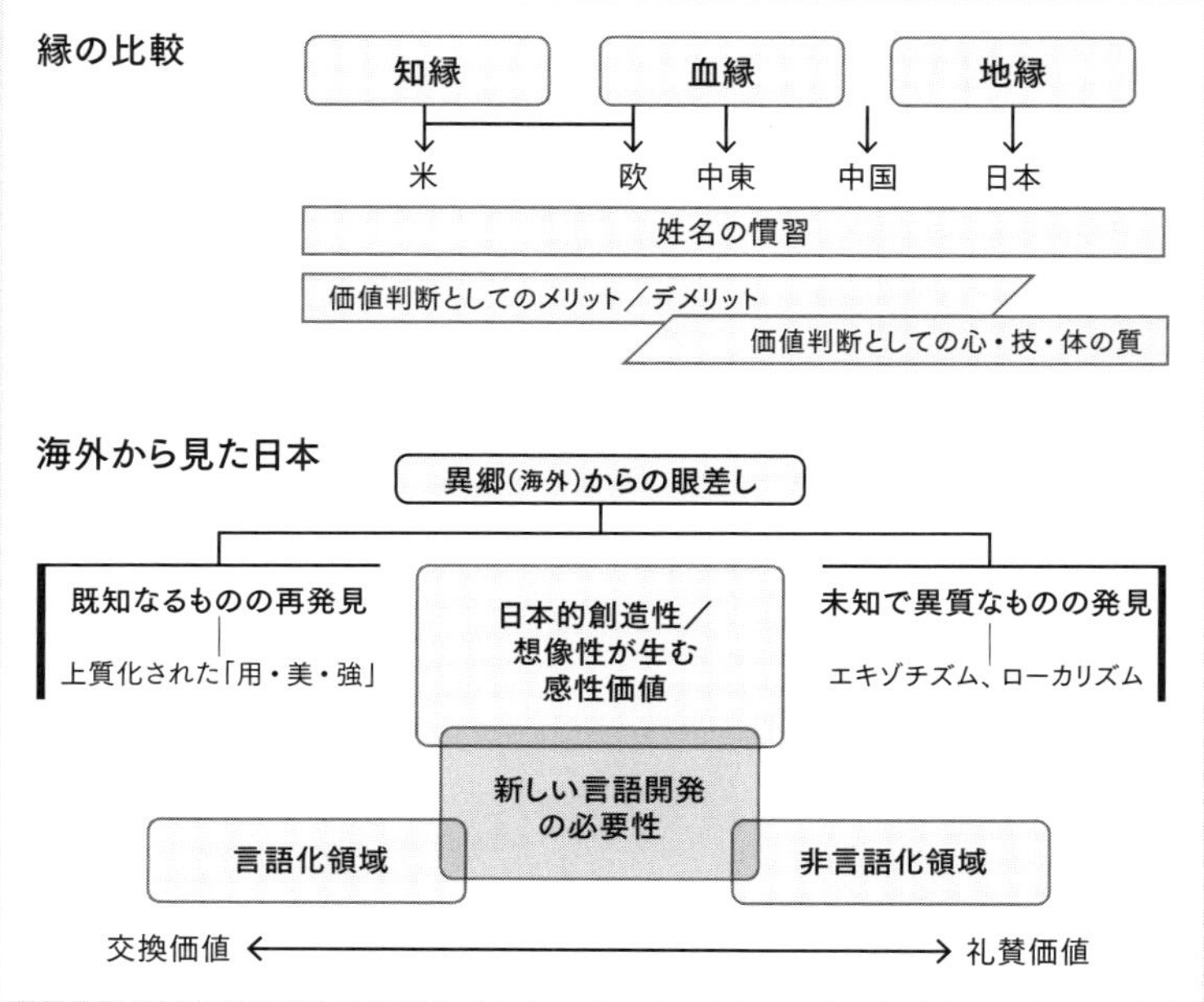

Supplementary Note 11

日本型なるものの国際比較

日本には「和をもって尊しとする」という風習があると言われるが、これは人間関係のみならず料理から都市づくりまでクリエイティブな領域を伏流する感受性のひとつでもある。現代のような教育における西洋化、そして社会が情報化・国際化されつつある時代においてもこれはさまざまなシーンで見いだせるし、また逆にそんな社会であるがゆえに「和」の商品化が過度に促進されたりもする。

天地人の利点、すなわち「天（時間）」の問題は我が国の都市はアジアや一部西欧と異なり産業革命以前に都市基盤や農地基盤が確立した利点、「地」の問題は恵み豊かなモンスーンで微地形・微気候の多様性に富む自然がもつ利点、「人」

日米の生産組織構造

Fordism

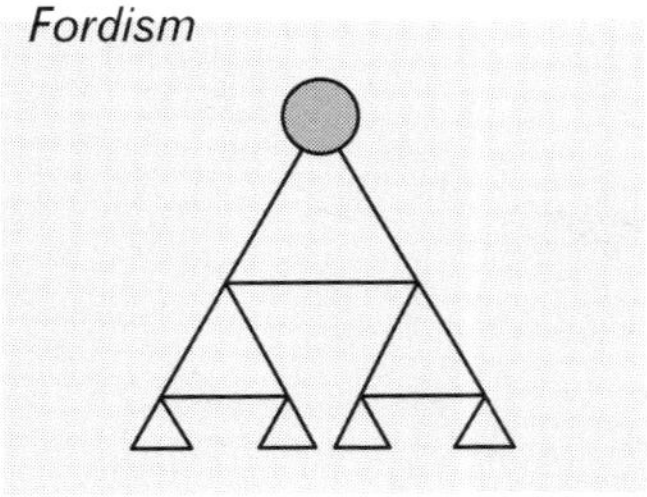

契約関係の集合によって構築された企業体

Toyotism

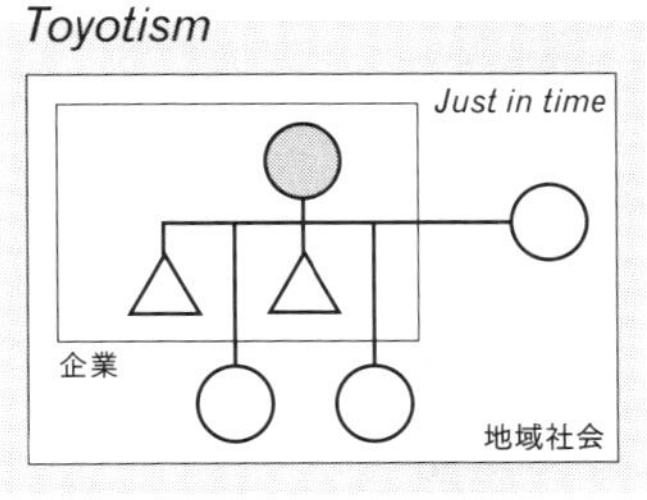

運命を共にする地域共同体

日本型グローバリゼーション

Japan Standard

- ◉土地や風土の固有性に根ざす
- ◉物的・人的資源の最大活用
- ◉「根絶やし」の排除
- ◉上質さの完璧性の希求
- ◉多様化・コンパクト化・清潔化体質
- ◉プロダクトやシステムのカルチヴェーション（深耕化、応用化、優化）
- ◉心・技・体のマネジメント
- ◉「共」の思想　共存、共栄、共営、共済、共用、共和
- ◉配慮と微調整による関係の平衡化
- ◉風景の聖化

→ フォーマット化 →

Japanese Way of Globalization

↕

American Way of Globalization

（いわゆる「グローバリゼーション」
市場至上主義、利益・効率主義
金融資本主義、資本覇権主義）

の問題はそれでも天災の脅威と渡り合い、多彩な創意工夫を都市生活に持ち込める利点があり、資源の乏しく狭い独特な自然をもつ島国という逆境を逆手にとる社会運営をしてきたことが「和」の基盤にもなっている。ここから発生した小さく削ぎ落とされたものに宇宙を見る感性や多様性を温存する技術は、「多機能」「コンパクト」「インテリジェント」「高精度」「緻密さ」「工匠性」「清潔主義」といった製品創造の基調特性にまで及ぶ。

しかしそれは普遍的な、かつ世界を教化し普及させるシステム志向とは相性がいいとは言いにくい部分も多々あり、普遍性への架橋をどのように方法化していくかは常に問われるところであろう。

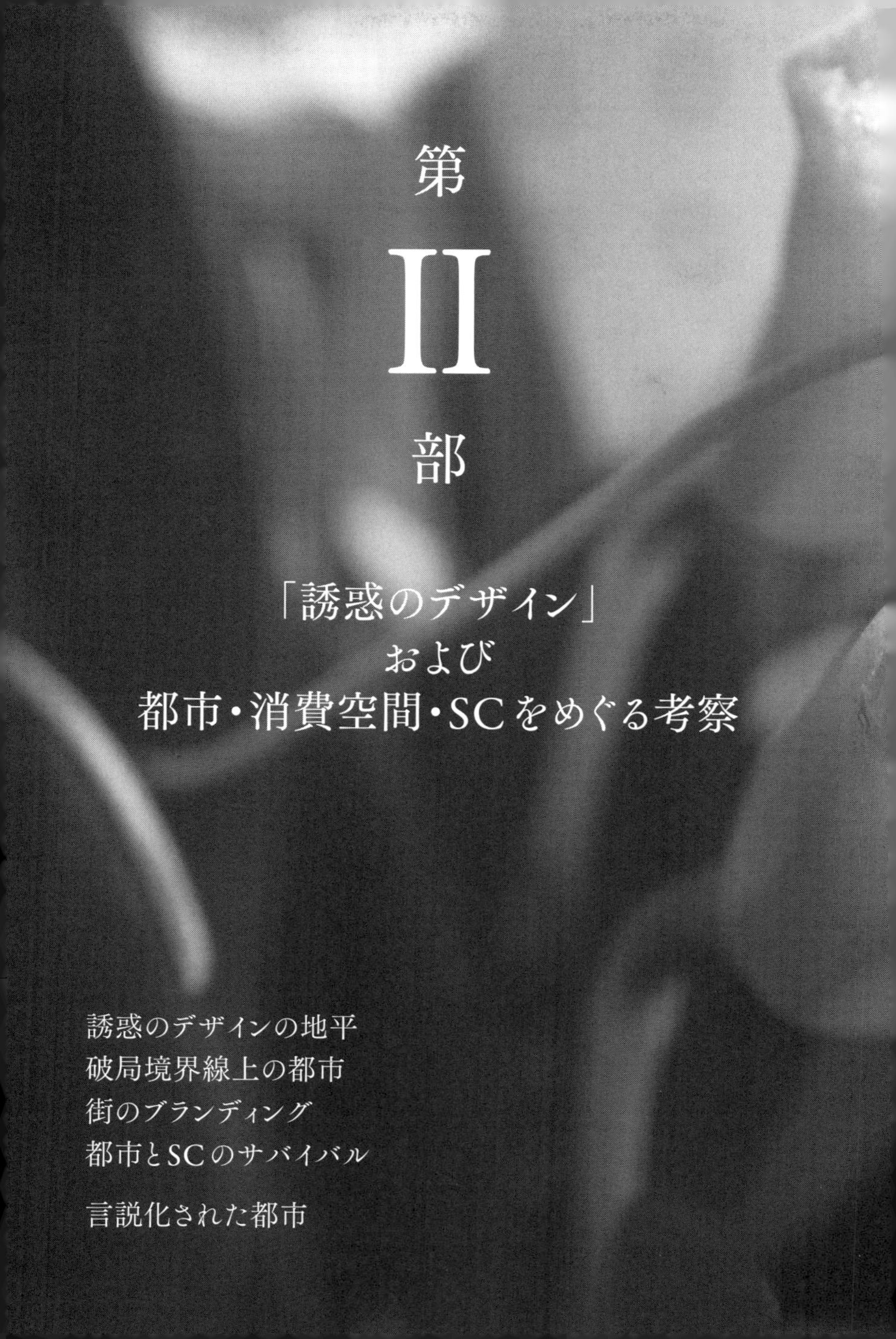

第 II 部

「誘惑のデザイン」および都市・消費空間・SCをめぐる考察

誘惑のデザインの地平

破局境界線上の都市

街のブランディング

都市とSCのサバイバル

言説化された都市

誘惑の場面は空想に覆い尽くされている。誘惑を表象化するデザインは体系化されてもいなければ言語化されてもいない。あまりに多様な場面をそれは引き寄せる。

消費のユートピア

消費生活というのは、どこかでメンタルな価値交換を実現する穏やかな祝祭生活である一面を覗かせる。物質的な消費(俗っぽく言えば、金銭を使う)をすることが、精神的な再生産(平たく言えば、リフレッシュする、あるいは別の自分になり得るような憑依現象を体験する)と対価に扱われるのだ。その舞台が非日常性を帯びているなら祝祭感覚はよりそこに宿るだろう。

そんな体験のハイスタイルな場として、リゾートがあり、ソーシャル・レセプションがあり、さらにカーニバルなどの祭りが

あることをわれわれは知っている。

だが、消費生活が価値交換の厳格な構造の上に成立しているということ自体、近代的なものであることを再認識しておくことも必要であろう。労働=生産行為と非労働=非生産(そして消費)行為をいう分割と時間運営の概念は、実際、「機械」を社会の生産機構の中枢におく機械時代において立ち現れた。そこには同時に、ストレス(緊張)対レリース(緩和)の相補的構造化も行われる。そしてこのレリース行為をよりアクティヴなものへと高次元化する産業の台頭が、件の価値交換を確固たるものへとするのである。娯楽産業、ツーリズム産業、ホテル産業など十九世紀後半より急激な台頭を見せる時間消費型体験へのサービスを核とするビジネスドメインは、まさに近代の申し子たちであった。それらはことごとく消費を

基盤にした「豊かさ」の提供を至上原理とする。

とくに、人間関係のソーシャルな行為を消費行為に重ね合わせられた場合、そこではイメージの類型として、あるいはイメージの典範として、貴族社会の行動原理や文化が動員された。産業ブルジョワジーは、貴族社会のもつ消費主義のスタイルをある種の「豊かさ」の幻影を実現するものとして、積極的に自らの領土へ編入していく。その消費主義とは、基本的には、当の消費者をめぐる空間と時間を豊穣なものにしていくアイテム、たとえば、農業志向や自然賛美であったり、旅やファッションやエキゾチックなものへの憧憬であったり、ロマンティシズムであったり、共同体願望であったりしたわけだ。[図1][図2]

二十世紀の前半を席巻したエリートたちによるソーシャル・リゾートには、こうした消費生活のユートピア的な試みが数多く登場する。

1 | 誘惑の

[図1]カッサンドルによるイタリア──コシュリッヒのツーリストポスター

[図2]1920年代のトレイモア・アンド・ブレーカーズホテル

コスタ・デル・ソルやチュニジア沿岸、そしてタヒチ(フレンチ・ポリネシア)やハワイなどにつくられた文化人のウィルダネス(辺境)型リゾート、避暑地や避寒地に仮設的な共同体を出現させるシーズンコミュニティ型リゾート、グランドホテルやカジノハウスを筆頭とするアーバン型リゾート、さらにツーリズム本体と融合したオーシャンライナー(豪華客船)やリゾートエキスプレス(豪華列車)を中核とするトランスファー型リゾートは、それ自体ホスピタリティ産業に支えられた一種の文化ユートピアにほかならなかった。これらの成立は当時の資本集積と流通のフレキシビリティ、環境開発や輸送・通信のテクノロジー革新、自然環境の科学的解明、建築や室内装飾における近代的な装飾復興、都市文化の成熟、映画やファッションマガジンなどのメディア普及、移動文明がもたらす故郷の喪失(ないし捏造)の成立と同時的であった。

　しかし、容易に窺い知れるように、これらの消費のユートピアは消費生活を通じた一定の情報的共同性は実現し得るものの、産業ユートピアと異なり、トータルな社会像を結ぶことはない。経済構造的にも循環し自足的に成立する世界もなく、消費の聖地だけが提供されている。その意味では、還元された、断片的な、そして極言すれば神話的な生活行為であり、シミュレーション化された情報行動が活性化されながら許容されているにすぎない、と言ってもいいかもしれない。

　貴族社会の消費主義を新たに組み換え、束の間のユートピア世界を創造し、しかもなお産業化する、この近代独自の文化/経済の関係は、それでもなお多彩なシミュラークル（模像）を産み続けた。虚構にとって、その舞台の設営は、そこで生起するシナリオとともに決定的に重要な役割を演じる。しかもその虚構とは、モダニズムが唱道する新しい社会を生産的に構築するためのヴィジョンではなく、愉悦的な欲望に奉仕するタイプのそれなのである。

オープンミュージアム

消費が組織化されたユートピアの空間は、また同時に穏やかな祝祭空間でもあると言える。そこは日常とは差異付く濃密な人工環境であり、消費生活を支えるなにがしかの虚構を成立させる意味が蝟集《いしゅう》・編集されたヴォリュームだ。

近代期において、こうした消費のユートピアの祖型となる空間をいくつか挙げてみよう。

まずこの手のアーキタイプとしての資質を如何なくもつものとして、1740年代につくられたマリー・アントワネットのアモー（村落）、及びその中心施設である「女王の家」を例に出すことにしよう。これはパリ郊外ヴェルサイユ宮苑の一角に、後に造営されたプチ・トリアノンという不整形の庭園内に現存するもので、アントワネットのレセプション環境としてつくられた。外観はノルマンディー風の農家群で、当時の著名な廃墟画家＝風景画家であるユベール・ロベールの示唆によって、非ヴェルサイユ的な親密でピクチャレスクなものに仕立て上げられた。だが一方、その中心的な農家である「女王の家」のインテリアは、ヴェルサイユ宮殿のインテリアに勝るとも劣らない絢爛たるバロック＝ロココの環境を形成する。そんな意味からすれば、屋外のランドスケープも清潔で、「見える」もの以外は実在のノルマンディーの村とはかけ離れたものになっていた。女王のレセプションという超越的な消費生活に対し、アモーや「女王の家」は、環境劇場的な舞台装置として機能していたわけだ。【図3】

第二の例としては、1820年代、イギリスのジョン・ナッシュ設計によるブライトンにあるロイヤル・パビリオンが適切だろう。このマリンリゾートレジデンスは、ジョージ四世（リージェント皇太子）のゲストハウスでもあった。ナッシュは折衷的な手法で、キューポラやミナレットを頂く中近東風の外観と、インド、中国的なインテリア、南洋的な装飾が繁茂する空間を創造する。植民地主義の文化幻影とも、アラビアン・ナイトの空想旅行の舞台とも思えるこの館を中心にして、以後ブライトンビーチは、貴族的なファッショナブルスポットと化していく。あたかも立体的な書割《かきわり》が蝟集する非現実的なランドスケープが実現したと言ってもいい。【図4】

最後に、1930年代初頭に建設されたニューヨークのロックフェラーセンターを挙げることにしよう。このコマーシャリズムの伽藍は近代ビジネスと都市アクティヴィティが多様に邂逅する複合体であり、構想当初は巨大劇場群な

[図3] プチトリアノンのアモー（ヴェルサイユ）

らびにエンターテイメント・コンプレックス、回廊でネットワークされた空中庭園などによって、突出した都市世界の実現、すなわちマンハッタンの中の神話都市の創造が目論まれていた。アメリカンボザールの構成手法やアールデコ様式が随所で汎用されつつも、環境全体が可変舞台のようなアンビエンス上の分節を見せ、中心となるサンクンテラス（主階から沈み込んだ下階の屋外テラス）から五番街一体のエリアは、この都市の貴重な公共領域を形成する。［図5］

［図4］ロイヤル・パビリオン（ブライトン）

［図5］ロックフェラーセンター（ニューヨーク）

十八、十九、二十世紀にそれぞれ登場したこれらの消費空間は、前衛運動や理念運動に見られる社会総体に対する先進的な提言といったものはそれほど顕著なものではない。社会的には消費生活という限定された領域だが、むしろその中にいる人間の人格性に対し、総合的に対処し、欲望平面を限りなく開いていくタイプの空間なのである。建築上、空間デザイン上の共有性も明らかだ。外と内はもはや全く独立し、分離されたものとして取り扱われ、その差異自体が修辞的にとらえられる。デザイン的要素は、

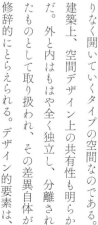

旅の空間のように、幾重ものトランスクリプト(転写)を経て編集され直される。身体感覚に訴える装飾や芸術品も多く組み込まれる。すべてが立体的なステージとしてしつらえられていくのだ。

これらは、つまるところ、私設のオープンミュージアムとして考えられた濃密な環境なのである。消費生活を支える虚構を、理念的にではなく、むしろ官能的に体感させ、独自の情報行動を誘わせるために、あたかもミュージアムで美術品を配列するように、環境全体をデザインコンストラクトもしくはデザイン管理する。そんな過程のうちに、アンビエンスをもつ言語空間が開かれていくのだ、と言ってもいい。

アンビエンスのマネジメント

「アンビエンス」をマネージングする——それは現代的なテーマでありながら、しかし、古来より無意識的な営みも含め、人間が空間をデザインする上で不可避的に実行してきた行為でもあった。

「アンビエンス」とは、固有な雰囲気をもつ環境、超個人的かつ無名的な意志で支配されたかのような独自のイメージ形態をもつ空間性、柔らかく管理された意味空間のヴォリュームのことを指す。こんな場合、日本では「気」とか「気配《けはい》」のある空間と言うかもしれないが、あらゆる空間は「アンビエンス」を自身が所有することによって他の空間との弁別が可能となり、代換不能な独自化——平たく言えば個性化——をしていく。

こうした「アンビエンス」が不可欠なものとして典型的に顕在化しているのは、宗教ドメインとコマーシャルドメインにおいてである。前者では神話力として、後者では商品力として、環境や空間のもつ競争性が査定されていくからだ。そして「アンビエンス」の構築という文脈から眺めたとき、宗教空間(そこでは精神の交換が行われる)は限りなく商業空間へと近づき、また一方、商業空間(そこでは物質の交換が行われる)は限りなく宗教空間に近づいていく。いわゆる「聖」と「俗」は、人間が胚胎する空間価値を生産していく領域の構築理念において共犯関係を結ぶのだ、と言ってもいい。

ひるがえって考えてみれば、近代建築はこの「アンビエンス」をある意味排撃する方向を歩んできた。なぜなら、具体的に「アンビエンス」を形象化する手立てが、象徴的な空間構成であったり、装飾の配置であったりしたからだ。モダニストたちは一部の例外はあるにせよ、宗教施設や商業施設の創造に積極的に参画していない。むしろ彼らが自らに課した課題とは、空間の純粋言語の開発であり、新しい社会の組織化であり、象徴主義やモニュメンタリズムの解体であった。しかし、にもかかわらず、近代建築はひとつの「アンビエンス」を形づくる。そこには近代性という固有なイメージ、近代テクノロジーの無意識化されたモニュメントというイマジネーションが支配的に漂っている。白も直角も開放的な空間配置も透明性もそうだ。その意味でモダニズムはイメージの革命であり、象徴的な空間構成を排除するという象徴性、装飾を排除するという装飾性を生産したアンビエンス・マネジメントの革命であった。【図6】【図7】

ポストモダンの消費主義環境は、この意味で退行的であり、先祖返り的ですらある。それがコマーシャルドメインで数多く展開していることも故なき符号ではない。そし

[図6]ルイス・バラガン自邸(タクバヤ)

[図7]ロベール・マレ＝ステファンの「人でなし」のセット

て、モダニズムが解体しようとしたそれ以前の「アンビエンス」とポストモダンが生産する「アンビエンス」の差異は、一義性と多義性の差異に現れている。ポストモダンがもつ「アンビエンス」の複数主義(プルーラリズム)は、消費形態と情報生産形態の複数性に対応しているのだ。

知的逍遥《しょうよう》や体験創造を動機づけるランドスケープ計画、精神上のセラピーや活性化を促すリゾート計画、ホスピタリティデザインの領域からテーマパークまで、それがポストモダン的状況であるなしにかかわらず、このアンビエンス・マネジメントがいかに重要なものであるかは論を俟たないものであろう。「アンビエンス」を戦略的に創造する行為は、通例はテイストづくりといった概念で感覚的に語られることが多かったと言っていい。モダニズムの規範でいえば、それはサブカルチャー的なもの、コマーシャルなもの、理念モデルにはなり得ぬもの、脱イデオロギー的で消費迎合的なものとして周縁に抑圧されてきたものであった。前世紀前半の近代期で言えば、「モデルヌ(近代感覚)」という命名が、近代性なるテイストづくりという行為の結果に与えられていた程度なのである。

だが、そこには明快な論理性と組織性が

存在する。これをモダニズムを含めた戦闘的なデザイン原理と比較して浮き上がらせることにしよう。

誘惑のデザイン原理

一言でいえば、アヴァンギャルドや教条主義的デザインに見いだされるものは、「説得」と「煽動」によって基礎づけられるのに対し、アンビエンス・マネジメントのそれは、「誘惑」と「官能」というキーワードに彩られている。「説得」という固有なコードで語られる論理は、自ら先鋭性をもって語る構造をもつために、全人格的な快楽交換ないし総合的な環境体感消費を還元的かつ限定的なものにしてしまう。「誘惑」は、それ自身があるものを効果的に語るという明快さはもっていない。さまざまなコードが混線し、共存する中で、トータルなヴォリュームとして訴えかける雰囲気なのである。かつてジェーン・ジェイコブスを嚆矢《こうし》としたアメリカの都市問題分析において、ある種の都市空間の猥雑さ、混沌さ、雑居感が環境上のアメニティを生んでいるという指摘がなされたが、リラクゼーションの本拠地である住宅が、主人の趣味以外脈絡もなくデザインが集積することの居心地のよさにも似て、「誘惑」の原理は見え掛かり上、「説得」の原理がもつ極端な純粋主義を否定するのである。

「説得」のデザインは、メッセージが明快なコミュニケーションであるのに対して、「誘惑」のデザインは、メッセージが不在あるいは韜晦《とうかい》なコミュニケーションである。前者が、啓蒙志向で、骨格へと回帰する論理構造をもち、マニフェスト感覚に彩られ、還元主義を基本にしたコンセプト・プレゼンテーションを行い、知的快楽交換を実現していくのに対して、後者は、享楽志向で、表面へと回帰する論理構造をもち、キャンプ感覚に彩られ、ドメスティック性の拡大したセンシュアル・プレゼンテーションを行い、全人格的快楽交換を実現する。そしてまた、「説得」のデザインが、参照と論理性をもつ空間を創造し、第三の効果を訴求するコラージュ性・アサンブラージュ性をもち、テクノロジーの直截ないし劇的表現をするのに対して、「誘惑」のデザインは、引用と寓意性をもつ空間を創造し、多言語性と折衷性をもち、背後化するテクノロジーの上での演出空間を構築する。要するに、生産・煽動の言語をもつアグレッシヴな原理に対し、消費・祝祭の言語をもつ原理が「誘惑」のデザインなのである。**【表】**

情報の問題に関してもその差異は明らかだ。「説得」は情報量を還元し、あたかも白黒写真のように、その先鋭力と突破力を高めていく。補足的な情報は修辞的に先鋭性を強化する手段となる。一方「誘惑」は情報の質量を高め、修辞的にはそれらをルース

[表] デザインの対照表

	前衛デザイン（説得のデザイン）	リゾートデザイン（誘惑のデザイン）
デザイン原理	生産と煽動のためのアグレッシブな原理（エクスクルーシブ）	消費と祝祭のための控え目だが徹底した原理（インクルーシブ）
方向性	啓蒙思想	娯楽思想
論理の枠組	構造への回帰	表面への回帰
プレゼンテーション	還元主義を基本としたコンセプト・プレゼンテーション	ドメスティックを基本としたセンシュアル・プレゼンテーション
雰囲気	マニフェスト感覚	キャンプ感覚
創造手法	参照・論理性・コラージュ効果	引用・寓意性・多言語性・折衷性
テクノロジーへの関与	テクノロジーの直截的かつ劇的な表現	背後化するテクノロジー上での演出
交換価値	知的快楽	全人格的快楽
コミュニケーション	明快なメッセージ	メッセージ不在

に編集することによって多様性を獲得していこうとする。

「説得」のデザインがエリートイズムを基盤とし、「誘惑」のデザインが大衆主義を基盤にしている、というわけではない。確かに「説得」のデザインはそうであるところの比重が大きいかもしれないが、「誘惑」のデザインは、エリート／大衆という二元律自体を宙吊りにしつつ、崇高性と歓楽性という二つの極点間に張られた、それ自体ハイスタイルな創造行為として考えられるべきものだろう。

消費生活を画定するアンビエンス・マネジメントによってつくられた空間に、前衛的なラディカリズムや極度なイデオロギー性を見いだそうとすることは、したがって、それほど意義のあるものとはならないだろう。たとえそれらが浮き彫りにされたとしても、全体環境の部分的な刺激要素にしかすぎない。それが「誘惑」のデザインであり、明快なメッセージなきコミュニケーション（というメッセージ形態）によって欲望を惹起するという別種の穏やかなだが徹底したラディカリズムが、背後に存在しているのである。

インクルーシヴな現実空間にもかかわらず、アンビエンス・マネジメントの論理性や統合性は、ミュージアムの「キュレーション」にも似て、むしろ運用それ自身のエクスクルーシヴな特性にかかっている。そして言うまでもなく、そこで産み落とされる現実空間の審級は、それが所有する誘惑度と官能度の高さに宿るのである。**［図8］**

［図8］マンザニッロのウェスティンホテル（メキシコ）

アール・デコール

現代の消費生活のハイスタイルな場（ホテル、リゾート）に、アールデコ（1925年様式）が汎用されているのは偶然ではない。アールデコは、近代工業社会において、貴族的な「豊かさ」や繁栄、消費礼賛を表象化する記号として成立した。このプリテキストは植物形象を基調モチーフとするアールヌーボー――貴族のデザインソースは往々にして農耕体験や自然に宿る。1900年パリ万博はアールヌーボーデザインで占拠された――であるとも言われているが、それ自体モダニズムとモデルヌの境界領域に棲息する装飾言語で

[図9]映画内モダンアメリカの典型的浴室

あり、バロック性や未来性をも内包する広大な射程をもつ。

われわれはその代表的な例を、神話的なトランスファー・リゾートであるノルマンディー号のうちに見いだすことができるだろう。1932年に進水したこの巨大なアールデコの館は、エリートたちのリゾートクルージングとして愛された消費のユートピアであり夢の移動都市であった。消費生活のプログラムは、ほとんどカーニバルのそれに近い祝祭性を獲得し、メインダイニングを含む、船内の幾つかのスポットはそのまま映画の舞台として使われた。

先述したロックフェラーセンターも然り、多くの経済的・商業的繁栄を誇るニューヨークの摩天楼の頂部がアールデコ装飾を纏っていることも周知のことがらだろう。前世紀末にロサンゼルスほか各地につくられ

［図10］映画「アラーの黄金」（1936年）ロケ風景

たラグジュアリーな会所であるセント・ジェームズ・クラブは、言わばポストモダン風に改作されたアールデコのアイキャッチャーが繁茂している。

「誘惑」のデザイン的文脈からすれば、消費空間の形成は、アールデコならぬアール・デコール（舞台装飾術）として考え得るものである。20年代、30年代に花開いた映画のセット・デコレーションは、こうした消費ユートピアとアクティヴで刺激的な関係性を所有すると言ってもいいものである。［図9］［図10］映画のもつ自己投影機能の開発も忘れてはなるまい。『スター』の著者エドガー・モランによれば、映画とはスペクタクル同様、心的同一化のプロセスであり、夢の擬態であることが喝破される。観客は映像上に自分の欲望と畏敬を投影することで個人的な救済が行われる。このスター教が、神話の商品として今世紀の資本主義の特異な制度を形づくってきたことも同時に語られる。ここにも宗教と商業の近接、神話の商品化、商品の神話化の構図が露出する。そんな構図の中で、観客は虚構の主人公と自己のあいだを、幾度となく往復するのだ。

アール・デコールは絢爛たる舞台をつくり上げることだけではない。むしろよりヴァナキュラーでドメスティックな偏向を受けることも多い。スターの別荘を数多く手がけたロジェ・エラーラは、モダニストの文脈からはドロップアウトする建築家の一人だが、サントロペの自邸やブリジット・バルドーの別荘などに見られる「誘惑」のデザインは、よりモダニストに近いシンドラーの作品よりはるかに徹底したアンビエンス・マネジメントの実施がある。住宅は、最小限の個別な消費ユートピア単位として構想されたわけだ。［図11］

リゾートやホスピタリティ環境それ自体が、映画上の虚構的なランドスケープをテキストにイメージ量産されてきたことも忘れてはならない。この手の突出した事例は、

［図11］ロジェ・エラーラ自邸（サントロペ）

1937年につくられたジェームズ・ヒルトン原作の映画「失われた地平線」（監督フランク・キャプラ）のシャングリラのシーンである。チベット奥地にあるこのエキゾチックなラマ教風館と庭園のセッティングはステファン・グーソンによってデザインされたが、同時にこの映画を生産した夢の方舟ハリウッドにおける表層的な情報生活の隠喩《いんゆ》になっていたと言っていい。［図12］

建築や室内装飾のデザインは、アール・デコールとして、つまり、意味のヴォリュームなりアンビエンスを形成するセットであり、仮象であり、祝祭的文脈から言えば仮面となる。そこに別種の「旅」が生まれる。環境が憑依《ひょうい》現象を起こす。言うまでもなく、アール・デコールを実践する建築家＝アーティストは、シェノグラファー（舞台装飾家）の権能を付与され、かつまたそれに支配さ

れるのである。

ホスピタリティ・シェノグラフィア

ホスピタリティを媒体とするハイスタイルな消費生活を支える虚構の舞台、それを実現する「誘惑」のデザインは、それゆえに、現実社会に象嵌された非日常的かつ異化＝活性化したＢＩ（ビヘーヴィア・アイデンティティ）と不可分である。そこでは魅力的だが虚構化されたライフスタイルも立ち現れる。

ホスピタリティ・デザイナーは、近年インテリア・デコレーター、ないしインテリア・デザイナーとして装飾、調度、家具、什器、サイトファーニチュアからインテリア、さらに建築までを、強度の高いアンビエンス・マネジメントにおいて実現しようとする。このマネジメントにおいては職人芸のような、また誤解を怖れずに言えば男色的な緻密さが必要だ。ホテル、レストラン、クラブの内装で活躍するジェームズ・ノースカットやハーシュ・アンド・ベドナーたちデザイナーは、自らの行為をステージデザインと呼んで憚らない。彼らは、貴族趣味や歓待のマナーに通暁し、美と雰囲気のキュレーター的資質をもち、色彩と光の感覚に秀でたホスピタリティ・シェノグラファーでもあることを目指す。こうした職業人の多くが、ディズニーランドや映画界、さらにブロードウェイ等のショービジ

［図12］シャングリラのセット（映画「失われた地平線」（1937年）より）

ネスに携わっていた経歴をもつのも故なきことがらではない。

シェノグラフィアをソフトウェア的に構造付けるシナリオは、むしろ主《あるじ》の意志と趣味、さらに見識に宿る。その意味で、彼らはまた「カスタマイズ」至上主義者たち、顧客のイメージ資源を開発し、それを環境に具現化するオーダーメイド志向のデザイナーたちであると言えようか。

ホスピタリティ空間にとって主《あるじ》の存在は不可欠である。なぜなら、ホスト／ゲストの境界線の豊穣化がその空間の存立に深くかかわっているからだ。プチ・

[図13] ウブドゥのアマンダリホテル（バリ島）

トリアノンにおけるアントワネット、ロイヤル・パビリオンのジョージ四世、ロックフェラーセンターでのロックフェラー（及びその巨大資本）、主《あるじ》が当の消費世界という祝祭空間の司祭であり、その資源をデザイン的に開発し組織統合することが、ある意味では「誘惑」のデザインのフォーミュラのひとつだと言えるかもしれない。その主《あるじ》は決して民主的な顔をもたない。主《あるじ》が前衛趣味である場合には、舞台もそのようなものとして整備される。しかしその前衛はイデオロギーではなく、あくまでアンビエンスとしての前衛なのだ。ここでは「誘惑」のデザインが「説得」の言語を包含する状況を招来する。

さらに言えば、主《あるじ》は人格とは限らない。超越的に君臨するソフトウェア——信仰やテクノロジーの場合もあるし、共同の記憶や伝承的なライフスタイルの場合すらある。［図13］［図14］

ホスピタリティ・シェノグラフィアという環境型インターフェースの魅力、誘惑のデザインの結実としての魅力は、言いかえるなら、主《あるじ》というD／B（データベース）の情報がもつ高貴さや質量の広がりとアンビエンス・マネジメントの巧みさの函数でもあるのだ。そしてこの魅力の直撃性と延伸力、メンタルな救済機能の強さが、単なるキッチュやフリークな過剰装飾との分割、すなわちハイカルチャーとサブカルチャーの弁別線を告知するのである。

［図14］マウイ島のフォーシーズンズホテルのサイトファーニチャー（ハワイ）

境界線上の都市

都市の危機が叫ばれて久しい。しかしながら、われわれが当惑するのは、この単純なことば「都市の危機」なるものが意味する内容の韜晦《とうかい》さである。一方われわれは現実において、サラエボの疲弊、ニューヨークの化石化、ドバイの狂騒、東京やシンガポールの慢性的飽和を目撃するにつけ内的不安の昂進を余儀なくされる。そして、一体、都市そのものに危機など存在するのか、という麻痺状況の認識的危機の誘惑にかられる瞬間をそのあと体験するのだ。

「都市の危機」の韜晦さと書いたが、この「都市」なり「危機」のターミノロジー(用語法)の激しい変容自体が、まずこの韜晦さを産んでいることは、まちがいのない事実であろう。

たとえば、あなたは「都市」を現在どのようなイメージで捉えているのだろうか？ 「都市」が人間に何をもたらしているのか？ そもそも「都市」とは何か？ 実のところ、こうしたアポリアは、それを条件づけるものの解像度が高まる一方で、その本質の混迷度を急速な形で深めているのである。

われわれの記憶の中に棲息する「都市」イメージの変容もすさまじい。稠密《ちゅうみつ》な古代の帝都ローマ、ノスタルジックな中世都市、ダイナミズムをもつ近代都市、蠱惑《こわく》的なメトロポリス、世界随所で持続性を競うスマートシティ、散逸と越境絶えぬネットワーク都市、そして数々の映像やメディア上に消長する虚構の都市もあげておこう——交通や交換を主たる機能とする物質的／非物質的な場《トポス》であることを除けば、「都市」の原像は恒常的な刷新を進行させていると言ってもいい。前世紀中葉の情報革命以後、この進行が、あたかもテクノロジー革新と手をたずさえるかのように、極度に加速化していることは周知のものであろう。

今や、「都市」はバベルの受難よろしく、総合的かつ統一化されたシステムで語り得ることの不可能性だけを露呈しているかに見える。と同時に「都市」を語るには、部分や文脈に、あるいはイデオロギーやテイストに還元して語ることしかできないかのようにも見える。しかし、その部分を単純に積み重ねたところで全体が約束されているわけではない。

■

この「全体としての都市」という概念が(再)発見されたのは19世紀半ば、産業社会の端緒にあたる時期で、実はそれほど古い話ではない。地図の作製や俯瞰《ふかん》メディアの

2 | 破局

著しい発展、農村との経済対立、ツーリズムによるインターシティ性の成立は、「都市」自体を相対化・対象化し、アーバニズムという規範領域を生んだ。その意味では、現代は第二の(再)発見の時代である。なぜなら、電子情報系のコミュニケーションとテクノロジーの浸透によって、情報レベルでのグローバル化・ツーリズム化が生起し、都市間の価値創造対立は例を見ぬほど過激なものと化す一方、知覚上のアクチュアルシティとヴァーチャルシティの対立・融合が文化的に大きなシーズともなっているためである。こうした場面で相対化・対象化されようとしている「全体としての都市」は、コミュニケーションネットワークの海に浮かぶ空間時間複合体としての古典的な都市像そのものとなることが多い。「都市」は、このように考えると、仮設的な虚像(ヴァー

チャルイメージ）は結ぶことはあっても、その実像は常に韜晦で不確定なものであり、それについて共通に語る地盤を恒常的に危ういものにしていく。

「危機」についても似たような側面が指摘し得るかもしれない。十九世紀半ばのオースマンのパリ改造は、旧来の前近代的なコミュニティや文化環境を危機に陥れたが、生産力に充ちた近代都市や近代文化を育む都市構造をつくり上げた。その行為は、〈文化的破壊〉とも〈破壊的文化〉とも呼ばれた。構造変革は、常に危機を伴う。が、また同時に、新たな創造を生む。それは旧約聖書の新約への変換やコペルニクスの逆転以来、われわれが生きる文化パラダイムでの基本的な認識にも近いものと化している。まさに手放し難きを手放せば、得難きを得るに似た側面だ。

「危機」の認識もまた創造への思想的基盤を形成するがゆえに、党派的なことがらなのだ。そしてその質と内容は、社会の変容に応じて刻々変化する。都市を恒常的な破壊と創造（もしくは再創造）の現場として捉えるなら、「危機」はあたかも影のようにとり憑《つ》いていると言わざるを得ない。もちろん、それに対するマネジメントも、「都市」の立脚するパラダイムによって様相が異なってくる。宗教対立や民族対立、難民や移民問題、さらには多産化や少子化の様相は、このパラダイムのあり方を大きく規定しているのは明らかである。その再創造やマネジメントを進化と呼ぶのか、躊躇する局面だ。

先に、都市の主たる機能を交通や交換として記したが、多くの「都市」をめぐる狭義の「危機」が交通事故——自動車事故ではなく、むしろコミュニケーション事故といったものに近い——や、市場崩壊などを含む交換事故が動機となって惹起されていることも事実である。交通や交換は、広い意味での経済を原則とする。

■

前近代の多くの都市は、巨大に拡大した建築といった様相をもつ軍事都市であった。それは軍事経済によって支えられ、都市を構成する諸要素は、建築という規範領域のもつ言語体系（たとえば、窓、塔、歩廊、広場、階段、あるいはアプローチやファサードなど）で語られた。軍事都市の危機とは、物理的な破壊と都市内部の過密飽和化であり、それに対するマネジメントも、増殖・増床や修復、もしくは転用といった、きわめて建築的な対策であった。

環状城壁を取り壊すことでそこを環状街路にしていく営為は、近世以来頻繁に行われたが、この城壁の歩廊のことをブールバールと言っていたため、今でも街路名やその形状にこの呼び方は残っている。言語体系は都市をどのように認識し創造するのか、そのための拠って立つ構造でもあると言えるだろう。

ところが、近代都市になるや、都市は軍事都市的な完結性を放棄し、オープンで生産力を高める形態をとり始める。運河や道路、鉄道敷などのインフラがその構造を大きく規定し、拡張は止めどもない。この都市は、資本経済によって支えられ、都市自体があらゆる意味で生産の母体となっている。都市は自己生産をくり返す生命体、有機体、あるいは巨大な機械として考えられたわけだ。当然、都市を構成する諸要素は、生物学ないし機械学という規範領域の言語体系（たとえば、システム、コア、サーキュレーション、エントロピーなど）で語られる。それはまた当代の最前線の規範領域でもあった。そこでの危機は、〈病理〉《パソロジー》や〈故障〉《マルファンクション》であり、手術や部品交換といったマネジメントが施される。オースマンのパリ改造が、都市に施された外科手術と呼ばれる所以でもある。

われわれの生きる現代都市は、この近代都市の礎の上に築かれながら、情報技術やコミュニケーション技術の開発によって、多層的な複合度を現実のものとしている。おそらく、現代都市を支えるものは情報経済であり、コミュニケーション経済であろう。これに物質の意味や知覚の意味、さらに言えば人間や世界の意味を変革し得るテクノサイエンスが不断の影響を与え続ける。

格差や対立の質も多様さを極める。われわれはもはや、都市なるものを的確に規定する言語体系をもたない。その危機も予測できない。

しかし一方では、もし乱暴な仮説を導入していくとすれば、今や都市自体が複雑系を形成する領域に踏み込んだのだ、ということは言えるかもしれない。都市の現実が、何よりもそのことを雄弁に語りかけてくる。複雑系という規範領域では、非線形の動きが恒常化し、カオスや自己組織化、細部の自律性、予測し得ぬ破局が変容のさなかで息づいている。予定調和は、そこにはない。気象現象、株式市場、そしてメディアといった他の複雑系のように、予測という行為はことごとく無視され、かつ裏切られていく。些細な変化が、遠隔的に巨大な変化を引き起こす。

都市というものに対し外在的に危機が訪れるのではなく、危機は都市内部のとるに足らぬ事件や、ディスコミュニケーションによっていとも簡単に見えるが如く炎上する。もちろんハインリッヒの法則——重大危機にはその背後に階層化された些細な危機が無数に隠れているという原理——はあるだろう。破局はつまるところ内在化されている、いやむしろ都市自体が、破局境界線上を動いているにすぎないといった方が正確だろう。こうした考えは、われわれに空間認識に関してのいくつかの視点を与える。

第一に、建築と都市の関係性についてだ。建築が都市の部分を担うという幸福でヒューマニズム的相似性は、もちろん現代でもイタリアのティポロジア計画や歴史主義的な施設類型論では一定の有効性はあるものの、基本的には大きく破綻していると言わざるを得ない。建築は、どう言おうが、ひとつの堅固なシステムである。

一方、都市は複雑系だ。建築に都市を象嵌する、建築に都市的なるものを内包するという論理は、複雑系のもつ豊かさ(という見え掛かり)を建築に編入するという欲望によって動機づけられているだけである。確かに、建築は巨大化することによって都市的な性格をもつこともあるだろう。だが、建築の巨大化と建築の都市化は、私の考えでは、本来関係がない。巨大化による複合性の高度化は、システムの重ね合わせがもたらす複雑さであって、本来の複雑系の問題ではない。複雑系の規範領域では、システムのナイーヴな積み重ねがもたらす生産力(この場合であれば魅力と置き換えてもいい)は第一義ではないのだ。むしろ、建築に都市をとり込むことは――もしそれが本当にできればの話だが――、建築というシステムを解体ないし消失させること以外にはあり得ないのである。

建築が都市のミニアチュールになることは決してない。システムの重合による豊かな環境という概念は、確かに近代都市にはあてはまるだろう。しかし、複雑系として成立しつつある現代都市は、そのようなデカルト以来の還元主義、分析と総合によって成立する全体像というもの自体から、限りなく逃走しつつあるのである。

第二に、都市をめぐって生起する空間・時間のリニアな因果関係の無化をあげることができる。

前世紀末より社会的に浸透し始めたリアルタイム技術と遠隔技術が、連続的な時空間の概念を解体しつつあるのは誰しもが認知していることであろう。都市が交通と交換の場、すなわち交差点であること、そこでは人工的な空間と時間の制御と互換も同時に起こり得ることも示唆している。独自のユニークな速度論で知られるフランスの都市計画家にして軍事ジャーナリストでもあるポール・ヴィリリオはこう語った。「速度は都市から、つまり運動の支配から生まれる。都市は生まれたときから、ギアボックスだった。」

都市の空間、都市の時間は、トポロジックに組み合わされ、また突如、断続的に変化する。それはかつての近代都市で喧伝された動的安定を見せる実体ではなく、不安定な過剰さによって覆い尽くされている。

もしわれわれが現代都市に安定性やバランスを見いだしたとすれば、それは限定付きの事象を眺めているか、不安定に麻痺しているか、どちらかである。その意味では、豊穣な時空間の連続複合体としての都市といったパトリック・ゲデス的ヴィジョンは、近代都市にとってのオリンピアと同じく、現代都市にとっては郷愁的なユートピアの素材を提供するだけだ。そして現代のツーリズム流行は、この郷愁をさまざまな形で情報商品に仕立て上げていく。

この空間と時間の人工化は、仮想的な空間と時間の価値を肥大化させる。そして誰もが感得し得るように、そこでは本物や現実の価値が汚染され下落し始めるという、ひとつの危機が訪れるのだ。ヴィリリオはそれを電子のパースペクティブ――「大光学」ともいう――を所有することによって生じた「速度汚染」と呼んだ。

複雑系が自己刷新のために自らカタストロフィーを呼び寄せるものだとすれば、この汚染は速度が支配する社会である現代都市が宿す運命なのである。そしてあらゆる価値も境界線上に投げ出される。

■

都市の危機が、経済の危機になるのか、われわれが生きる拠り所になる記憶が集積された文化なるものの危機になるのか、人間の生活環境の危機につながるのか、さらに「人間の危機」といった本質的なものを誘引するのか、その査定は今のところ難しい。

そこには同時に社会的価値も介入する。たとえば東京の場合、江戸期明暦の大火から始まり、維新、震災、戦災と外的なカタストロフィーによって都市は破壊され、そして新たな復興を迎えた。しかしその後の高度経済成長、国際化、情報化を都市に対して働いた内的でソフトなカタストロフィーとして捉えることには、何らかのコンテクストを用意せねばなるまい。経済の発展と都市社会の発展は、ある臨界点までは協働するが、それ以降は都市を文化的媒体として考えたときには競合する、いや都市を破壊する。これは国際化にしても、情報化にしても同じである。

　それは速度の差異と共存、あるいは野合といった状況が主たる原因だ。経済や情報、ときとして政治がもつリアルタイムの高速性と、文化や教育や環境あるいはコミュニティ醸成といった比較的ゆるやかな速度――身体的速度とも言いかえれるだろう――の不整合が悲劇をもたらす。光速度技術とその所産である非局所化・遍在化技術が「場所」の概念を侵略し、その有意味性を凋落《ちょうらく》させる。われわれは速度を制御するのではなく、速度に引き裂かれた状態におかれているのである。

　戦後の危機は、この意味で、現在世界的な社会現象となった経済クラッシュやテロを除けば、ほとんどこのような不可視の深耕を進めている。

　複雑系では些細な変化が後に巨大な変化を引き起こすと記したが、現代社会では北京やロンドンで起こった事件が、日本の都市に大きな影響を波及させることなど、日常的事態となっている。ネットワーク化が促進されれば、その危機は増幅されることはあれ、縮減することはない。その意味でわれわれは、きわめて危うい、そして否応なく「つながった」都市生活を営まされているといっても過言ではないだろう。

　しかし逆にみれば、カタストロフィーや事故こそが、「都市」のもつ本質的な顔を露出させることを可能にするのも事実である。偽善の仮面も剝がされる。情報で防衛された虚構にも亀裂が走る。未知の異形《いぎょう》が登場する。隠れた、あるいは隠された都市システムが顕在化する。日常がブレークダウンし相対化されるのだ。そしてカタストロフィーからの復興がまた新たな創造として社会的には捉えられるにちがいない。もちろん、そこでの教訓を叡智《えいち》という資産に変換する意思があってこその話ではあるが。

■

世の常のように、危機的《クリティカル》なるものを見いだすのは批評的《クリティカル》感性以外の何ものでもない、という真理は残される。

現代都市は、すでに超人化した地平、ナイーブな、そして同時に深遠なヒューマニズム終焉後の世界に棲息する。破局点が、いつ、どこで、どのような形で顕在化するのか予測するのも不可能である。見え掛かり自体がもつ社会的・共同的価値も希薄になりつつある。都市の「魅力」の意味も、従前とははるかに変質した。この都市にサバイバルし得る方法＝新たな都市文明のモデル――それは劇的かつヒロイックで希望に充ちたものとは限らない――を提供することだけが、時代の課業となってしまったのだ。

ブランディング

ブランディングについて

「ブランド」がもともと家畜への焼き印や烙印として同種の他の家畜との差別化、そしてアイデンティフィケーションに寄与して以来、それは価値創造と併走しながら、社会のあらゆる領域にその概念が敷衍《ふえん》されるようになった。

人や企業という所有主体あるいは製造主体が存在し、その商品の証しがブランドであったわけだが、その主体の信頼性やイメージも広義の情報商品となるため、印を所有する主体・印に代理される主体もブランドとして認識されるようになる。今やブランディングは、現代の商品開発や価値創造の世界においては、不可欠の業務タスクとなっているようにも見えるほどだ。

差別化やアイデンティフィケーションは社会的にはポジティブにもネガティブにもなり得るわけだが――「焼き印」や「烙印」は概してマイナスイメージ評価や、精神的にはトラウマなども表す――、市場的文脈においては、ブランドはポジティブ側を問題にする。

イギリスのサッチャー政権時代の「ブランド資産価値」(Brand Equity)は、企業合併や評価に際して、市場が純資産以上の時価評価額を特定の企業に与えるものとして話題をまいたが、これなどもそんな側面を窺わせる。我が国の場合であれば、「銘柄」や「のれん」のもつ暗示的意味作用だ。往々にして伝統や格式、つまり持続的信頼度と容易に結びつく。

自らのブランディングは、メディア論では「自己神話化」という。実際、ブランディングのプロセスは、社会ひいては文明のあらゆる位相で垣間見ることができる。それは神ならぬ人間が人為的に行ったことがらの神話化のプロセス以外の何ものでもない。この神話は共同的ないし社会的な欲望や美、憧憬価値であり、神話を自家薬籠中《じかやくろうちゅう》にすることで付与の社会の中での競争力や権力を手中にする、という人間の根幹的な社会的欲求に根差している。それが経済社会であれば、現象面としては、ポピュラリティや商品力を獲得することに等しい。

製品や人あるいは企業の場合には、このブランディングという現象や性向は見てとりやすい。だが、街の場合はどうなのか？

ブランドが指示するものへの憧憬を通り越し、「ブランド」なる概念自体に憧れすらもつ現代的な消費社会において、人間が生活し活動する基盤であり公共性を内包する街という不定形な時空間――すなわち「街」は不動産など含めそれ自体商品的意味合いをもつことはあるが、完全な商品ではない――をブランディングするとは、一体どういうことなのであろうか？

3 | 街の

街とブランディング

最もわかりやすい街のブランドイメージとはどのようなものだろうか？　大都市の場合であれば、都市全体というより地区において水際だってイメージがよく、誰しもが訪れ、そこに住みたいと思わせる場所、そして絶えず良質の情報発信をする息づいた街、そのようなものとして考えられることが多い。

たとえばパリでいえば十六区パッシー界隈であり、ニューヨークでいえばセントラルパークウエスト、東京でいえば麻布台地や四谷台地から南西へ広がるエリアなどで

あろう。さらにロサンゼルスのビバリーヒルズなどを挙げる場合もある。【図1】
　平たく言えば「場所がブランドになっている」ということだ。しかしよく考えてみると、場所とはアイデンティティをもつ他では代替不能なものであるから、自己撞《どう》着《ちゃく》的な言い方ではある。よく使われる「地

[図1]（上）ロディオドライブと（下）ビバリーヒルズ（ロサンゼルス）

ブランド」などもそうだが、ここではむしろアイデンティティや代替不能性よりも、それがもつ優位なイメージ力や価値創造性の方に立ち位置がシフトしていることがわかる。

　確かに「場所」の境界はいつも不確定かつ曖昧であるが、よりハードエッジないし商品テーマ性をもったブランドイメージも数多くわれわれの身近に存在することに気づくだろう。ニューヨークのウォール街やロンドンのシティはいまだにビジネスエリートの前線というブランドをもつし、同じくサビル・ロウやフィレンツェを代表とするトスカーナは職人の聖地というブランドをもつ。実態はよくわからないが、共通の金融信頼性ブランドをもつチューリッヒの銀行街、これらの場所「発」ないし「製」は、そうでないものと仮に実体として大差なくて

も、圧倒的に差別化され、商品経済的優位性を誇ることになる。数十年前の「メイド・イン・ジャパン」もその例にもれない。

　ひとつ変わった例を出してみよう。近代芸術家（本人はそう呼称されることを拒否し続けたが）のマルセル・デュシャンの作品に「パリの空気」というものがある。これはフラスコ風の瓶にパリの空気？（多分そうなのだろう）をつめて封印しただけの代物である。ここには「パリの空気」という当たり前の実体を概念としてブランディングし、もって「作品」という差別化された営為を成立させる、しかもそうした営為自体をいささか皮肉っぽく揶揄している批評性も顔を覗かせている。

　場所の差異によって利益を生産するという資本主義の根幹からすれば、あるいはより柔らかくツーリズムや社会的モビリティ促進という視点からすれば、さらに都市間競争原理からいって、街のブランディングは、その功罪の深刻さは棚上げされながらも、必然となっていくだろう。いや、必然を超えて、情念＝受難《パッション》と言ってもいい。狭義では観光促進や居住・業務の誘致促進だが、広義では街に関係する人・産業・行政すべてのグレードアップに寄与するからである。しかしまた、それゆえに悲喜劇も多数勃発する。

　ブランディングは情報経済になればなるほど、その領域を拡大する。なぜなら、ブランディングとは情報創造という価値創造にほかならないからだ。

　では街という視点から、一体どのような内容の、あるいはどのような方法でのブランディングが行われていくものなのだろうか？

メディアによる喧伝

洋の東西を超え、近代期の移動型社会になるにつれ、街自体を広報化する、そしてブランディングする、という現象が多岐にわたり生まれてきた。移動型社会とは基本的には開放型ツーリズム社会を牽引し、人や物資の移動とともに情報の移動や文化の生産といったものが併走する。

これは現代社会でも、ごく自然にいえることであろう。新幹線などの移動インフラが整備されたり、ブロードキャスティングやユビキタスメディアが深耕すればするほど、社会は均質化し、同時に地域あるいは都市は相互に競合関係を激しくし、それぞれはブランディングの競争を繰り返す。そのためにその地域や街しかないハード・ソフトの資源をアイデンティファイし、魅力を膨らませようとする。

近代期の明快な事象として、版画による都市広報およびブランディングがある。都市を題材にした版画は、それ自体量産メディアでもあることから、実際にその都市に来ない、来れない人や社会に対し、情報的波及をもたらす。

ここで二つの版画を見てみよう。[図2]ひとつは、十八世紀イタリアの建築家=版画家ピラネージによる「ローマの街景図」(Veduraという)、もうひとつは北斎の江戸から望む「富嶽」である。前者は銅版画、後者は木版画で、基本的には同時代のツーリストに対するお土産であり、啓蒙画の機能を担っている。ローマの街景はとくにエリートたちのグランドツアーに、富嶽は他の名所図会ともども当代の旅ブームにのって伝播した。絵の独自の構成法や技法については本題と異なるためここでは割愛するが、両者とも自ら愛したローマ——ピラネージは当時のギリシャ・ローマ論争でのローマ擁護者の首謀であった——、そして江戸に対するブランディングがなされていると見ていい。当時はネットも放送も新聞もなく、これらの版画はローマや江戸の偉容さ、崇高さ、奇抜さ、面白さ、魅力といったものをヴィジュアル情報として流布させたのである。

　したがって当然予想され得るように、街景の写実ではない。デフォルメから架空の構成に至る幾重ものレトリックで広報機能を高めていくのである。

[図2]都市風景の比較
(上)ピラネージによるローマ街景図、(下)葛飾北斎の江戸から望む富嶽

　ここには画筆の卓越さを超えて存在するブランディングの核となる要素が見いだせる。ピラネージの場合であれば古代ローマの廃墟であり、北斎の場合であれば冨士を

基本に江戸に見え隠れする自然(坂、川、樹木などのランドスケープのみならず、雨や雪、風などの天候的変化も)である。廃墟という人工的なものの超越性と自然の超越性の差は、そのまま近世までの人物画対風景画といった東西の絵画のライトモチーフの差にも近い。

街丸ごとのブランディングは、このように場の資源を徹底開発し、それに新しい価値を増強し(「ローマの偉容」、「江戸の粋な歳時」)複製メディアにのせる、という基本的パターンが見いだせる。しかし何よりも重要なのは、「超越性」がそこにあることだ。

ブランディングの核施設(1)

こういった「超越性」は、ある種文化的厚みや文明的系譜をもっていない限り、獲得するのが難しい。しかし歴史とは先験的にあるものだけではなく、これからつくり出すものでもある。核施設の布置によってその街がブランディングされる、という事象もわれわれの周囲には存在する。

最も有名な例は、ロンドンの南郊外約30キロメートルにある海岸の街ブライトンであろう。何もなかった港町は、十九世紀半ばにリージェント皇太子(後のジョージⅣ世)のサマーレジデンスとして建てられた「ロイヤルパビリオン」およびその王室庭園整備以降、ファッションをはじめとするハイテイストな流行のメッカとなり商業集積が加速化した。そしてそれ以来現在に至るまで、この様相はそれほど変わっていない。

ここでは「ロイヤルパビリオン」自体がブランディングの核施設になったと言えるだろう。「ロイヤルパビリオン」は代表的な折衷型建築で、十九世紀を席巻するエキゾチズムの文化的流布にも一役買った。設計者のジョン・ナッシュは、ロンドンの目抜き通り商店街であるリージェントストリートの設計者でもある。

実は類似例は数多くある。ヴェルサイユもそうだし、サンスーシ庭園のあるポツダムもヴィラ・デステやハドリアヌス別邸のあるチボリもそうだ。いずれも核施設は、すでに市民革命によって世俗化の憂き目に会ったとはいえ、王室であり皇室あるいは皇帝という特権的な「超越性」をもつ施設なのである。

ひるがえって我が国に目を移せば、葉山、那須、軽井沢といった街は他都市とは雰囲気を異にしていることは論を俟たないだろう。そこには御用邸といういわば「超越的」施設が存在する。御用邸までいかなくても御用施設としてクラシックホテルのある街は、同じくロイヤルブランディングされている街に近しい存在だと考えても不思議ではない（日光、箱根、奈良、上高地）。[図3]

[図3] 御用邸（日光）

ブランド化の核施設（2）

階級社会の残滓《ざんし》があったとしても、何が何でも王室的な施設がなければ街のブランディングができないというわけではない。先に出したロサンゼルスのビバリーヒルズなどは、むしろそこの住民自体が（主として映画関係の）セレブリティであるという、きわめて人為的な要因によっている。それが言わばソフトの核になり、さまざまなユニークな施設、たとえばベルエアーホテルやロディオドライブ、ロバートソン通りのような商業環境が生まれ、またそれらが引き金になって同種の集積が促進される。

こうした民事施設、しかしその創設の動機や方法にはやはり何がしかの超越的なるものが含まれる。とりわけ新興国家であったアメリカでの街や通りの(結果としての)ブランディングにいくつか事例を見いだせる。ブルガリやサンスーシ等産業資本家たちの私的なリゾートとして出発したハワイ、その拠点となったワイキキのピンクパレスの異名をもつロイヤルハワイアンホテル(1950年代にシェラトンが買収)も然り、ニューヨーク五番街のサックス・フィフス・アベニュー、それにロックフェラーセンターも然り、公共的資源と情報発信力によって、こうした商業施設は別種の形でブランディングを推進する役割を担う。

社会的にも認知されたブランドをもつ街や場所は欧州では枚挙に暇がない。ヴェルサーチやベリーニ、フェラガモなどの避暑別荘が群居するイタリアのコモ湖畔も、風光明媚さや絹製品――「絹」は「金」よりも上位に扱われる――のメッカであることとも相まって、この小さなファシズム時代の記憶が色濃く残る街を何にも代え難いブランドにする。またセレブリティがアジール(隠れ家)を求めて集まるサルジニア島のコスタスメラルダも似たような性格をもつ。その中の有名なホテルチェルボには通例のマーケティングでは考えられないブランド

[図4]モンテカルロのカジノ(モナコ公国)

ショップ街が形成されている。

情報発信の観点からすれば、地中海海水浴公社の運営するモンテカルロのカジノ地区(カジノ、コンベンションセンター、ラグジュアリーホテル、パルテール公園など)は、貴族スポーツの象徴であるF1ほかの国際イベントとともに、この小さな公国を世界ブランドに仕立て上げている。モナコ市民になること自体が大変なステータスであり、このブランド都市の名誉とロイヤルティを拡大している。[図4]

商業施設ばかりではない。たったひとつの住宅がブランディングの核になる例もある。チュニジアにハマメットという街があるが、ここのイメージは当地にある現国際文化センターによって決定的なまでに醸成されている。このセンターは、実は1920年代に建てられたルーマニアの富豪セバスチャンの私邸であり、珠玉のパティオや糸杉の庭園が美しい。当時アンドレ・ジイドやグレタ・ガルボ、パウル・クレー、さらにフランク・ロイド・ライトなどが訪れ絶賛した住宅である。以来、フェニキア文化の痕跡がやや残っているに過ぎなかったこの街を、欧州と北アフリカを結ぶツーリズムの拠点としたのだった。[図5]

[図5]ハマメットの国際文化センターの中庭(旧セバスチャン邸)(チュニジア)

階級的な突出という超越性でもなく、やり過ぎの商業的プロモーションでもない街のブランディングの好例もいくつかある。そんな計画や実施では「ブランディングする」といったやや軽佻な商業用語さえ存在せず、むしろ地域や場所の活性化や再生であったりするが、視点を変えれば同質の性格をもつものであることを見いだすことも不可能ではない。

　たとえばストラスブールというドイツ国境に近いフランスアルザス地方の街がある。ここは巨大な天文時計が有名だが、すでに旧市街は１９８８年世界文化遺産にも登録されている都市景観豊かな街である。新交通と環境対策を意欲的に行ったこの街は、そうした歴史的資源と相乗する形で、環境

[図6]ストラスブール
(上)平和通りの整備前　(下)整備後

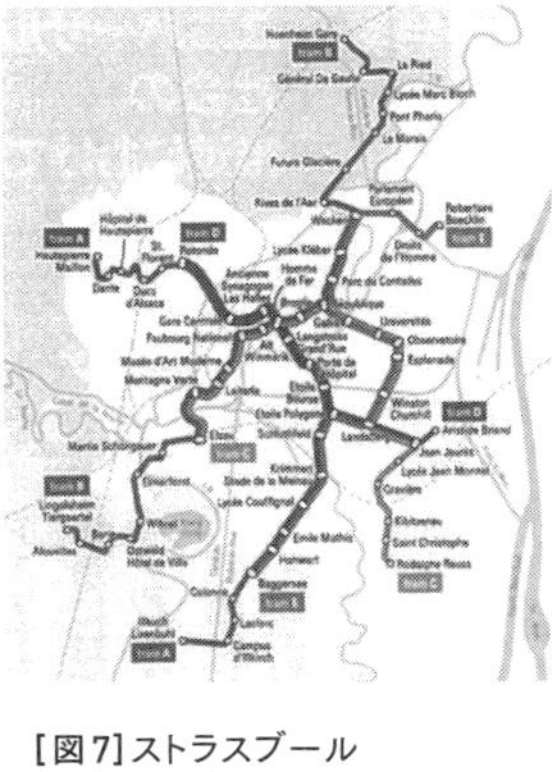

[図7]ストラスブール
(右)公共輸送システム
(左上)旧市街
(左下)トラム

都市としての世界的ブランドを獲得しつつある。小規模であるがゆえに可能な政策的一貫性と市民の理想をはらんだ合意が形となって現実化しているのだ。［図6］［図7］

さらにもうひとつ加えるなら文人の生地や滞在地といったソフト的な経緯によって街の色が穏やかに規定されていく場合もよく見いだされる。この場合、文人あるいはその作品が街の固有性を代弁・象徴し、それを通して街への認知が深まるという構図が顕著だ。必ずしも商業的活性化しているとは限らないが、たとえばカフカやチャペックのプラハ、ヘミングウェイのキーウエスト、それにドストエフスキーのサンクトペテルブルグ（クズニェーチヌィ地区）などだ。日本では藤村の木曽だろう。人と場所のつながり、その歴史がソフト資産となっているわけだ。地場と文人の浅からぬ関係が必須であることは言うまでもない。［図8］

［図8］プラハの景観（チェコ）

SCは街のブランディングの核になり得るか？

街のブランディングというと、それによって話題性をもち公知化される、結果として街の資質はさらに発掘され、街へのロイヤルティは高まり、来街集客は増大して都市観光としても競争力をもつ、という図式が顕著だ。絶えず話題になっている、見られている、気にされている、つまり外部の視線に晒され続けるという事実は確かに力を与える。だが実はブランディングという情報あるいは商業的営為というのは短命なことが多く、それをいかに持続的な領域に展開していくかが最も重要なことがらとなる。「超越性」がある場合には、それを核に持続的展開が可能な部分もあるだろう。しかし、多くの街はそのようなものを持たない。

むしろブランディング（と言われる手続き）の中で、いかに持続性を創出する仕組みを内蔵していくかが問われなければならないだろう。一時的ではない持続戦略がいるのだ。商業施設やSCは公共的性格をもつ公共的な場であり、かつ集積の規模や初期的な利便性、話題性などによって当該地域や街のブランディングには一役買うであろう。しかし一方で、それは本質的に短命で変化せざるを得ない商業という宿命、交換価値の上に成り立つものであることは認識しておく必要がある。

「超越性」と言ったが、それは神話的なるものに近く、言わば平俗な交換価値ではなく礼賛価値に近いものでしか計れない要素、代替不能なものをいかにそれが包含できるか、ということにかかっているだろう。それには真に共同的なるもの、街のもつ幾重もの記憶、市民の共感醸成、時代を突破する実験的営為などに抵触するものでなければ、ことばのみの「ブランディング」という均質的な経済社会の中にただ埋没する時空間を提供する行為に過ぎなくなる。当然、持続的発展など望むべくもない。【図9】

SCという「もうひとつの街」に今期待されるのはそうした神話力、そして真の意味での名所創造であり、街と共に生き街を共に創ることが鮮烈に可視化されること、それが獲得できたとき、街のブランディングはごく自然に醸成されていくものとなるだろう。誤解を怖れずに言えば、SCは文化をも胚胎・孵化する宗教施設・宗教環境的なものを目指すべきなのだ。その中に「超越性」が萌芽するチャンスも生まれる。マーケット主導・マーケット追随型のSCではブランディングはなし得ない。マーケット創造型であることは、すべての前提である。それは、これまでのいわゆる「ブランディング」された街を見れば明らかなことであろう。

[図9]ビルバオのグッゲンハイム美術館
——文化施設による街のブランディング

『イラスト・パリ案内』は、セーヌ川河畔の都市とその周辺の一八五二年における姿を完全に描きつくした一幅の絵だが、そのなかにこうある。「われわれは、都心部の大通り《ブールヴァール》について述べた際に、そこに出口をもつパサージュに繰り返し言及した。これらのパサージュは、産業による贅沢が近ごろ発明したもののひとつであるが……（中略）……天井から光をうけるこれら通路の両側には、まことにエレガントな店が並んでいて、その結果そういうひとつのパサージュは、ひとつの都市、いやそれどころかひとつの世界の縮図であり、そこでは購買意欲のある者は、必要とするすべてのものを見いだすことだろう。……（中略）……人びと皆の避難所となり、彼らに安全な――狭苦しくはあるが――遊歩道を提供する。それによって売り手も利益を得る。」

SCのサバイバル

……（中略）ある過ぎ去って間もない太古の、そうした理想的なパノラマが、あらゆる都市に分散したパサージュを通ってきたまなざしとともに開けるのだ。ここに棲んでいるのはヨーロッパの最後の恐竜、消費者だ。この洞窟の壁には、太古の植物として商品が繁殖し、潰瘍となった組織のように、無秩序きわまる結合関係に入る。

ヴァルター・ベンヤミン「パリのパサージュII」（浅井健二郎編訳『断片の力』より）

都市とSCはいかなる関係として考え得るのか？

商業界隈と都市空間

ベンヤミンの著名なパサージュ論は、実に巧みに商業界隈と都市空間の近代的な関係性を映し出す。それは同時に消費の聖地となる都市の公共空間の特性を浮かび上がらせる。

SCというものにその祖型があるとすれば、まぎれもなく、この「パサージュ」であろう。ベンヤミンはガラス屋根が街区を貫通するそのあり方について、「建物の所有者たちが、このような冒険的な企てをすることに合意した」という件の案内書を引用するが、これは現代的にいえば、土地の公有制の上の建物区分所有をひとつの消費環境ヴィジョン＝パサージュの下に現実化し、百貨店や勧工場《かんこば》(物産展的な展示会や見本市)とは異なる全く新しいタイプの都市空間を発明したのだと言える。[図1]

この19世紀型発明に対し、SCは20世紀型発明と称されることが多い。

その意味するところは、人造的な都心あるいは都市核を、消費複合体によって積層

4 | 都市と

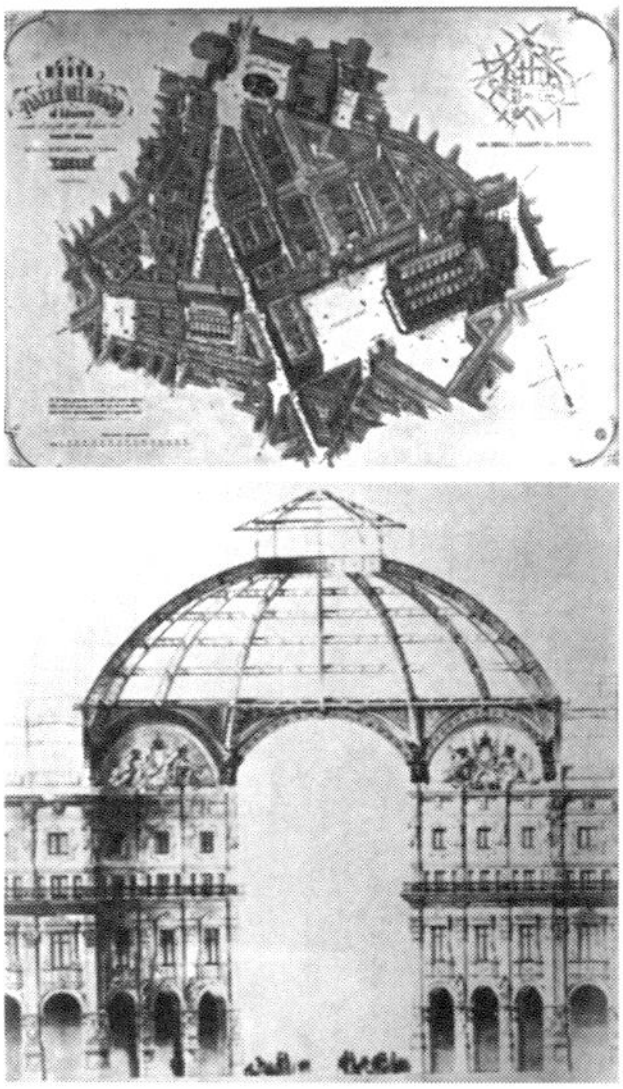

[図1]ミラノのガレリア

パサージュは既存の都市組織を外科手術的に開削してつくられた。ここは大通り路面店街や百貨店、市場とも異なる都市の多様な営みや都市生活を体感する絶好の商業的場となっている。都市の逍遙者(フラヌール)たちの聖地でもあったことはよく知られている。欧州各地の古い大都会にはパサージュが多い。最古のパサージュはブリュッセルのサンテュベールのパサージュである。このミラノのガレリア(ヴィクトル・エマヌエルII世のパサージュ)は、ミラノの中心であるドゥオモ広場につながる十字形をした大規模な半戸外街路の界隈で、そこはまた世界的な観光名所にもなっている。パサージュ部分のガラス天井高は約30m、中央のドームは50m近いもので、通路幅員は約14mである。

し、さらに交通によって近隣都市域を超えた結節点として創造したことだろう。パサージュと異なり、空間的特性の一元性、すなわち1本の街路に集約されるという性格はSCには薄い。もちろん「モール」というパサージュを変形拡大した特異な環境を核にするものの、繰り返しになるが、SCに形態的立ち現れ方の一元性はない。むしろSCという概念は、既存都市の商業集積界限に無際限に使用されるほどその概念射程は広い。ニューヨークのロックフェラーセンターも、シンガポールのダウンタウンも、各地のテーマパークですらSCと呼んでもそれほど間違いではないのである。

SCのイメージは、とりわけ都市拡張時のニュータウン——イギリスや北欧を嚆《こう》矢《し》とする——の都市核イメージ＝リージョナルセンターを牽引した。基盤はモータリゼーションであり、発展途上のコミュニケーション（通信）だ。商業だけではない都市機能が多様に付加され、都市の最も重要な街路と広場、さらに公共サービスを行い地域の自主運営拠点ともなる共同施設がそこにある。そして公共を代理する官民混淆《こんこう》の事業主体が都心運営を行う。その計画論的出自は世俗的なパサージュとは異なり、むしろ産業ユートピアが描く中核共同環境の残滓《ざんし》を多くもつものの、結実するものはパサージュと同じく、回遊型の集客都心だ。過剰やデカダンス、夢遊逍遥《フラヌール》などの退廃文化的性格は薄く、健全な場所が希求される。それは商業地が不可避的に孕む不道徳さに対する批評であり、重要な社会管理施設としてSCを位置づけようとする欲求でもあった。

公共空間としての商業地

パサージュも実際は公有地に生まれた産物である。地権的な障害はほとんどない。これはSC的なる環境をもって都市中心の構築を唱道するグルーエンやハワード、さらにはオーウェン、フーリエ、ゴダンら19世紀ユートピア主義者のアーバニズムにも共通する特質である。イギリスの場合も、近世期より公的色彩をもつ貴族の地所の自主運営、とくにスクエアを中心とするいわゆるミニアーバンデザインが施行されてきた歴史がある。それが産業資本になった場合においても、都市中心は、そしてSC構想は必ず公共的性格が色濃く残されている。

市場も含む商業界隈は、言うまでもなく古来より都市の重要な「公共空間」であった。それは教会と前広場、公衆浴場などと同じく、情報や物品、貨幣などが高速かつ大容量で交換される都市のノーダルポイントでありネットワーク拠点にほかならない。交換の質と量が増すほど都市的魅力も増す。不特定多数の人間の出入りが認められ、同時に観光基盤となる環境だ。「商都」ということばがあるように、都市全域が消費の公共空間、観光空間となる例も少なくない。

「公共空間」は都市生活の拠り所であり、都市来訪者にとっては件の都市ツーリズムの広報空間である。「その都市生活の拠って立つあり方、内的な組織化のされ方＝都市のもつ外的な顔」となる象徴的な場だ。こうした場は、従来では歴史的に形成されてきた。しかし、パサージュ、SCは新しい都市空間としてそれぞれ外科手術的に、臓器移植的に、短期間で都市活性化の戦略創造をするという意味での革新であり、またそれは本来きわめて野心的な都市の中核デザインであるとも言える。

それでは、ＳＣと都市とは、ＳＣが都市核、都市中心を形成するもののひとつであるということを超えて、どのような関係を結ぶものなのだろうか。

ＳＣと都市の構造的同型性

「ＳＣはミニチュア都市である」とも言われる。しかしこの表現は「テーマパークはミニチュア都市である」「万国博覧会場はミニチュア都市である」と同じく、必ずしも正確にＳＣと都市の関係性が語られているわけではなく、むしろ現代的な消費の複合的かつ大規模な場が都市の魅力であり、また都市的な事象である、ということを言い換えたに過ぎない。

都市とは、とくに近代以降、あらゆる意味での生産基盤であり、消費の聖地であり、情報の交通媒体である。これは第二次、第三次以降の産業台頭と密接な結びつきを見せる。社会学者のフランソワーズ・ショエは、近代都市の計画上の大きな要素を、交通の循環構築と公衆衛生の改善と語ったが、まさに生命体＝有機体として都市を仕立て上げることが、近代社会の持続的なテーマでもあった。

有機体器官の比喩《ひゆ》で考えるなら、都市の胃袋は市場であると言われる。では、商業界隈は何に相当するのか？　それは交通でもある血流と活性細胞そのものだ。ある意味パサージュはバイパス幹線として有機体全体の再生・活性化に寄与すると考えられる。とすればＳＣは何に当たるのか。おそらく理想的な意味合いであるなら、それは有機体のなかの有機体、すなわち胎児に近いものなのだろう。都市(母胎)が自ら似た複合体（胎児）を懐妊したということだ（偶然の符合であろうが、「都市Ｃｉｔé」は女性名詞である！）。

ＳＣと都市の一般的構造の同型性は明らかだ。前記二つの要素のうち、経済活動に最も直結する交通でいえば、その空間はＳＣでは動線であり、都市では街路となる。その延長に広場的、あるいはサードスペース的なものが付随し、インディヴィジュアルな単位を統合化する。この単位とは、一般の都市では家屋から多様な民事施設、さらに公的環境などバラエティをもつが、ＳＣでは基本的にテナントに収斂する。したがって、ＳＣのテナント配置は、都市の区画配分や施設地所配置に近い手続きをもつ。

交通ばかりではない。近代＝現代都市計画規範のゾーニング、アメニティ、さらにはアイデンティフィケーションに関しても、その同型性は明らかである。領域境界《バウンダリー》もそうだ。都市における市門、市壁や現代の環状幹線という境界線は、ＳＣ施設のゲート、シールドになる。百貨店も積層された都市的複合環境を現出させたが、ＳＣは計画においても運用においても「都市なるもの」にその規範を近づけていく。ＳＣのうちに「都市なるもの」が胚胎され、見いだされていく。そして生産基盤ならぬ経営基盤としてのＳＣが成立するわけだ。

ＳＣと都市の構造的離反性

しかしながら先述したように、ＳＣは都市の全体像そのものを代替することはない。１９７０年代にディズニー社によるオーランドのＥＰＣＯＴセンターが未来都市の青図として社会教育機能を付帯しスキャンダラスに登場したが、基本はアトラクションによる体験消費ショーケースだった。それと同じく、SCも還元された都市にしか過ぎない。ホスピタリティを基幹業態とする観点からすれば、それらは街化した巨大なホテル環境にも似ている。実際ラスベガスでは、ホテルを核にカジノやSCやテーマパークがほとんどシームレスにつながられている複合歓楽施設が数多く存在する。この都市の心臓部を貫くコマーシャルストリップ——幹線街路、ラスベガスはアメリカの他都市と異なり歩ける街である——は長大なリニアモールと言っても間違いではあるまい。まるで巨大なSCのなかに入れ子状に多様なSCが象嵌《ぞうがん》されていると思えるほどだ。【図2】

そこでの情報行動は、基本的に購買、観覧、体験という消費ビヘーヴィアに限定される。過激な文化性を滋養できない、無意味を包括できない、本質的なハプニングや

[図2]EPCOTセンター夜景とモロッコのショーケース

オーランドのショーケースシティEPCOT(Experimental Prototype Community Of Tomorrow)は、アメリカ大手企業群の体験パビリオンによるフューチャーワールドゾーンとラグーンを取り囲む10カ国の常設博のようなワールドショーケースゾーンから構成され、モノレールから馬車など多様な移動媒体によって結ばれる。もともと砂漠と湿地環境であったこの地は、見紛うばかりの緑で覆われた。フューチャーワールドの中央にある直径54mの球体「宇宙船地球号」(AT&T提供)は、センター全体のランドマークとなっている。EPCOTに関してウォルト・ディズニーのことばを借りれば「永遠に完成することはなく、しかし常に新しい素材やシステムを導入し実験し訴求する創造的なセンター」であり、「アメリカの自由企業の発明工夫と想像力世界のショーケース」として構想された。

事件を許容できない、悪所をあらかじめ容認できない、混沌や無秩序を嫌悪する、治外法権を排除する、すなわち都市の動力たる根源的なダイナミズム、予測不可能性・不確実性がそこにはない。このダイナミズムや予測不可能性・不確実性は、天候や株式市場、メディア、そして都市現象が本質的に孕む属性であり、多元的な情報生産の源《みなもと》、魅力創造のエンジンだ。つまりユートピアと同じく静的な変化は許容するが、過激かつ動的な変化を礎《いしずえ》に立ち上がってはいないのである。SC環境に本来の都市がもつ何がしかの不足感を感じるとすれば、それはこの動的構造性の欠如ないし抑制が主たる要因なのである。これはSCと都市の、あるいはSCが都市核として整備されたニュータウンと既成市街地である都市の、構造的離反性に近いものだと言えるだろう。

もちろん、所有や管理、運営の主体も異なる。都市のそれは複数競合し、かつ幾重にも階層化されたものであるのに対し、SCは基本的に単一主体、ディベロッパーなどの権能となる。当然大資本が専有的に治めることの多いSCは、個の自生的活動や自由な参加性に対しては消極的だ。ときとしてそれらが疎外化されることもある。パサージュの場合であればその規模やスケールから是認できることが——というより、パサージュはのっけから都市の全体性に無関心である——、SCでは自ら全体としての都市的魅力を高度化しようという欲望によって、さまざまな困難に立ち会うことになる。

　こうした内的なSCの都市問題のみならず、外的な都市との関係性もこの問題を拡散する。大型SCと地域社会の共生問題だ。

ハワードによって明快に示されたように、SCは衛星都市核のときにその魅力を延伸し、母都市との相補的かつ良好な関係を形づくる。それは都市のパーツであってアウトサイダーではない。しかし大型SCが地域に介入するときは明らかにアウトサイダーとしてだ。地場の旧商店街は、それが先述した都市の動的な魅力とヴォリュームないしネットワーク競争力がある場合には機能分担も含め共生の芽も見えてくるが、弱小な場合には平俗な商業植民地化現象と変わるところがない。胎児が母胎を侵略し、かつその胎児も畸形化するプロセスに似ている。ダイナミズム、予測不可能性・不確実性の欠落が、運命を逆転させる。成長することも包括的な豊かさを提供することもない。場所的であることも、平準化したマーケティング原理の中に見え隠れする程度のものとなる。そして社会的悲喜劇が生まれる。

それでは、都市とこうした構造的同型性・構造的離反性をもつSCの創造においては、「都市」はプリテキストたり得るものなのだろうか？

プリテキストとしての都市

都市のダイナミズム、予測不可能性・不確実性は、実は、歴史という時間の要素で和解される。もちろん世界に目を向ければ、サラエボやダマスカス、バクダッドなど可逆不能に陥った都市も多い。しかし都市的魅力を欲求するSCがもし規範として参照するものがあるとすれば、この歴史を有する都市すなわち旧市街のシステムがひとつのモデルとなるだろう。なぜなら、破局的なダイナミズムを補って余りある情報量が、旧市街には存在するからだ。

ウィーンで活躍したアーバニスト、カミロ・ジッテは、近代化・拡張化する社会の中で、歴史主義的なアーバニズム構想を展開した。大文字の歴史、というより数世代の時間の厚みや記憶を手掛かりに、いわば中世的な彩りをもつ街の近代的回復を試みた。ジッテは広場などの公共空間の造形的芸術性にも深い関心を抱く。これは今日的には「旧市街復興《リバイバル》」的なモチベーションを孕んでいると言ってもいい。もちろんメガロポリス制御といった近代社会の巨大スケールや運動量に対応できるものではなく、むしろコミュニティスケール、コンパクトシティスケールでの文化志向のアーバニズムである。その意味では、ジョン・ラスキンやウィリアム・モリスの系譜をひく精神性すら包含した包括的体系としての都市空間の創造、「手づくり」的文化の称揚《しょうよう》だ。SCの生みの親ともいわれるヴィクター・グルーエンの思想も、近代の還元主義的な、あるいはシステマチックなアーバニズムではなく、ジッテのそれに近いものだ。[図3]

近年の旧市街商業エリアの創造は、このジッテの手法をもとに現代的技術——環境、構造、演出、ICTほか——による

[図3]カミロ・ジッテによるマリエンベルク都市再生計画
旧市街を保存しつつ新開発を行う歴史的魅力創造型アーバニズムで、コンパクトシティ志向、都市文化・都市芸術の持続的継承を目的とする。歴史的空間の保全と非近代的な街路網や広場形成が随所に窺える。ジッテは街路や広場のもつ造形的芸術性を再発見し、手づくり的な環境形成を重視したが、その活動はジョン・ラスキンやオーギュスト・ピュージンらのリバイバリズム(復興主義)の一部とも位置づけられている。

バックアップが施される。上海新黄浦区の人気商業スポットである田子坊(泰康路街)の隆盛は、何よりも歴史や場所の要素を編入したこの都市的魅力に負っている。そこは「新築された旧市街」なのだ。[図4]

この「新しい旧市街」に、街並み志向をもつアメリカのライフスタイルセンターとの類似点を多く見いだすことも不可能ではない。前衛、ハードエッジ、大掛かりな空間的ドラマ仕掛け、ボックス志向の施設などは姿を消し、代わりに記憶や精神衛生、親密感、ヒューマンスケール、そして街路・路地の機能が重視される。まちづくりでいえば、景観

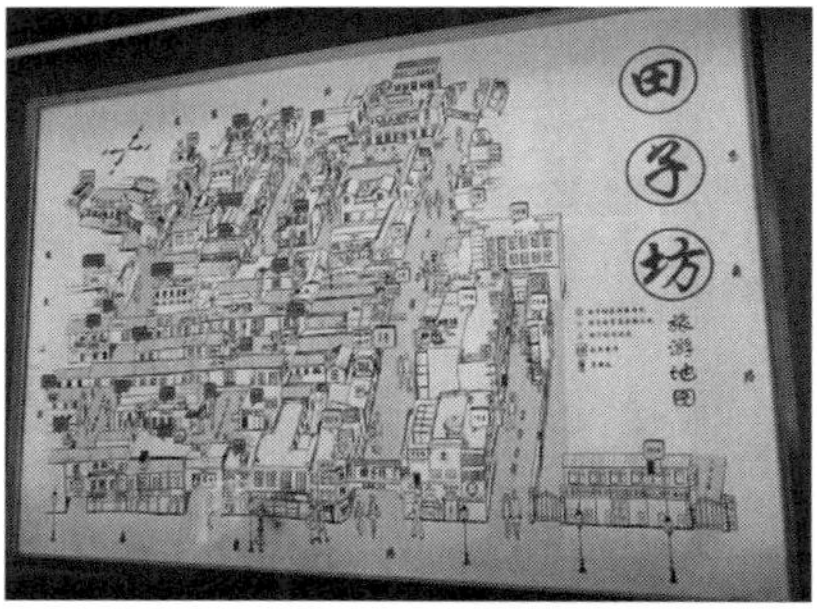

[図4]田子坊

上海の新市街浦東には、斬新な超高層とその足回りの大型SCが大量に整備されたが、それらのうち現在でも活気があるところはごく一部しかなく、多くは廃墟同然の状況だ。人気は旧市街浦西側のバンドエリア(外灘)や新世界、租界界隈などだが、最も人気があり地場在住者・ツーリストとも集客し、拡張増設も行われているのが近年整備された「田子坊」である。一部の古い建物(石庫門と呼ばれる集合住宅)を再利用・改造しつつ旧市街的、すなわちドメスティックなテーマタウン的に整備され、記憶に彩られながらも新しい上海イメージを演出する。アンカーテナントも巨大資本投入もない新しいタイプの自生誘導型再整備で、物販・飲食の店舗群のみならず商業以外の小型文化空間やアトリエなどがオープンモールの形状の中にひしめいている。里弄(路地)という公共空間は徹底して重視された。端緒は芸術家陳逸飛の工房が90年代に開設されたことであったが、現在では多数の「創意園区」をもつ7ha以上のエリアとなり、その拡張も目覚ましい。

重視型のゴードン・カレンのタウンスケープ創造やイタリアのコミュニティ型「ティポロジア」計画にも近い。旧市街は近代以前の都市構造や組織形態をもつものも多いが、それでも前節の構造的同型性は基本的に変わらない。

このいささかレトロスペクティブなモデルと対極の都市モデルがあるとすれば、おそらくそれは「移動文明の定住者都市」としての空港ないしターミナルであろう。「都市はいつでも速度の箱だった。都市は常に人が住んでいるところではなく、まず何よりも交差点なのだ」と都市計画家ポール・ヴィリリオが語る電子情報網化社会における象徴的な都市なのである。従来型の都市イメージとは隔絶しながらも、現代社会の典型的なライフスタイルである移動生活の絶好のモデルを提供している。

シンガポールのチャンギ第二旅客ターミナルは「トランジットモール」として、その象徴的かつ初期的な立ち現れ方を見せた。空港のみならず、鉄道駅や港湾ターミナルは、ひたすらその境界性を聖化する非物質的な都市であり、情報の高度なノーダルポイントである。もちろん局所性は維持しているが、アクチュアルな時間や空間とヴァーチャルな時間や空間が交錯する情報のサイクロトロンだ。そこにはテレポートの前でＩＣＴ商活動をする時間も場所ももたない新しいタイプの消費人間像も予兆させるものである。通販やネット購買などの遠隔的な商形態が移動文明の中では大きな比重をもつものとなっていることも明白だろう。そこにはモビリティの中にＳＣが融合する未来も見通せる。

ＳＣは都市ではない。しかしベンヤミン

的語り口を借りるなら、ＳＣと都市は共属性、根源的親和性をもつ。都市なる消費の幻影の強度がＳＣの潜在力であり、それが集客と滞留の要となる。それはパノラマや鏡などが氾濫するパサージュがつくり出す消費の幻影と相似的なものであろう。この潜在力構築は、多様や雑居を成立させる非物質的なシステム、情報・記憶・場所性といったものの顕在化の仕組みにおいて、都市をプリテキスト体系とすることができるのである。

環境革命の世紀における都市

都市なるものの現在

　ここで、都市自体に目を向けてみよう。都市の形態や機構を大きく変革してきたのは、基本的に技術革新・技術革命である。それゆえ、技術がまだ未成熟な段階の近世期までは、都市の形態や機構は古代からのそれとそれほど変わるものではなかった。革新期・革命期は近代に訪れる。

　ここでその詳細を記す余裕はないが、大雑把にその流れを把握することは歴史的パースペクティブを形成する上でも重要なので、最低限のことだけを指摘しておこう。

　最初が産業革命であったことは論を俟たない。これは蒸気機関を祖型とするが、基本的には機械の秩序やプロセス、さらにその隠喩《いんゆ》によって社会が運営され始めたことを意味する。産業革命期の成果は19世紀後半に爆発的に社会適用されたが、都市との関係で大きなものは、エントロピーの高い交通循環を基本とするメトロポリス形成型のアーバニズムと鉄道による広域輸送、ツーリズムの台頭である。それはまた従来のさまざまな神話を解体し、知のユニバーサルな伝播も促した。

言うまでもなく、この時代の発明は百貨店であり、百科全書であり、万国博覧会であり、万物収集癖・旅行熱であった。産業革命によって、実はオープンに流通する「商品」、しかも顧客が博覧して選択できる「商品」、ユニバーサルアクセスが可能な「商品」という概念、それに連動してショーウインドーや前述したパサージュなども産み落とされる。都市は必然的に新たな産業媒体となり、農村や地域と対立する。

都市は有機体的な構造が最善と考えられ、多くの首都や主要都市の都市近代化改造――パリ、バルセロナほか新大陸の都市整備などもそれにあたる、我が国でいえば部分的だが維新の都市刷新だ――が施された。この時期に多産されたさまざまな「国家」成立の象徴としても、である。もちろん産業社会の生み出す矛盾や汚染も深刻化し、多くのユートピア構想着想の原動力ともなった。また、鉄道による輸送は、後の二十世紀前半の輸送・動力革命へと引き継がれていくと同時に、都市環境のスプロール現象を苛烈なものにしていく。

次の技術革新・技術革命は、世紀をまたぐ形で、モータリゼーションやエアロネットワークを含む輸送網化と電気動力によってもたらされる。とくに後者は、都市生活者に対し「夜」を開発した。誤解を怖れずに言えば、産業革命によって「商品」概念が生まれ、輸送と交通の進展、24時間社会の萌芽が「消費都市」という概念を生む。その集約的な場が百貨店でありパサージュであり、その後のＳＣとなる。現代もこの都市社会の残滓《ざんし》を多く残している。産業社会が明確

に都市社会と同義になったのだ。【図5】
　大戦後、前世紀後半の情報革新・情報革命は、この状況をある意味で著しく昂進した。情報革命は、正確に言えば、第0次の絵や文字の発明（情報の表象化）に始まり、第一次はグーテンベルグの印刷（情報量産）、第二次は輸送革新と手を携えたツーリズムと移動型社会（情報移送）、そして最後はマスメディアの成立やコンピュータの社会利用に動機づけられた電子情報網化社会の到来（情報経済の成立）という段階を踏み現在に至る。これは単に遠隔商形態の台頭といったことにとどまらず、空間的遠近法（場所性や局所文化性）や時間的遠近法（歴史や距離感覚）の解体を都市が受難としてもってしまったことを意味する。都市の形態や機構の実体は、現在、見えない。情報革新によって従来の都市的な魅力の多くは、安定価値を喪失していると言い換えてもいい。【図6】
　都市は生産基盤であった。現在もそうであろう。しかし情報経済が主調となる社会では、見えない非物質的なネットワークが生産基盤化する。ここにきて都市は実体と非実体、もっと平板にいってしまえばアナ

[図5]パリ万博の風景（1937年）

技術革新と都市の進化は、まず何よりも万国博覧会で可視化された。19世紀型の万博が産業革命の所産、鉄や原動機、内燃機関から多様な娯楽装置を博覧的に訴求したとすれば、20世紀前半のそれは、動力を基本にしたテクノロジー、移動を基本にした国家や地域のアイデンティティ、それに都市芸術などが未来を形象化する中で催された。前世紀後半、情報革命以降は、映像を含むコミュニケーションのアート＆テクノロジーがその舞台に躍り出す。これは1937年パリ万国博覧会の風景であるが、この時期万博は、芸術と技術によって国家を演出するナショナリズムにも席巻されていた。来場者が正装に近い出で立ちで遊覧している情景が面白い。パリで催された6回目の万博であり、この後第二次世界大戦に突入する。

ログ身体世界とデジタル知的情報世界の両性具有的な様相を呈し始める。

非物質的なネットワークの母体はコミュニケーション網である。この網の広がりや深み、その様態が、空間=時間連続複合体である都市に代替しつつあるのだ。むしろ余剰消費的あるいは文化消費的なるものだけが、生産基盤としての身体世界都市の延命を引き受けているといっても過言ではない。ここでの「生産」とは、モノやソフトというより文化快楽の生産、身体性に訴求するそれだ。

環境革命の位相

産業革命、輸送革命・動力革命、情報革命によって、都市はその相貌を著しく変えた。これらの諸革命は新たなイノベーションを伴いながら、現代も深耕している。

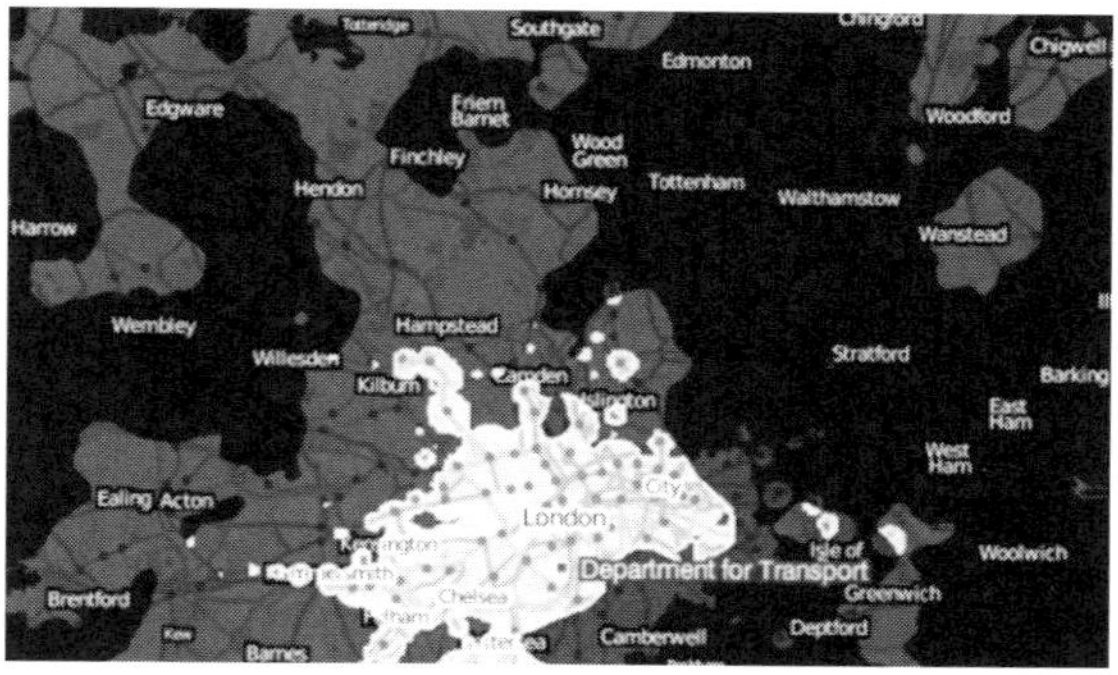

[図6]タイムコンタマップ
速度はあらゆる経済的生産や政治的覇権とリンクする。交通の延伸は速度の延伸となって、生産と覇権を拡大する。このロンドンのマップは時間距離を示したもので、現在汎用されているものであるが、速度化によって地理学(ジオグラフィー)が地時学(クロノグラフィー)へと移行しつつあることを如実に示すものである。そこでは従来型の空間の遠近法は役に立たない。これと同じ事象は、おそらく商圏マップについても当てはまるだろう。

実はマクロな歴史的視点に立つなら、この前世紀後半から台頭した情報革命に続く革新・革命が環境をめぐるものであることは疑いを入れない。環境という人間のあらゆる活動基盤をめぐる概念のテーマ化は、これまでの科学技術進展による世界の拡張や欲望の実体化といった位相とは異なり、人間自体のサバイバル問題も含めた危機感を背後にもつ、きわめて多元的かつ難渋な問題にほかならないのだ。それは人間身体（の健康）問題から、生活圏・活動圏の維持活性化、そして地球生態環境のレギュラリゼーションにまで及ぶ。

これらは情報革命による自然や人工環境、そして世界レベルでの人間の営みに対する解像度の高度化と知覚の多元化、さらにその情報ディスクロージャーによってもたらされている。環境革命は情報革命が牽引したものであると言ってもいい。

それは単に親自然志向や省エネ工夫だけを意味しない。われわれの諸活動の基盤自体が有限の資源の上にのり、それ自体循環性をもち、相互に因果が有機的につながり可逆不能な部分を多く抱えている、さらにそれらが多面的位相で危機に瀕している、という基本認識の下での価値体系の変革、技術開発の方向性やビジネスモデルの変革、そして諸政策の獲得目標の変革なのである。

環境革命は自然と同じように、ときに穏やかに、ときに激烈に、そして常に不可視の連続性をもって社会への浸透を続ける。その所産の多くは人間の叡智《えいち》だ。それが新たなテクノロジー革新や科学見識を生む可能性は不確定ではあるものの十分予想される。そのとき「環境革命」の変容あるいは次の位相も予兆できるにちがいない。【図7】

ガーデンシティの夢

SCもこの動向から逃れるわけにはいかない。消費と環境主義の架橋問題、そして

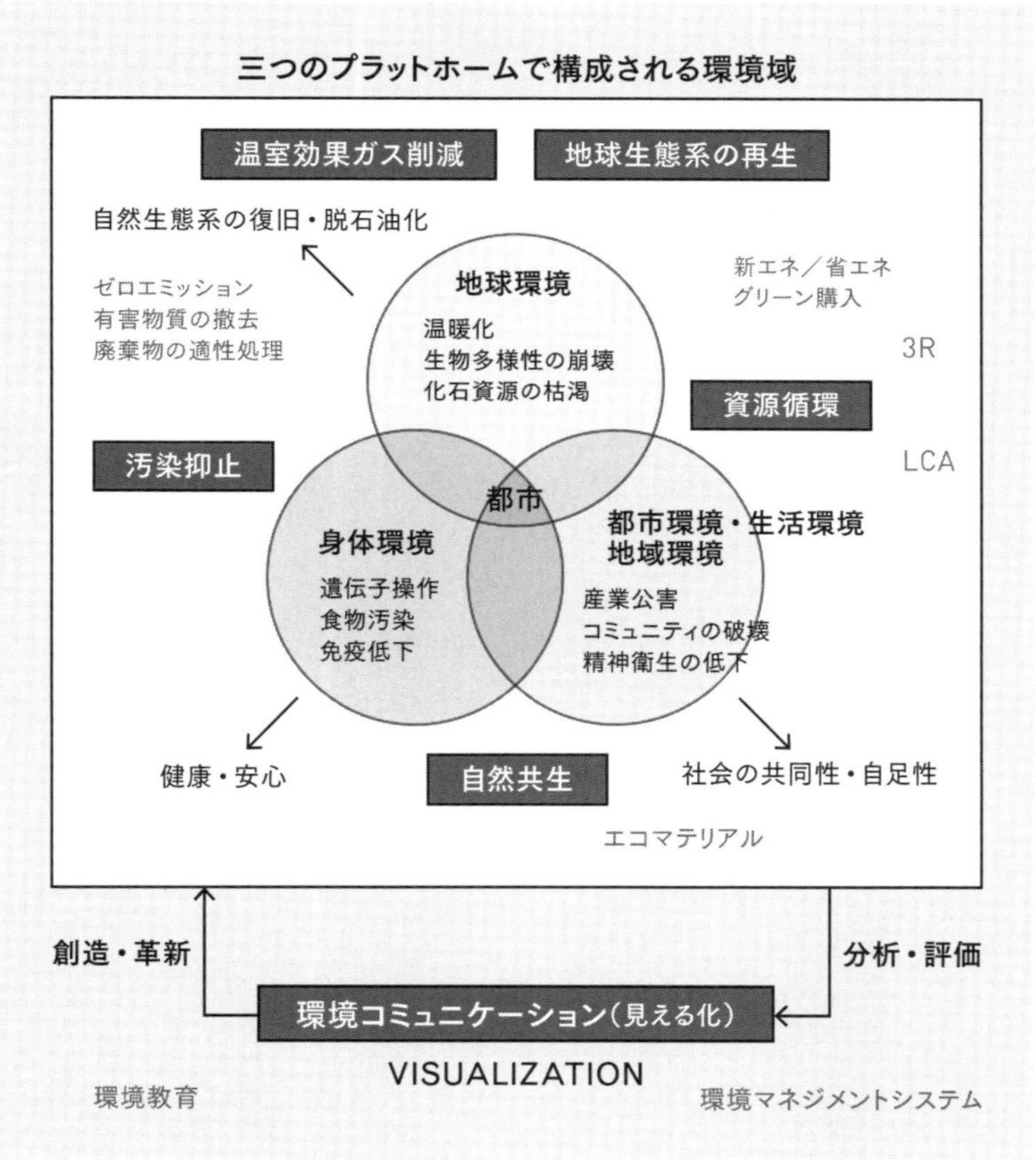

[図7]環境認識の枠組

環境は三つのプラットホームで構成される。これは完結性・自足性・循環性をもつ有機体の階層で、「地球環境」「地域・都市・生活環境」「身体環境」である。それぞれの現代的課題が円の中に記されている。都市はこの三つの交差点に位置するきわめて複雑な対象ともなる。そのまわりを囲み、「地球生態系の再生」「温室効果ガスの抑制」「資源循環」「汚染抑止」「自然共生」そして「環境コミュニケーション」の5＋1の項目は、環境への主たる対策であり、その周囲に具体的な環境技術を含んだ個別項目が配置されている。環境コミュニケーションは他の五つと位相が異なるため、三つのプラットホーム全体に関係する位置におかれている。なお、「新エネ、省エネ」「有害物質の撤去」「廃棄物の適正処理」「3R」「グリーン購入」は関連法規が存在する。環境認識を構図化し、現在何の問題に取り組んでいるのか、という立ち位置を確認することが重要であるため、ここにそのひとつの例を提示した。

ＳＣが単なる消費のセンターだけではなく社会生活のセンターでもあるという前提に立つなら、生活と環境主義の架橋問題に対しても、有効な視座を顕在化する必要があるだろう。

中国では環境主義的な建築を「緑色建筑」とも言うが、緑の存在、それと共生する活動イメージは、そのわかりやすさも含めて重要だ。身近な例を出すなら、古くは「玉川高島屋ＳＣ」の20周年リニューアル以降の環境施策、近年では「ららぽーと柏の葉」や「イオンレイクタウン」などのエコ志向の大型ＳＣ、より遡行するならボカラトンやカーメルの緑園商業地区など、大量緑化や緑園創造と自然共生、屋上農園から壁面緑化、ビオトープ、クラインガルテン、さらにエコ・ミュゼという自然再生ないし自然象嵌などを手法とし、そこに3R（リデュース・リユース・リサイクル）的視点や環境情報の開示などを合わせて行うもので、ミニチュア化した緑のアーバニズム的試行、エコロジーや環境主義の顕在訴求化である。

近代都市のグランドデザイナーの多くがランドスケープアーキテクトであったために、緑のアーバニズムすなわち自然と都市の融合による環境デザインの系譜が底流として存在することも事実である。しかし緑を付加することだけが目的ではない。都市との関係でいえば、循環系を形成する緑のネットワークが重要なのだ。セントラルパークをつくったＦ・Ｌ・オルムステッドの「パークシステム」、ブローニュやヴァンセンヌの森をつくったアドルフ・アルファンの「プロムナード網」などがその好例である。また緑の意味づけも文脈によって異なる。ジェファーソンのヴァージニア大学の緑園的なキャンパスも、農業的情熱の可視化と規律正しい新古典主義の建物の荘厳さを訴求する下地として緑を称揚した。

緑のアーバニズムというとエベネザー・ハワードの「田園都市」を想起するかもしれない。確かにハワードの田園都市（ガーデンシティ）は緑の環境には置かれているものの、その中核的なイデオロギー――都市規模の制限、土地の公有制、計画経済、人口の計画制御、都市生活の行動規範など――は緑溢れる上質なイメージとはそれほど関係があるわけではない。

一般的に言われるガーデンシティは、どちらかといえばこの「緑溢れる上質さをもつ環境」を訴求し、その背後の健康さ、秩序性、自然憧憬を暗示する価値創造的な広報イメージにフォーカスされている。それを名乗る多くの街、たとえばシンガポールやクライストチャーチ、モナコなどを見れば明らかだろう。

これらに追随するガーデンシティ然としようと欲求する街では、現代のエコや環境主義の社会肯定的文脈で、あたかも商品開発された環境ソフトのように喧伝されているのである。郊外すらガーデンシティと標榜して憚らないものもある――ハワードの構想ではそれは非都市であり田園都市ではない。このような平俗商品化現象はかつて「緑」を既成体制《アンシャンレジーム》や伝統への戦闘的道具立てに使用したル・コルビュジエらモダニストの公園都市構想、ロシアアヴァンギャルドによる「緑のモスクワ計画」や「地域グリーンベルトプラン」、ファシストの「緑のミラノ計画」、さらに60年代以降のイタリアを中心とするラディカルグループによる批評的色彩の濃い緑の環境構想などとは一線を画す。逆に脱イデオロギー的な良質な取り組みは、フロリダの「グリーンウェイズ・コミッション」やローマの「エコロジカルネットワーク構想」などの実践主義に特化した地域構想だ。【図8】

しかし砂漠を緑化することが必ずしも自然の摂理に合ったものではないことからも窺い知れるように、緑化という行為はどちらかといえば人間の活動欲望に礎《いしずえ》を置いている。緑化環境は自然の再創造というよりも、人間の自然管理環境の誇示拡大表現や「自然を飼い慣らそう」とする意識の露出ともなってしまう陥穽《かんせい》にはまる可能性も否定できない。

都市を緑園化することがエコロジーに直結することであるとは、誰も断言できない。いくつかの視点からの科学分析から、エリアの生態循環を部分的に回復・促進したり、ヒートアイランド現象を抑制することはわかる。その景観が精神

[図8]ガーデンシティ

世界各地にガーデンシティを標榜する都市がある。その共通の特性は、地勢的豊かさ、緑や水といった自然と建築物や工作物との調和——「ガーデン」は単なる自然賛美ではなく、自然と人工の最適関係の賛美である!——、美しく開放的な景観、ヒューマンな移動手段、ホスピタリティやアメニティといったものが見いだせる。これらは理想郷や桃源郷などのヴィジュアルイメージにも近い。

衛生の向上に効果を上げることも確かだ。しかし「環境主義＝緑の聖地をつくる」理念は、拠って立つ思想を明らかにしなければ広義のＶＭＤ（ヴィジュアル・マーチャンダイジング）の射程を超えることはない、ということは繰り返し指摘しておくべきことがらだろう。

環境革命が都市にもたらすもの

環境革命がＳＣと共属性をもつ都市にもたらすものとは何か。環境革命の所産はどのように民生化され、新しい都市像をつくり上げていくのか。脱石油化、低炭素化社会における都市のヴィジョンとはどのようなものか。サスティナブルシティ、ゼロエミッションシティの定型イメージというものは存在するのか。**［図9］**

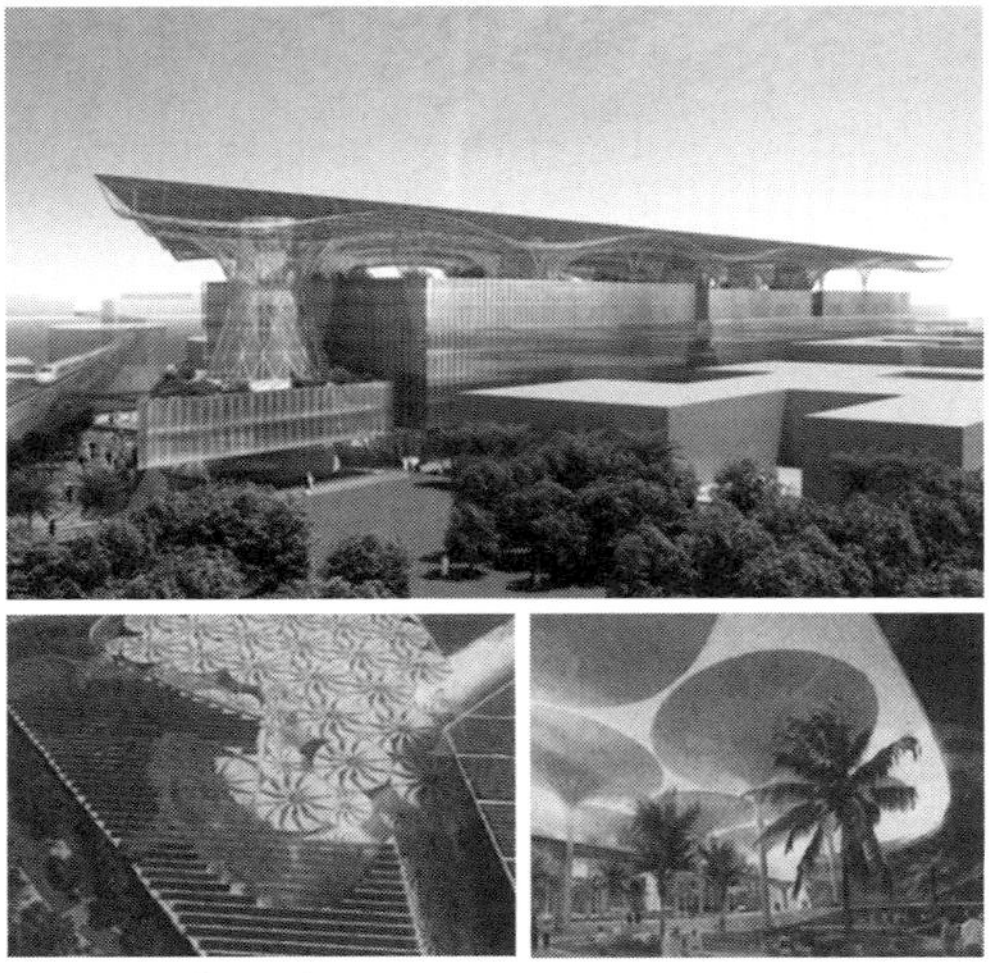

［図9］マスダール計画

アブダビのマスダール計画は、ゼロエミッションを目指す持続性をもったスマートシティ計画で、2010年代半ば頃にはその全貌が明らかになると言われていたが、いくつかの実施方針転換によって現時点（2016年）でも不明瞭な部分も残している。しかし挑戦的なプロジェクトであることは確かだ。この土漠地帯では、周辺との自然共生ではなく、徹底したオアシスをつくり込む人工性が顕著なものとなる。計画はアブダビ・フューチャー・エナジー社（ADFEC）がマスダールコミュニティ、CDM開発会社、イノベーションセンター、研究所等を統合し、エミレーツ基金ならびに寄付をファンドに計画を推進している。

実は十九世紀「近代化のアーバニズム」が施行された基盤構造をもつ大都市は多い。その上で現代の活動が営まれている。当時、都市は機械であり有機体である、という生産型のエコモデルで社会基盤が考えられ、交通の場合であれば道路網や運河網、公衆衛生であれば下水道網、病院配置、公園システム、遊歩道ネットワークなどがサーキュレーションを形成しながら敷設された。アーバニズムの参照体系は熱力学的なエネルギーを生む機械学であり、生物学でもあったのだ。その意味でこれらの近代化改造は、われわれが環境主義において考える都市構造とは、不完全な部分は多くあるが競合はしていない。しかしまたこの基盤の上にCO_2排出量が多く、環境インパクトの強い、汚染と浪費を脱却できない現代都市が成立しているのである。

環境革命がこのような都市に修正を迫っている点は、大きく三つある。

第一に、都市単独の思考回路を超越することである。都市と郊外、田園、農村という地域レベルの循環性とエコバランスを、まさに都市において反映させることである。環境はすべてつながっている。機能分担もあるだろう。都市の環境負債を地域が一方的に引き受ける社会は、基本的におかしい。都市の活性化は非都市の活性化とイコールのはずだ。資本集積の高い都市がまずその道筋をつけるべきなのである。都市域の交通移動のＥＶ（電気自動車）化やエネルギーマネジメントのスマート化、汚染の可視化と抑止、環境負荷低減方法の多様化と環境対策技術の徹底した民生化、そしてフェアな排出権貿易、再生可能エネルギーの技術開発などはその端緒の実践ともなるだろう。要素技術を総合化していくことも必須だ。都市と非都市部のトータルな環境情報管理、そのマネジメント機構と情報開示の仕組みもいる。さらに、環境問題の大部分は経済格差問題であるとも言われる。この解決への道は、地域を超え、大陸・地球レベルでの環境＝経済バランスシートをアクティブな形で構築することに近い。

第二に、「場所的であること」の再評価ないし場所に回帰する価値、ビジネス、共創行為の再編である。表層的には一見グローバリゼーションとは対極ともなるこの理念は、実際、環境革命時代の基調となる考え方だ。環境はきわめて地場的な概念であり、それは自然における水・栄養（食物、大地）・太陽のマネジメントから、資源循環、地産地消、微地形・微気候の保全と地域生態系の維持、景観創造、都市域の自足性、場所帰属の交換価値（エコマネー）など多岐にわたっていく。環境文脈での徹底したローカライゼーションだ。

そして第三に、「時間」の意識化である。言うまでもなく環境主義的価値尺度の多くは、時間コンシャスなものだ。LC（ライフサイクル）、トレーサビリティ、サスティナビリティ、さらに3Rも時間概念がないと発動しない。もちろんダイナミズムもだ。時間軸の都市創造への編入が、きわめて重要なことがらとなる。詳細は別の機会に委ねるが、この点からいえば、我が国の歴史文化、都市形成のされ方は、西欧の「空間型」ではなくまさしく「時間型」——但し、西洋近代化以前が顕著、しかしその意識は現代でも根絶やしにはなっていない——であり、大いなるアドバンテージをもっていると言える。自然のもつ形象や空間だけでなく、自然の時間や変化、そして動態、力動化の仕組みに学ぶこともその範疇だ。時間は生命の本質に直結する。

第二、第三のものは、先述した情報革命後の社会から考えれば、ある意味全く先祖返りの方向性である。場所と時間の無化という現代都市の宿業に対し、無化を促進する情報革命が産み落とした環境革命は、場所と時間の有意味化を唱道しようとする。この受難を突破する構想力と方法、そして実践が現代のわれわれに問われていることがらではないだろうか。

ＳＣとの関連で言おう。それはすなわち、環境主義と情報経済社会の増進をＳＣプロジェクトに結晶化することなのである。

ＳＣのサバイバルに向けて

メッカとしてのＳＣ

都市の現在がもしそうであるなら、ＳＣは将来的にどのようなものに変身・変態しなければサバイバルできないのであろうか。

ＳＣの実践的な祖型はパサージュのような多様な個（インディヴィジュアル）が独立しながらも統合された界隈であり、またモデル的な祖型は都市核のような都市の集客・滞留中心ともなる公共空間である。しかし「中心」は大都市になればなるほど流動的であり、また非物質的なネットワーク上の商行為や情報創造も入れると、きわめて不確実な消長、変形を繰り返していくことも事実だ。

ＳＣは多様な立ち現れ方をしてもいい。しかしこのＳＣの伝統あるいはＤＮＡをもつサバイバルであれば、ＳＣは単なるコンビニエンスでもアウトレット的な集積でもない。コンビニエンスもアウトレットも巨大複合すればするだけ競争力は増す。だが、それで件の都市の物理的かつ精神的な中心になり得るかといえば、かなり否定的である。なぜなら、中心としての意味をも

つには、実利的・利便的なものを超えた神話的・礼賛的・心象的な要素がなければならないからだ。［図10］［図11］

かつての都市広場や広小路がなぜ都市中心であったのかといえば、まずそこが生活者や利用者の実際の生活以上に精神生活の拠り所でもあったこと、そこにその都市の記憶が蓄積され、広報環境にもなり都市観光の主要地にもなり得たこと、さらにそこで新たな事件や流行が孵化《ふか》されたこと、すなわち単なる消費だけでなく消費者主体が内に抱える未知で多様な可能性を花開かせる資質があったからだ。それはまさに生と生活のターミナル、起点であり媒体である場所であり、景気や社会潮流の不測の変化にも耐久する。「場所的であること」による価値や「他では得られない時間」体験がそのようなものと重合されたとき、SCは時代と持続的に共振する資質をもつ可能性も出てくる。情報も場所化し、また時間化するのだ。

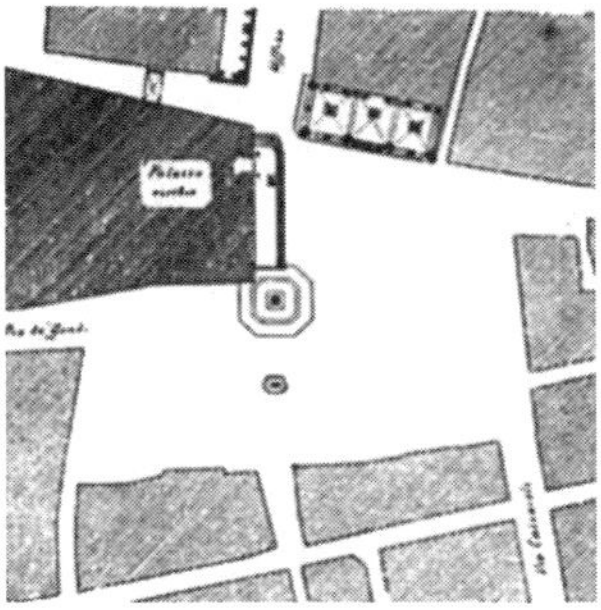

［図10］シニョリア広場と隣接するウフィッツィギャラリー（フィレンツェ）

フィレンツェのランドマークであるドゥオモから南にアルノ川へ向かう場所にある不整形をしたシニョリア広場は、観光中心であるとともにフィレンツェ市民の精神生活の拠り所ともなっている都市広場である。隣接して市庁舎（ヴェッキオ宮）と時計塔、ルネサンス美術の牙城ウフィッツィギャラリー及び川へ通じる奥行きの長いその中庭があり、彫刻のロッジア、モニュメント、さらに広場回りには商店やカフェが建ち並ぶ。きわめて多様で劇的な公共的都市空間がつくられている。

その意味からしても、SCは情報や商品だけでなく、快楽や体験、人間の欲望がユニークかつスタイリッシュな様式で相互交換される宗教的な聖地、代替不能な場所になることが、おそらく王道としてのサバイバルの道であろう。いささか大袈裟に言うなら、生活の、そして社会の「メッカ」だ。時代と絶えず併走しつつも流されることはなく、時代の結び目となる。日常の顔も非日常の顔も豊かにもつ。そうでなければ巨大な流行に媚びた利便空間に過ぎない。臨場の喜びも文化の体感も交流の活性もない。情報も生産しない。生活のトリックスターにすらなれない。

SCは文化施設ではないが文化孵化器ではある

SCそれ自体はいわゆる「文化施設」ではない。だが文化の根幹を捉えてこそサバイバルがある。商業文化や生活文化も含めてだ。経営的側面からいっても、地場との共存共栄でもなく、さらに文化不在の独存独

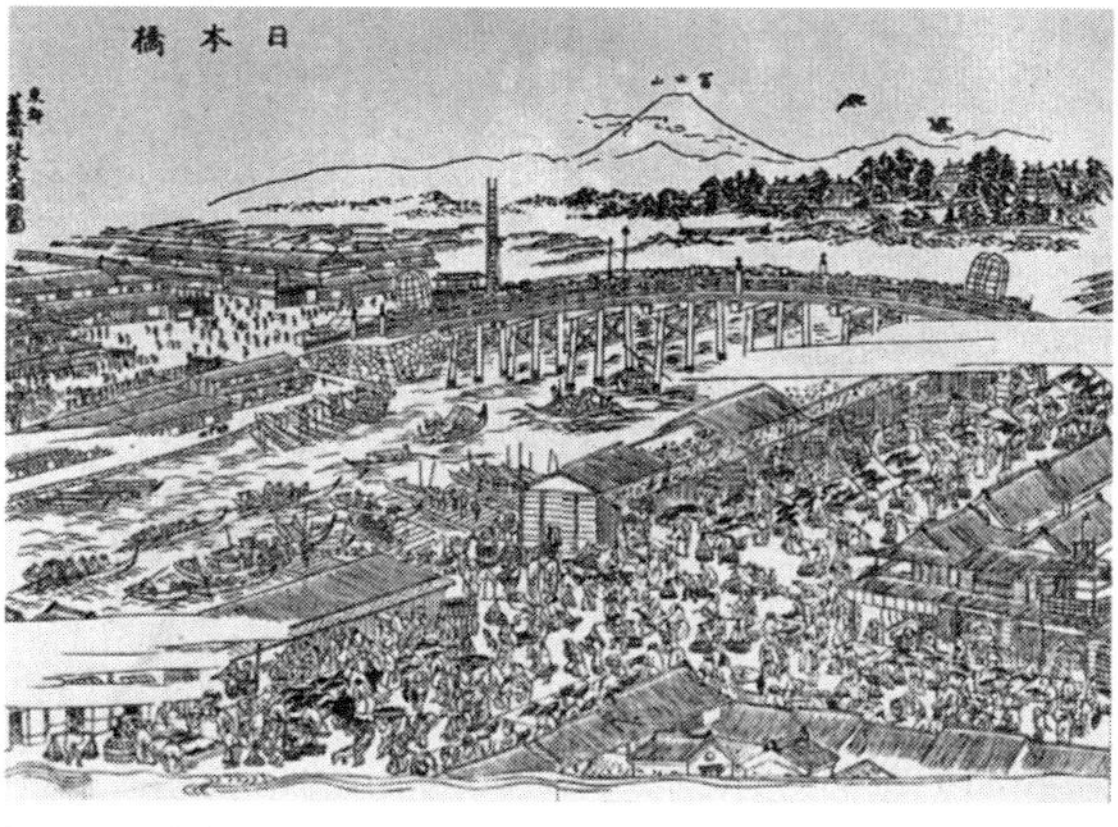

[図11]日本橋界隈

かつての日本橋界隈では、地勢的・景観的要素と融合した賑わいの界隈が形成され、それが何にも代え難い性格を場所に付与する。橋(日本橋)は重要な都市の要素として小路とシームレスにつながり、豊かな都市空間を展開した。当時は河岸(かし)のような魚市場も隣接し、商業的複合性も見せる。

栄では、持続性をもつこともなくロイヤルティも醸成しない。環境主義や情報経済は地場との共存共栄なくしてあり得ない。両者ともつながりが力をもつものだからだ。かつての都市中心と同じと言っていい。そのとき文化は地域の絆《きずな》ともなり、ツーリズムの拠点的強度を著しく高めていく。人間は文化と邂逅するために動くのだ。

実際、ではメッカ的SCがあるのかといえば、現代社会ではほとんど見いだすことが難しいのが現状かもしれない。だが必要なのだ。環境形成論からいえば理想郷を創造する感覚であり、そこでは自足的な場をつくりながらも外界とアクティブに結ばれる構造は必須である。

「漂えども沈まず」(ちなみにこの古いフレーズは2015年11月パリのテロ事件後、社会的動揺の収まらぬ当地のエッフェル塔に高々と掲げられた)といった島として都市を喩《たと》えたものもあった――「島」は理想郷の隠語である――が、都市/SCのサバイバルには単に小手先の付加価値創造の累積ではなく、ある意味先祖返りし、ある意味現代社会の先端性を束ね、ラディカルに本質創造をしていく意思が不可欠なのだ。

諺に言うように「愚者は経験に学び、賢者は歴史に学ぶ」。そして歴史の常のように、先端性は新たな視点で先祖や知的遺産を再発掘し、前向きの遡行は最先端や最前線と通底するのである。

言説化された都市

思考の機械として都市を捉えること、そこには同時に都市への認識や問題提起が言説として語られる。以下の引用はすべて賢者による都市や人工環境、さらにはそれに関与する空間や時間をめぐる言説群である。

政治性や権力機構、経済原理、公共の理念、芸術への見解、知覚や美の様態、自然、コミュニケーション、そして人間の尊厳の問題は、都市という場を媒介として省察され語られる。「都市とは何か?」という問題もさることながら「都市は人間に何をもたらしたのか?」が肯定・否定それぞれの視点をとり込みながら探索されていくのである。

（なお言説に関しては、原訳者の方々の訳と著者自身が訳したものが混淆しているため、訳者名はここでは割愛させていただいた）

首都における近代人は、親密で変化のない環境に住むのではなく、諸関係のネットワークや遠近法の交差する複合性、コミュニケーションのシステム、そして絶え間ない動きと反動の戯れのなかに捕らえられている。

——ジュリオ・カルロ・アルガン
（歴史家）

自然には何の無駄もない。

——アリストテレス
（哲学者）

都市はヴィクトル・ユゴーが示したように一篇の詩である。しかし、ひとつの主題に集中した古典的な詩ではなく、記号表現を繰り広げる一篇の詩なのである。

——ロラン・バルト
（作家、思想家）

たとえば公共のホールや建物、美術館、橋、彫像、交通施設といった都市的利便のための諸設備に、また音楽や演劇の大催物、さらには諸々のリクリエーションを大きな規模で人々に供給するために、

余剰収益を注ぐのだ……家庭にも安楽はあるが、私たちの生活のすばらしさは社会生活の中にあるのであって、仲間と分かち合う安楽にこそある。

——エドワード・ベラミー
（作家）

大都市のもっとも隠れた様相——画一的な通り、はてしない建物の列からなる新しい大都市という、この歴史的存在は、古人たちが夢見た建築すなわち迷宮を実現した。群衆の人。大都市を迷宮にする欲動。パサージュの屋根つき通路による完成。

——ヴァルター・ベンヤミン
（思想家）

（前略）この都市（カイロ）のさまざまに異なる街区がかくも明瞭に併存しているのもこの永続性のおかげで、結果として、ある通りを横断することは、すなわちある時代から別の時代へ、ある精神的世界から別の精神的世界へと移行することなのである。

——ミシェル・ビュトール
（作家）

都市の古い中心部は今なお、新しい近隣住区より感動的である。（中略）また町は次第に建築のようになってゆかなくてはならない。近隣住区は、塔、種々の部屋、ギャラリー、秘密の廊下、素晴らしいコートヤードをもつ城のようでなくてはならないのだ。

——ジャンカルロ・デ・カルロ
（建築家）

形のリストは無限に続く。あらゆる形がそれぞれに自分の都市を見出すことができない限りは、新しい都市が生まれ続けることだろう。形がそのあらゆる変化を試みつくして消滅し始めるところで、都市の終末が始まる。地図帳（アトラス）の最後の数ページでは、始まりも終わりもない網の目が、ロサンゼルスの形をした都市が、京都＝大阪の形をした都市が、形もなく溶けだしていた。

——イタロ・カルヴィーノ
（作家）

（オースマン以前の）芸術委員会のパリのプラン、ならびにオースマンの改造プランは、

都市をめぐる2つの概念を描き出している。前者のプランはバルザックのパリに対応したもので、分断された街区(カルチエ)の内部にさまざまな社会が閉ざされている。一方、オースマンのそれはゾラのパリであり、資本主義によって過熱化され統合されたメトロポリスである。

——フランソワーズ・ショエ
(社会学者)

計画は政治ではない。計画は偶発状況のさなかに立ち上げられる合理的で詩的なモニュメントだ。(中略)偶発状況とは、実在としての〝人間〟に関わるもののみならず、人間とのつながり、我々との、我々自身との関係において判断されなければならぬ。すなわちそれは、生物学、心理学によって。

——ル・コルビュジエ
(建築家、都市計画家)

都市のなかにも、田舎にも、手頃な解決策はなにもない。これはだれが悪いからでもない。ただ現代の構築物や都市が、現代文化と社会的態度の複雑な織り目を、あまりに厳密に反映しすぎているからなのである。

——テオ・クロスビー
(編集者)

最初は小さな城下町にすぎなかったが、時とともに大都会に発達していったあの古い都市は、ひとりの技術家が原野に自分の空想にまかせて引いた整然とした要塞都市に比べれば、普通ははなはだ不揃いで、(中略)こんなふうにしたのは理性をもちいる人間の意志ではなく、むしろ偶然だといいたくなるくらいである。

——ルネ・デカルト
(哲学者)

このような個人の孤立、このような愚かな利己心が、いたるところでわれわれの今日の社会の根本原理となっていることを知っているにしても、ここ大都会の人ごみのなかほどあつかましくも露骨に、意識的にあらわれるところはどこにもない。人類を、それぞれ独自な生活原理と独自な目的とをもつ単子(モナド)へ解消すること、すなわち原子の世界は、ここではその頂点にまで達している。

——フリードリッヒ・エンゲルス
(思想家)

本当の都市ならば、それは人間的な、機械的な、自然的な種々の多くの運動によるたいへん複雑なリズムをもっているはずだ。しかし人間的なリズムは逆説的に抑圧され、機械的なリズムは横暴に強調され、自然的リズムは不当に表現されている。

——アルド・ヴァン・アイク
(建築家)

(前略)どちらかというと、パリは舞台のセットのような印象を与える。(中略)私はカルチェ・ラタンやマレ地区には決して住めないだろう——あまりにも眺めがよすぎるのだ。もし私がパリに住まなければならないとしたら、シャンゼリゼ通りのロン・ポワン広場周辺の家がいい。そこは少なくとも、古い伝説から離れているからだ。

——フェデリコ・フェリーニ
(映画監督)

未来の都市が現実にどのように見えるかだって？　神のみぞ知るだ！

——ヒュー・フェリス
（建築家、画家）

「権力中枢」が存在するかわりに、さまざまな力の中核が存在するかわりに、各種の構成要素——障壁、空間、制度、規則、言語表現——から成る多様な網目が存在するとの原則であり、したがって監禁都市のモデルは国王の身体ならびにそこから発する権力ではなく、同様に、個別的でもあり集団的でもある身体がそこから生じるような契約上の諸意志の集まりでもやはりなく、本性上および次元上の各種の構成要素の戦略的な配分であるとの原則である。

——ミシェル・フーコー
（思想家）

空想を創造することは、農業、工業上の要求が大地を急速に変化させようとしているところに「自然保護公園」を設けることによく似ている。

——ジグムンド・フロイト
（精神科医）

人間は人間をデザインしない。人間は惑星をデザインしない。人間は重力をデザインしない。人間は環境をデザインする能力をもつ。宇宙のなかの局所的なテクノロジーである。

——バックミンスター・フラー
（思想家、科学技術者）

この迷宮のような都市複合体（civicomplex）の中では、単なる傍観者はありえない。見えても見えなくても、考え出す力があろうとなかろうと、楽しかろうといやいやであろうと、病身であれ健康であれ、各人は良かれ悪しかれ彼の全寿命の糸を織りこまねばならない。

——パトリック・ゲデス
（生物学者、思想家）

舞台背景が変われば人の生き方も変わってくるものだ。

——ジャン・リュック・ゴダール
（映画監督）

都市が村を食いものにするのは、社会組織化された暴力である。（中略）（市場での競争）原理が村に住む人々を搾取してきたのだ。

——マハトマ・ガンディー
（人道主義者）

人間の眼前にある世界は、その空間概念によって変えられる。

——ジークフリード・ギーディオン
（建築史家）

計画の目論むところは記憶の欠如、つまり新しい都市形成における詩情の欠如に対する批判を明示することだ。（中略）今日の計画はさまざまな事件、亀裂、さらに都市の過ちなどを都市構成の新しい技法として用いることを自ずから認めている。それは追放されたムネモスネ（記憶の化身である女神）の現代への帰還を告知するのである。

——アントワーヌ・グランバック
（建築家）

人間と空間とを引き裂くことはできない。空間とは、外的な対象物でもなければ、内的な体験でもない。

——マルティン・ハイデッガー
（思想家）

(前略)大都市は何にもまして、遍在的な大資本の創造するところのものとなり、したがって匿名性が封印されるに至る。さらに、それは自身の経済―社会的および集団心理的な基盤を備え、そのうちに、最大限の孤立と人口の最も濃密な集中とがともに見出せるような都市なのだ。そこにおいては極度に増強された生活のリズムが、あらゆる地域的、個人的要素を迅速に抑圧していくのである。

――ルードヴィッヒ・ヒルベルザイマー
（都市計画家）

民族の覚醒にとって新しい新聞が必要であるのと同じように、わが郷土には新しい建造物が必要である。そして、学校や大学、美術や音楽も民族に奉仕するものとなるようわれわれは配慮するであろう。ドイツの都市は新たな外観を獲得することになり、ドイツの地勢も建築学的な地域開発によって変貌することになる。(中略)私は率直に言って、すぐれた博物館に必要なものは、新しい建物と新しい都市だと考えている。

――アドルフ・ヒトラー
（政治家）

都市と農村は結婚しなければならない。そしてこの楽しい結合から、新しい希望と新しい生活と新しい文明が生まれてくるであろう。

――エベネザー・ハワード
（社会改革者）

都市もまた主要な経済機関である。

――ジェーン・ジェイコブス
（都市学者）

都市とは、少年がそこを通って歩くと、自分がこれからの人生をどのように生きたいと思っているのか悟らせるような何ものかを見ることができる場所なのだ。

――ルイス・カーン
（建築家）

実際、中世都市について知れば知るほど、都市生活が絶頂に達した時のように、労働が高く報いられ、尊敬された時代はないと確信されるのだ。それだけではない。現代の急進派が熱望するところの多くが、すでに中世で実現をみており、さらにその上、今日ユートピアとされている多くが、当時にあっては現実であったのだ。労働は楽しいものでなければならない、などと今言うと笑われてしまうが、――しかし、中世のクッテンベルクの条令は、次のように述べている。「何人も楽しんで労働しなくてはならない。(後略)」

――ピョートル・A・クロポトキン
（地理学者、アナーキスト）

ユートピアというものは、しばしば時期尚早の真理であるにすぎない。

――アルフォンス・ド・ラマルティーヌ
（詩人）

庭園を如何にデザインするかを識る者ならば、都市のプランをおこすのに何の困難も感じることはないだろう。そこには広場が、小径が、大通りがある。几帳面さと気紛れが、対立と調和が同居し、変化をもたらす思いがけない要素がある。すなわち、部分には大いなる秩序を、全体には、混乱と喧騒と動乱を。

――マルク・アントワーヌ・ロージェ
（僧侶）

ローマ建国者は、法を宇宙にまで命令するこの名高い都市を混沌から脱け出さしめる。テミストレスはアテネの市壁を建設した。テーベの市壁はアムピオンの竪琴の音色に沿って建てられる。セミラミスはバビロンの厚い壁を造り上げる。

——**クロード・ニコラ・ルドゥ**（建築家）

都市的なるもの（l'urbain）は都市（la ville）と厳密に区別される。というのは、都市的なるものは都市の炸裂のさなかに生まれ、明示されるものであるからである。

——**アンリ・ルフェーヴル**（思想家）

社会の発展とともに、都市と田舎という対立は解消されてゆく。都市は、自然をその中心に導入するとともに、工業化によって田舎の文化を一段と高めようと努める。

——**エル・リシツキー**（建築家）

人間の歴史における最初の大量生産の実例は、十世紀における機械時計の発明であると私は信じている。これによって大量生産された単位は、秒と分である。（中略）人間は昼だとか夜だとかという肉体的な時間の知覚方法を放棄して、秒、分、時という規則正しい機械的な時間単位を採用した。能率は進み、自由は大いに失われた。

——**レイモンド・ローウィ**（インダストリアルデザイナー）

装飾を克服しよう。（中略）まもなく、都市の街路という街路は白壁のように輝くだろう。シオンのように。聖なる都市、天上の首都シオンのように。そのときわれわれは偉業の完成を手にするのだ。

——**アドルフ・ロース**（建築家）

最大の価値をもつイメージとは、強烈な全体的な場に最もちかいもの、つまり、密度が濃く、固定していて、鮮明で、あらゆるエレメントのタイプや形態の特徴がまんべんなくとり入れられていて、場合に応じて体系的にでも連続的にでも組立てられるようなものであろう。

——**ケヴィン・リンチ**（都市学者）

今日、道路（ロード）はその〈変換点〉を越え、都市を幹線公道（ハイウェイ）に変えてしまった。そして、本来の幹線公道が連続して都市の性格を帯びる。もう一つ、道路が〈変換点〉を越えたあとの特徴的な逆転は、田園がいっさいの労働の中心でなくなり、都市が娯楽の中心でなくなることだ。実際、道路がよくなり、輸送の便ができると、古いパターンを逆転して、都市を労働の中心に、田園を娯楽と慰安の中心にしてしまったのである。

——**マーシャル・マクルーハン**（文明批評家、社会学者）

速度によって縮小された地球。新しい世界感覚。つまり、人間は連続的に、住居感覚、自分たちの住む地域に対する感覚、都市感覚、地理学的な地域に対する感覚、大陸感覚を獲得した。（中略）曲線、螺旋、回転扉に対する嘔吐感。直線とトンネルに対する愛。都市と田園を鳥瞰する列車と自動車の速度によってつくられた視覚的総合と観察の習性。遅さ、些細なこと、分析、細かい説明に対する憎悪。速度、短縮、要約に対する愛。

――フィリッポ・マリネッティ
（詩人）

都市形態は輸送の必然性から導かれている。いや、導かれねばならぬ。

――アルトゥーロ・ソリア・イ・マータ
（政治家、コミュニケーション理論家）

文明化の諸パターンにしたがって、社会的慣習から道路や宅地の配列が加工される。厳格な幾何学パターンはテクノクラシーを暗示するし、有機的パターンは原始ないし有機的組織化を正確に制御できるテクノロジーをもった再発見されたヒューマニズムを暗示する。

――シド・ミード
（ヴィジュアル・フューチャリスト、インダストリアルデザイナー）

人間の活動の大半の部分は、文化のなかに受け継がれた無数の知識によって成り立っている。

――マーヴィン・ミンスキー
（人工知能研究家）

正統的な芸術家は、大都市を抽象的に再現された生命だとみている。（中略）というのも、大都会においては自然は常に人間の精神によって導かれ規則づけられているからである。（中略）それは未来の数学的な芸術的気質が自己をよく展開し得る場所、新しいスタイルが生まれる場所なのである。

――ピエト・モンドリアン
（画家）

芸術の主張は人々の主張である。

――ウィリアム・モリス
（工芸家、詩人、社会運動家）

都市は洞窟や鯖の流群や蟻塚と同じように、自然のなかでの一事実である。またそれは、意識的な芸術作品でもあって、その共同社会としての枠組のなかに、より単純でより個性的な多くの芸術形式を捉えている。精神は都市のうちに姿を現わし、逆に都市形態は精神を条件づけるものである。なぜなら空間が、時間にもまさるとも劣らず都市のなかに巧みに再構成されるからである。

――ルイス・マンフォード
（文明批評家）

ローマ、イスタンブール、パリ、プラハ、モスクワのような諸都市もそうである。本当に「偉大なる」都市は、とくに、目立った土地霊によって特徴づけられているのが事実である。

――クリスチャン・ノルベルグ＝シュルツ
（歴史家）

今から20年後に、街はセントラルパークを包囲することになるだろう。デザインはそのとき真に評価を下されるはずだ。もはや開放的な郊外はない。われわれの大地はそこら中、レンガや大理石の高く連続した壁に占拠されてしまうだろう。

――フレデリック・ロウ・オルムステッド
（造園家、社会改革者）

英国人が豪奢や虚飾を求めた場所、それは都市においてではなく田舎においてであった。田舎の邸宅こそは宗教改革後の英国文化の偉大なる建築的象徴なのである。それに比較して都市は、人々がロンドンに住まなければならぬときに使用する生きるための機械だった。

——ドナルド・オルセン（社会学者）

様式を決定するものは信仰である。形態は様式の単なる外部的表示にすぎない。様式は信仰であり、協和であり、そしてまたそれは共同の信念でもある。

——ヴィルヘルム・ピンダー（美術史家）

簡素こそ姿の美、調和、優雅、旋律の良さを左右するものである。

——プラトン（哲学者）

銅の歩道、物見台、会堂と列柱を取巻く階段、これら二、三の状態からでも、俺はこの街の厚さが見当ついたと信ずる。

——ジャン・ニコラ・アルチュール・ランボー（詩人）

この語〈都市国家（Cité）〉の真の意味は、近代人のあいだでは、ほとんど全く見失われてしまっている。近代人の大部分は、都会を都市国家（シテ）と、また都会の住民を市民と取りちがえている。彼らは、家屋が都会をつくるが、市民がシテをつくることを知らない。

——ジャン・ジャック・ルソー（思想家）

トータル・デザインという思想は何かしらその経歴に汚点を残しており、たびたび疑惑の対象となってきたけれども、今日に至るまで都市論とその実践に際しての心理的な土台となってきていることは否めない事実である。

——コーリン・ロウ（建築批評家）

完璧な街路は調和のとれた空間である。取り囲むものがアフリカのカスバのごときほとんど密室のような家々であろうと、あるいはヴェニスの繊細な大理石の宮殿であろうと、要はその囲いの連続性とリズムである。（中略）摩天楼と空地では都市はできない。

——バーナード・ルドフスキー（文明批評家）

内には清潔で賑やかな街路が走り、外には開放された田園が広がる。市壁の回りには美しい庭園と果樹園の帯があるので、新鮮な空気と牧草地と地平線の遠望は、街のどの場所からも数分歩いただけで得られるだろう。これこそが最終目標である。

——ジョン・ラスキン（著述家、美術批評家）

（ハワードの）「田園都市」と（ル・コルビュジエの）「輝く都市」は、互いに多くの点で類似性をもっている。事実、街の伝統的な密度を切り広げ、同じようなやり方で通りを破壊するに至った。（中略）アメリカの純粋主義は、ヨーロッパの純粋主義を自分たちの目的のために用いた。それは完全な都市の存在しない、果てしなく郊外的な世界にであった。

——ヴィンセント・スカーリー（建築史家）

新しい技術の発展とともに、単に魅力的である、というだけのある新しい美が生まれた。(中略)自然美や芸術美とならんで、第三の力として技術美が登場し、支配権を要求する。

——ハンス・ゼードルマイヤー
(歴史家)

生物の諸器官がその生命体の一部であるように、住宅は都市の解剖学的構造の一部である。たとえば、人間の肺臓やその他の部分と同じように、住宅が機能を果たすためには循環と伝達の組織に依存するのである。

——サージュ・シャマイエフ&
クリストファー・アレクザンダー
(建築家、研究者)

大都市にとって決定的なのは、その内的生活が波状に広範な全国的あるいは国際的な領域へと拡張するということである。(中略)大都市のもっとも重要な本質は、物理的限界をこえたこの機能的な大きさにある。

——ゲオルグ・ジンメル
(思想家、社会学者)

私たちはアリストテレスが都市建設の全原則を要約して、都市というものは人間に安らぎと幸福感を与えるよう建設されていなければならないといった言葉がよくわかる。それが実現されるためには、都市建設ということが単に技術上の問題であるばかりか、むしろそのもっとも単純でまた高度な意味でとりわけ芸術の問題でなければならない。

——カミロ・ジッテ
(都市計画家)

都市デザインの目標は、包括性つまり組織機構の明瞭さにある。コミュニティは、その定義から包括的なものである。(中略)地域は知覚的に親しめる範囲のコミュニティ、都市は知性的接触でのコミュニティであることを暗に意味している。

——アリソン&ピーター・スミッソン
(建築家)

伝統的に都市の構成要素はファンタジーを生み出し、楽しい街並みや快適で面白い驚きを演出する。(中略)小さい要素の積み上げによって都市の景観は形成される。

現代都市のなかではわれわれは装飾を追放してしまった劇場の中にいるようなものだ。人々は構造物のなかでしか生きていない。

——フランソワ・スポエリ
(建築家)

都市環境のなかで我々の五感を襲っている雑多な味覚や嗅覚や視覚に加うるに、各人に提供される芸術作品の極端な増加を考えてみるがいい。我々の文化の基盤は過剰、生産過剰にある。その結果、我々の感覚的経験は着実に鋭敏さを失いつつある。現代生活の物質的充満や人口過密など、あらゆる条件が力を合わせて、我々の感覚能力を鈍らそうとする。

——スーザン・ソンタグ
(批評家)

階級的な美学、芸術、建築、都市が打ち立てられるのではなく、美学、芸術、建築、都市についての階級的な批評のみが打ち立てられ得るのだ。

——マンフレッド・タフーリ
(歴史家、建築批評家)

われわれは決然と大地の新しい相貌を目にしたいと望んでいる。(中略)人々はまさに自然のなかで暮らし、そのなかで働き、手と精神、工房と農地の間の健康なバランスのうちに調和に充ちた生活を送る。

——ブルーノ・タウト
（建築家）

芸術的観点からみた都市計画の要諦とは、秩序立ったデザインがもつ自然のフォーマリティと、それと同じだけ自然な敷地地形のインフォーマリティを融合してひとつの創造をなすことである。

——レイモンド・アンウィン
（都市計画家）

ローマにおいては広場がそうであったように、ラスベガスにおいては〈コマーシャルストリップ〉(商業街路)が教えの対象である。

——ロバート・ヴェンチューリ
（建築家）

わたしは自分が住んだあらゆる街の中で、ジェノヴァが一番好きだ。というのもこの街では、わたしは土地をよく知らない人間であると同時に土地になじんだ人間——子どもであると同時に異国人だからだ。

——ポール・ヴァレリー
（詩人、著述家）

速度は都市から、つまり運動の支配から生まれる。都市は生まれたときから、ギアボックスだった。それに対し、農村は逆に迷宮である。

——ポール・ヴィリリオ
（都市計画家、ジャーナリスト）

これら二つの手段(運河と鉄道網)は、地上のあらゆる谷を、平地を、本質的に変えてしまった。(中略)19世紀後半には、鉄道技師はまた、大規模な自然の造園家ともなるのである。

——アドルフ・マックス・フォークト
（美術史家）

進歩とはユートピアの現実化である。

——オスカー・ワイルド
（詩人、劇作家）

都市の経済的本質＝それは市場に立脚した集落である。

——マックス・ウェーバー
（経済学者）

ラスベガスはアメリカのヴェルサイユだ。

——トム・ウルフ
（ジャーナリスト）

有機的な再建が分散化に従わなければならない。(中略)文化を通してのアメリカ民主主義の解釈は、さまざまな変遷を経てついには立派な教育と提携し、現代的な都市を自由な都市とするばかりではなく、またより立派な、美しい都市にするだろう。

——フランク・ロイド・ライト
（建築家）

社会学、芸術的創造性、歴史学の回復の三者が同時的な緊張によって合流するのは、それらがレッチワースとウェルウィンの田園都市、次いでブルーノ・タウトとエルンスト・マイによる労働者コミュニティ、それにサバウディア、アメリカの「グリーンベルト」群、イギリスとスカンジナビア諸国の「ニュータウン」と、要はそれに代えうる仮説が到来する都市計画で実現した有効なものすべてを生産するときだ。これに代替する仮説とは属地性をもつ領地的な都市なのである。

――ブルーノ・ゼヴィ（建築批評家）

天は一を得ていまだに清澄さを失わず、地は一を得てずっと安泰である。天は万物を生み出すが所有はしない。また育てもするが支配しようとはしない。

――老子（思想家）

一体東京と云ふものは東京市民の都市に違ひないけれども、世界の都市である。日本で云ふと日本の帝都であって、六大都市なぞと言って居るけれども他の都市とは一緒にならないのである。（中略）是丈けの金は都市として掛けなければならぬ、掛けた金は借金になるけれども斯う云ふ風にして償却が出来る、（後略）。

――後藤新平（実業家）

無闇に都市の人口が増加し、自然居宅の価の高くなると云ふのが、有力なる生活難の一原因であるから、居宅の価が安くなり、三十圓の家賃が二十圓に下るとすれば、それだけ生計の余裕が出来る勘定である。而して都市の衛生上にも、好影響を与へる。

――澁沢栄一（実業家）

（前略）京都は美しき丘陵の都会なれば、これに対して東京は快活なる運河の美観を有する新都に致したく存じ候。

――永井荷風（作家）

苟も真成に公衆の衛生を計らんと欲せば、宜しく貧人を先にして、富人を後にすべし。

――森鴎外（作家、医師）

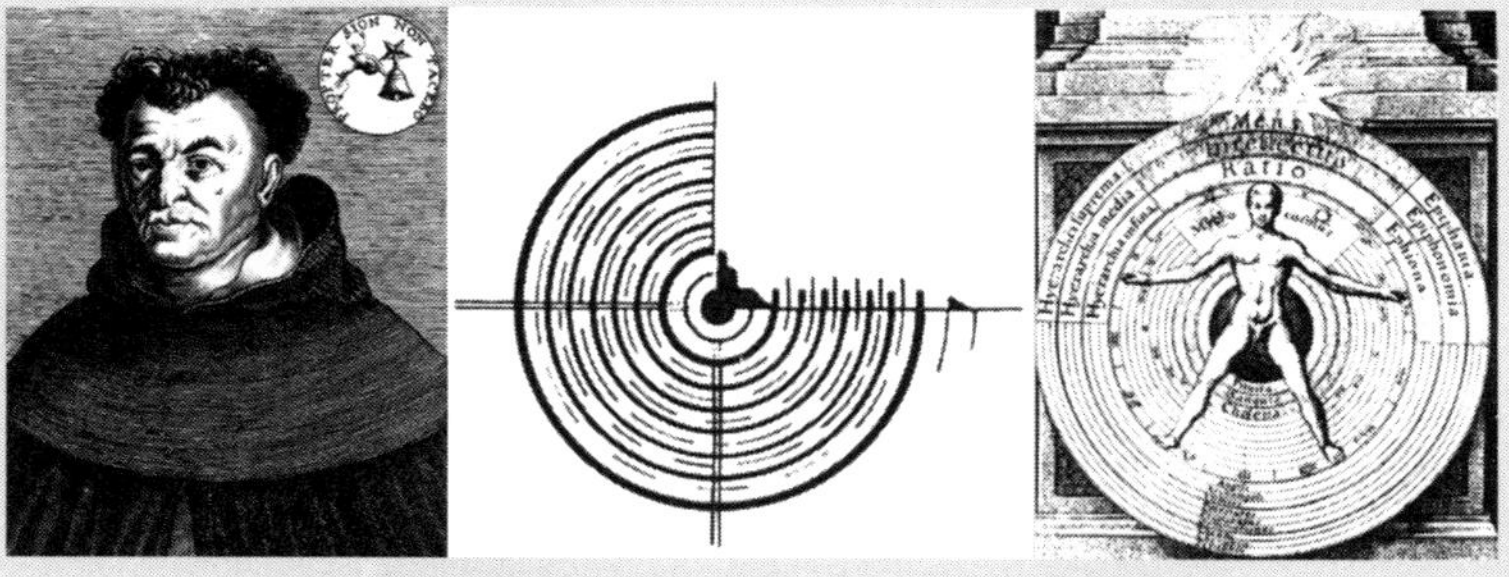

トマソ・カンパネッラと彼の科学と天文学で規則化された「太陽の都市」

図版出典リスト

"EXPO Milano"（EXPO 2015 S.p.A., 2014）
島村昇、鈴鹿幸雄、"京の町家"（鹿島出版会, 1971）
"PARIS 1937 Cinquantenaire"（institut francais d'architecture, 1987）
"The Weussenhofsiedlung"（Rizzoli, 1989）
"機械と科学の夢"（小学館, 1986）
Howard Mandelbaum & Eric Myers, "Screen Deco"（Columbus Books, 1985）
"Walt Disney World"（The Walt Disney Company）
Yvonne Brunhammer, "1925"（Les Preses de la Connaissance, 1976）
Eva Weber, "Art Deco"（Bison Group, 1989）
"Grand American Hotels"（The Vendome Press, 1989）
Bernard Rudofsky, "Streets for People"（Doubleday & Company, 1969）
Werner Hegemann, Elbert Peets, "CIVIC ART"（Princeton Architectural Press, 1988）
芦原義信, "外部空間の設計"（彰国社, 1975）
小木新造、竹内誠, "江戸名所図屏風の世界"（岩波書店, 1992）
Albert Fein, "Frederic Law Olmsted and The American Environmental Tradition"
（George Braziller,1972）
T. Tolstoy, I. Bibilova, C. Cooke, "Street Art of the Revolution"（Thames and Hudson, 1990）
Catherine Cooke, "Russian Avant-Garde"（Academy Editions）
Gordon Cullen, "The Concise Townscape"（Architectural Press, 1975）
Ebenezer Howard, "Garden City of To-morrow"（Town and Country Planning ass. 1965）
"IAUS : Ivan Leonidov"（Rizzoli International Publications, 1981）
Hugh Ferris, "The Metropolis of Tomorrow"（Princeton Architectural Press, 1986）
Colin Rowe & Fred Koetter, "Collage City"（MIT Press, 1978）
R. Venturi, D. S. Brown, S. Izenour, "Learning from Las Vegas"（The MIT Press, 1977）
J. L. Cohen, M. de Michelis, M. Tafuri, "USSR 1917-1978 : La Citta', L'Architettura"
（Officina Edizioni, 1979）
"幕張アーバニスト Oct. '94"（千葉県企業庁, 1994）
"Normandie"（Edition Hersher, 1985）
B. Foucart, C. Offrey, F. Robichon, C. Villers, "Normandie"（The Vendome Press, 1985）
"Architectural Design 51"（1981）
"The Official Pictorial Guide to Universal Studios !"（Universal City Studio, 1993）
"Gèant Communication"（Hauchette, 1992）
Le Corbusier, "Précisions"（Vincent, Fréal & Cie, 1960）
Le Corbusier, "La Ville Radieuse"（Vincent, Fréal & Cie, 1933）
Francoise Choay,"The Modern City"（George Braziller, 1969）
Eugène Hénard, "Etudes sur les transformations de Paris"（L'Equerre, 1982）
"Aéroports"（Aéroports de Paris, 2006）
"HARC Corollary"（HARC, 1991-1992）
"MIRAI"（TOYOTA, 2015）
Andreas Volwahsen, "Cosmic Architecture in India"（Prestel-Verlag, 2001）

"SAAB-SCANIA"（Saab-Scania AB, 1988）
石井裕＋ MIT メディアラボ ,"タンジブル・ビット"（NTT 出版 , 2000）
Carlo Pietrangeli, Fabrizio Mancinelli, "The Vatican, City and Gardens"
（SCALA, Istituto Fotografico Editoriale, 1985）
都市デザイン研究体 ,"日本の都市空間"（彰国社 , 1974）
彦坂裕 ,"夢みるスケール"（彰国社 , 2013）
"Style 1930"（Verlag Ernest Wasmuth Tübingen et Office du Livre Fribourg, 1971）
"OPPOSITIONS 19/20"（MIT Press, 1980）
Johann Friedrich Geist, "Passagen"（Prestel- Verlag München, 1978）
Patrick Beaver, "The Crystal Palace"（Hugh Evelyn, 1970）
"Unlimited by Design"（Smithsonian Institution, 1991）
彦坂裕 ed.,"二子玉川アーバニズム"（鹿島出版会 , 1999）
Rem Koolhaas, "Delirious New York"（Thames and Hudson, 1978）
Richard Wurts and Others, "The New York World's Fair 1939/1940"（Dover, 1977）
Sue Minter, "The Greatest Glass House"
（The Board of Trustees of the Royal Botanic Garden, Kew, 1990）
Michel and Sylvia Saudan, "From Folly to Follies"（Abbeville Press, 1988）
Leonardo B. dal Maso, "La Villa d'Este a Tivoli"（Bonechi, 1978）
Francois Spoery, "l'architecture douce"（Robert Laffont, 1989）
"is 43"（ポーラ文化研究所 , 1989）
Heinrich Klots, "Vision der Moderne"（Prestel-Verlag, 1986）
"Metropolis"（Le Cinémathèque Francaise, 1985）
"Film Architecture"（Prestel-Verlag, 1999）
"Syd Mead・Kronovetica"（Bandai, 1991）
"A Model for a Sustainable Society"（Japan Association of the 2005 World Exposition, 2006）
"Asia-Pacific Perspectives Vol.3, No2"（2005）
"Exposición Internacional Zaragoza 2008 : Guía oficial"（Pensa Diaria Aragonesa SA, 2008）
Kang Hyun Joo ed., "2012 Yeosu EXPO"（SNA, 2012）
Ian Tod, Michael Wheeler, "UTOPIA"（Harmony Books, 1978）
"Biospere Ⅱ"（Space Biosphere Ventures, 1993）
"refuse"（Institut Néerlandais, 2000）
"Barcelona cap a una ciutat Sostenible"（Barcelona, 2003）
Jacques Lissarrague, "La Cité des Sciences et de l'Industrie"（Electa Moniteur, 1988）
Frank Lloyd Wright, "The Living City"（Horizon Press, 1958）
Charles Jencks, "Modern Movement in Architecture"（Penguin Books, 1973）
"Shimizu Bulletin 59"（清水建設 , 1989）
吉田光邦 ed."図説万国博覧会史"（思文閣 , 1985）
"Albert Speer・Architektur"（Verlag Ullstein GmbH, 1978）
"Jardin en France 1760-1820"（CNMHS, 1978）
"Views of Rome Then and Now"（Dover, 1976）

Francesco Moschini ed. "Aldo Rossi"（Centro Di, 1979）
"カッサンドル展カタログ"（東京都庭園美術館 , 1991）
Brinnin & Gaulin, "Grand Luxe"（Henrry Holt, 1988）
Alan Balfour, "Rockefeller Center"（McGraw-Hill, 1978）
"DAIDALOS 19"（1986）
"Resort & Great Hotels" Annual Number 1（1990）
Emilio Ambasz, "The Architecture of Luis Barragan"（The Museum of Modern Art, 1976）
"International Hotel and Resort Design 2"（Library of Applied Design, 1991）
Michael Tomkinson, "La Tunisie"（Société Tunisienne de Diffusion, 1988）
Pascal Ory, "Les Expositions Universalles de Paris"（Editions Ramsay, 1982）
"Japon des Avant Gardes 1910-1970"（Edition du Centre Pompidou, 1986）
"Guggenheim Magazine 11"（1997）
著者撮影
http://www.tabinchu.net/transitmile.asp
http://homepage1.nifty.com/wanpaku/lrt/Transit%20Mall/lrt_mall.htm
http://allabout.co.jp/gm/gc/395345/
http://happy.ap.teacup.com/123789/1182.html
http://amsterdamsmartcity.com/
http://www.noe-j.co.jp/group/special/cyn/
http://ruhaku.jp/site/column/column32.html
http://www.kyoritsu-wu.ac.jp/nichukou/sub/sub_gensya/World/South_Asia/India/life_culture.htm
http://www.italy-ex.com/tour/item/6174/729.html
http://matome.naver.jp/odai/2135092862262301701/2135125445598657703
https://rnavi.ndl.go.jp/kaleido/entry/91.php
http://tabisuke.arukikata.co.jp/os/r/105/r/10840/r/LAX/1/OverseaCitySpot/1952/p/1/
http://higaerinikko.jp/blog-entry-87.html
http://ameblo.jp/harima-311/entry-11934454297.html
http://travelhack.jp/2012/10/25/praha-czech/
https://www.nintendo.co.jp/n09/hana-kabu_games/

著者紹介

彦坂 裕（ひこさかゆたか）

建築家・環境デザイナー／(株)スペースインキュベータ代表取締役
SCアカデミー指導教授（総論、都市創造と商業環境、街とSCの新リンケージ学等担当）
日本建築家協会会員、上海視覚芸術学院徳稲大師学院教授、MOMOA評議委員
東京大学工学部都市工学科・同大学院工学系研究科卒業

玉川高島屋SCをはじめ商業核を中心とした都市創造や建築、文化空間創造、都市グランドデザインのほか、万国博覧会なども数多く手がける

著書：『庭園』（編著、鹿島出版会）、『シティダスト・コレクション——テクノロジーと空間神話』（勁草書房）、『Japon des Avant Gardes 1910-1970』（共著、Editions du Centre Pompidou）、『建築の変容』（INAX叢書）、『空間のグランド・デザイン』（作品社）、『バロック的』（共著、洋泉社）、『二子玉川アーバニズム』（鹿島出版会）、『ネットワークの中のミュージアム』（共著、NTT出版）、『音の百科事典』（共編・共著、丸善）、『Internationale Holzbau-Forum 11』（共著、Fraunhofer IRB Verlag）、『持続可能な社会をめざして』（共著、2005年日本国際博覧会協会）、『69个梦』（共著、上海文艺出版社）、『SCマネジメントブック』（共著、日本SC協会）、『彦坂裕大师作品集』（中国发展出版社）、『夢みるスケール』（彰国社）、『Exposure of the Known and/or Unknown Memory』（De Tao Group Publishing）ほか

訳書：フランソワーズ・ショエ著『近代都市』（井上書院）、デニス・シャープ編『合理主義の建築家たち——モダニズムの理論とデザイン』（共訳、彰国社）、『GA Architect 5：ザハ・ハディド』（ADAエディタ・トーキョウ）ほか

誘惑のデザイン
都市空間と商業環境の未来を構想する

2016年6月25日　初版第1刷発行

著　者　彦坂《ひこさか》　裕《ゆたか》

発行者　佐々木　幸二

発行所　繊研新聞社
〒103-0015 東京都中央区日本橋箱崎町31-4
箱崎314ビル
TEL 03（3661）3681 / FAX 03（3666）4236

装丁・デザイン　金子英夫（テンテツキ）

カバーイラストレーション　彦坂ゆね

印刷・製本　シナノパブリッシングプレス

ISBN978-4-88124-318-3 C3063